Fourth Edition

Autour de la littérature

Ecriture et lecture aux cours moyens de français

Peter Schofer
University of Wisconsin

Donald Rice
Hamline University

Heinle & Heinle Publishers
Boston, Massachusetts 02116 U.S.A.

A division of International Thomson Publishing, Inc.
The ITP logo is a trademark under license.

Boston • Albany • Bonn • Cincinnati • Detroit • Madrid • Melbourne • Mexico City • New York • Paris • San Francisco • Singapore • Tokyo • Toronto • Washington

The publication of *Autour de la littérature,* Fourth Edition, was directed by the members of the Heinle & Heinle College Foreign Language Publishing Team:

Wendy Nelson, *Editorial Director*
Tracie Edwards, *Market Development Director*
Esther Marshall, *Production Services Coordinator*
Tom Pauken, *Associate Development Editor*

Also participating in the publication of this program were:

Publisher: **Vincent P. Duggan**
Project Manager & Compositor: **Sloane Publications**
Photographer/Video Producer: **Jonathan Stark**
Associate Editor: **Beatrix Mellauner**
Assistant Market Development Director: **Kristen Murphy**
Production Assistant: **Lisa LaFortune**
Manufacturing Coordinator: **Wendy Kilborn**
Interior Designer: **Sue Gerould / Perspectives**
Cover Illustrator: **David Sullivan**
Cover Designer: **Ha Nguyen**

Library of Congress cataloging-in-Publication Data

Schofer, Peter, 1941–
Autour de la littérature : Ecriture et lecture aux cours moyens de français / Peter Schofer, Donald Rice. - - 4th ed.
p. cm.
In English and French.
ISBN 0-8384-7918-9 (student text). -- ISBN 0-8384-0667-X (instructor's text)
1. French language--Readers. 2. French language--Textbooks for foreign speakers--English. I. Rice, Donald, 1937– . II. Title.
PC2117.S3548 1999
448.6'421--dc21

98-12391
CIP

Manufactured in the United States of America

ISBN: Student Text: 0-8384-7918-9
Instructor's Edition: 0-8384-0667-X

10 9 8 7 6 5 4 3 2 1

Table des matières

Preface

The Fourth Edition

The fourth edition of *Autour de la littérature* retains its unique approach to literature, encouraging students to play and create with the language as they explore both classical and non-traditional Francophone literature. The fourth edition consists of thirty-five texts divided into three groups on the basis of difficulty. *Autour de la littérature* is printed in workbook format in order both to facilitate writing activities and to break down the fear and mistrust that many students have of literature. While maintaining the basic style and thrust of previous editions, we have made some changes aimed at responding even more directly to changing student interests.

New to the fourth edition are:

- Two new texts: *Le Grand Michu* (Zola) and *Le Pont Mirabeau* (Apollinaire)
- A new advertisement section, *Publicité: La ville de Genève,* and new supplementary advertisements on CD-ROM
- Treatment of two full-length films: *Au revoir les enfants* and *Chocolat*
- A new Reading Assistant software program on dual-platform CD-ROM, which guides students' study of all prose passages in the book
- A new audio program, including a recording of *Le Pont Mirabeau*
- Suggestions on how to work with the full-length films (included in the Teacher's Edition)

Autour de la littérature is intended for use at both the college and the high school levels. The large number and great variety of texts (more than would ever be used in any single course) as well as the "hands on" nature of the activities allow the teacher to make use of the texts in classes of differing emphases and ability levels. The easier texts can be used from the start of third-semester college (and third-year high school) French; the texts of moderate difficulty can work nicely in fourth-semester college (and fourth-year high school) courses; the more difficult texts are most appropriate for fifth-semester college (and fifth-year high school levels). Ultimately, however, the timing and choice of texts depends on the individual teacher's sense of his or her students. The book can be used in conjunction with other materials (grammar review, conversation, culture) or on its own as a text in a reading course. The materials are set up to be worked on in small blocks, alternating with other subjects and skills; however, the book is flexible enough to allow for more concentrated work in longer blocks of time.

To the Student

As a child, you probably had contact with literature—fairy tales, children's stories, comic books, myths and legends. You may have continued to read literature—adventure tales, mystery stories, classics; or you may have switched to reading non-literary texts—magazine articles, textbooks, technical papers. Whatever your situation, you now face two challenges when beginning to read literature in French: the first involves vocabulary; the second, the text itself.

Dealing with Words You Don't Know

You have only been studying French for a limited amount of time; as a result, there are countless words that you have never seen before, and many of these words appear in literary texts. For example, in the following passage, the first paragraph of *L'Hôte,* a short story by Albert Camus, there are probably ten or more words that are new to you.

> **L'instituteur regardait les deux hommes monter vers lui. L'un était à cheval, l'autre à pied. Ils n'avaient pas encore entamé le raidillon abrupt qui menait à l'école, bâtie au flanc d'une colline. Ils peinaient, progressant lentement dans la neige, entre les pierres, sur l'immense étendue du haut plateau désert. De temps en temps, le cheval bronchait visiblement. On ne l'entendait pas encore, mais on voyait le jet de vapeur qui sortait alors de ses naseaux. L'un des hommes, au moins, connaissait le pays. Ils suivaient la piste qui avait pourtant disparu depuis plusieurs jours sous une couche blanche et sale. L'instituteur calcula qu'ils ne seraient pas sur la colline avant une demi-heure. Il faisait froid; il rentra dans l'école pour chercher un chandail.**

Because of this gap between your vocabulary and that of the author, while you probably have a general idea as to what the paragraph talks about, there are important details that you miss. In casual reading, we often just continue, accepting the fact that our knowledge of detail (even when reading texts in our native language) is imperfect. When reading literature closely, however, details are important. The temptation thus is to turn to the dictionary and look up, one by one, all the words we don't know. Certainly, dictionaries are essential when reading literature. However, it may not be necessary to consult the dictionary for every word you don't know; moreover, using a bilingual dictionary (in this case, French-English) does require some skill. Here are some suggestions about what to do *before* opening the dictionary and then about *how* to use a French-English dictionary.

1. Begin by using what you know. One obvious first step is to look for cognates—words that are similar in the two languages. In the Camus passage from above, words such as **abrupt, progressant, plateau,** and

calcula, should pose no problem to English speakers. In addition, with a little imagination, words such as **flanc** and even **jet** and **vapeur** could be added to the list. A second category of "familiar" unfamiliar words are those that belong to the same family as words you know. For example, if you know the word **bâtiment**, then **bâtie** is easily recognizable.

2. Guess intelligently from context. If, on the basis of known words and those you can recognize as cognates or words of the same family, you can get a feel for the general topic of the paragraph, then it may be possible to deduce logically the meaning of certain words. Talking about the horse, the text says: **On ne l'entendait pas, mais on voyait le jet de vapeur qui sortait alors de ses naseaux.** When you ask yourself what kind of a "jet of vapor" could be seen coming from a horse at a distance (too far away to be heard), one might well come up with the idea of "breath" or "steam" coming from the horse's "nose" or "nostrils." In a similar fashion, when the **instituteur** goes back inside to look for something because of the cold, you might well guess that **chandail** refers to an article of clothing.

3. Check the dictionary carefully. When you do need to have recourse to the dictionary, it is important that you not be too hasty. Some definitions are very simple to find. For example, if you look up **raidillon**, you'll probably find a single definition: "short steep rise." On the other hand, if you go to the word **instituteur**, you have two choices—"founder" (of a hospital, an order, etc.) or "schoolmaster." It is only by checking the text (the word **école** at the end of the paragraph) that one can be sure. Even more difficult is the word **piste;** the definitions provided include "circus ring," "racetrack," "landing strip," "skating rink," "lane (on a track)," "trail," "track," "scent." Again it is the context that leads you to choose "track" or "trail." In some cases, grammatical considerations enter into play; the verb **peiner** has slightly different meanings depending on whether it is transitive (followed by a direct object) or intransitive (not followed by a direct object); in the paragraph, the verb is used without an object; consequently, it does not have the sense of "to grieve" or "to pain" but rather "to labor, to work hard at." Finally, many times you are dealing with a group of words. A fairly easy example is the expression **de temps en temps;** while you might well get the meaning of the expression from looking up the first definition of **temps,** you will find the entire expression also defined ("now and then, from time to time"), provided you keep looking until the sixty-first line of the definition! A more difficult example, chosen from a later paragraph, is the sentence **Il fit mine de se lever.** You need first to recognize that what you need to look up is the expression **faire mine de; mine,** by itself, means "face," but in combination with **faire** and **de** it has the sense of "to make as though to," a definition you will find if you don't give up before the eighteenth line in the dictionary. In short, when you do go to the trouble of looking up a word, be thorough in your search and then check your meaning against the context.

Of course, these three skills—recognizing cognates and word families, guessing from context, using a dictionary—complement each other. The more you read, the more skilled you will get at combining these approaches so that you will understand more words and more expressions in less time.

Completing the Text

The second of the challenges alluded to above involves the nature of literary texts—the fact that they are always incomplete. Because of their incompleteness, it falls upon the reader to complete the text. We often tend to read fairly passively; i.e., we concentrate mainly on taking information *from* the text. However, when working with literature, we need to read actively; i.e., to bring "information" *to* the text. In fact, we have always done this; it would be impossible to read even the simplest children's story without making some connections and associations that the author has only suggested. However, the more difficult the text, the more systematic must be the efforts to connect and to associate.

Let us return to the paragraph from *L'Hôte.* Some of the connections and associations are rather simple. When you read the final sentence in the paragraph, **Il faisait froid; il rentra dans l'école pour chercher un chandail,** you recognize a cause-effect relationship even though the text does not specifically use the word **parce que.** Similarly, the association of **froid** and **neige** leads to the conclusion that the story takes place in winter even though the word **hiver** does not appear in the paragraph. Other processes are more complex. For example, the physical space (rough, hilly country; immense desert-like plateau), the sense of time (the snow cover existing for several days, the slow and difficult movements of the men and horse), the impersonality of the characters (so far, they don't have names) might lead you to associate a sense of desolation and isolation with the scene and, by extension, with the main character (the schoolmaster). Subsequent paragraphs, offering material for more connections and associations, will either confirm or throw into question these initial conclusions. However, these meanings come into play only to the extent that you participate actively in the reading process.

In a sense, the reader must "write" the text along with the author. Just as the author (re)reads as he or she writes, the reader writes as he or she reads. It is for this reason that we have structured *Autour de la littérature* in a way that emphasizes the fundamental interrelationship between writing and reading. Each literary selection is presented to you within a three-part structure. The pre-reading section (***Pré-lecture***) offers you the chance to write *before* you read. This allows you to explore what you are bringing to the text (what you already know and feel and think about the subject) and at the same time gives you the opportunity to become familiar with the vocabulary in the text you will need for discussion. The second section (***Lecture***) requires you to read the text and points you in the direction of some of the more complex connections and associations you might make. Finally, the post-reading section (***Post-lecture***) asks you to write again; you have the opportunity to propose your own interpretation of the text or to use your imagination to create a similar text. We hope that this continual interplay between writing and reading will help break down whatever inhibitions or fears you may have and will lead you to make reading literature a "prime-time" activity.

The CD-ROM

The CD-ROM packaged with your copy of *Autour de la littérature* contains a reading tutorial for the ten prose fiction texts. It is *not* designed to replace the work in your textbook but rather to help you get ready to do the ***Lecture*** activities. On the CD-ROM, you will find the text of each prose work, divided into shorter segments. Glosses are available not only for the words and expressions signaled by a ° in the textbook but also for many other words and phrases. As you read, click on the marked words with which you have difficulty. At the end of each segment, you will be asked to respond to a number of questions designed to assure your basic understanding of the story. These questions deal both with what happens in the story and with the characters' motivations. When you select an answer, you will receive immediate feedback as to whether your choice is correct. At the same time, you will be pointed toward words and expressions in the text that support or contradict your answer. By working conscientiously with this reading tutorial, we believe that you will see the importance of "close reading" (i.e., paying attention to details) and that you will be in a position to respond more fully and more creatively when working in the textbook and when discussing in class.

The CD-ROM also contains color versions of the advertisements which you will study. Since questions are based on the color ads, you are strongly encouraged to use the CD-ROM as you do your written work. In addition, you will find supplementary advertisements on food, drink, travel and sexual stereotypes to complement the ads in the book.

Acknowledgments

The authors thank the crew at Heinle & Heinle: Vincent Duggan, Wendy Nelson, Esther Marshall, Tracie Edwards, Tom Pauken, Jonathan Stark, Lisa LaFortune, Kristen Murphy, and Wendy Kilborn. Special thanks to the best and most humane of editors, Sophie Masliah and Julianna Nielsen. We also thank freelancers Lucie Teegarden, Sue Gerould, David Sullivan, and Ha Nguyen.

Photo Credits

Page 103: Ralph Crane, LIFE Magazine © 1966; page 210: Monique Manceau, Photo Researchers, Inc.

Permissions

The authors gratefully acknowledge permission to reprint the following:

«Le Bonbon» from *Corps et Bien* © 1930, Editions Gallimard.
Sempé cartoons from *Rien n'est simple,* © C. Charillon—Paris.
The two Jacques Prévert poems, «Le Message» and «Page d'écriture» from *Paroles* © 1949, Editions Gallimard.
«Tu t'demandes» by Lucid Beausonge, from *Africaine,* Disques R. C. A.
«Le Déserteur» from *Boris Vian,* Phillips Records. Rights held by Mme Ursula Vian Kubler.
«Le Pagne noir» by Bernard Dadié © 1955, Editions Seghers.
«Obernai Village: Fraîcheur Party», Dupuy-Compton Ass, *Le Point,* du 6 au 12 août, 1984.
«Mützig: Quand on est très bière», Bélier, *Paris Match,* le 17 août, 1984.
«Le Laüstic» from *Les Lais de Marie de France,* © Champion-Slatkine.
«L'Autre Femme» and «La Main» from *La femme cachée* © 1951, Librairies Ernest Flammarion.
«Le Maître» from *Théâtre II* © 1955, Editions Gallimard.
«Le Guichet» from *Théâtre de Chambre I* © 1955 Editions Gallimard.
«Les Croissants» from *Ses Grandes Histoires,* by Fernand Reynaud, Phillips Records.
«Amour», Anne Hébert, *Œuvres Poétiques 1950–1990,* Montréal, 1992.
«Chambourcy: Comme autrefois», *Femme Pratique,* septembre 1985.
«Herta: ne passons pas à côté des choses simples», Jean & Montmarin, *Femme Pratique,* septembre 1985.
«Volvic: A nous le bien-être», Synergique, *Femme Pratique,* septembre 1985.
«Hépar: Une façon toute simple… », CLLM & BBDO, *Vital,* septembre 1985.
«Pique-nique en Campagene», Fernando Arrabal © 1961, Editions Bourgois.
«L'Os» from *Les nouveaux contes d'Amadou Koumba* © 1958, Présence Africaine.
Illustration of griot taken from *Au cour d'Afrique,* George Schweinfurth, 1868–1871.
«Le Retour de Mamzelle Annette» from *Et si la mer n'était pas bleue…* by Joseph Zobel, Editions Caribéennes, Paris © 1982.
Illustration for «Le Retour de Mamzelle Annette» was executed by S. Mondésir and appeared in the book *Et si la mer n'était pas bleue…* by Joseph Zobel, Editions Caribéennes, Paris © 1982.
«La Jetée», Chris Marker, from *Avant scène du cinéma* © 1964, Imprimerie Commerciale, France.
«Il n'y a pas d'exil», *Femmes d'Alger dans leur appartement,* Assia Djebar, Edition des Femmes, 1980.

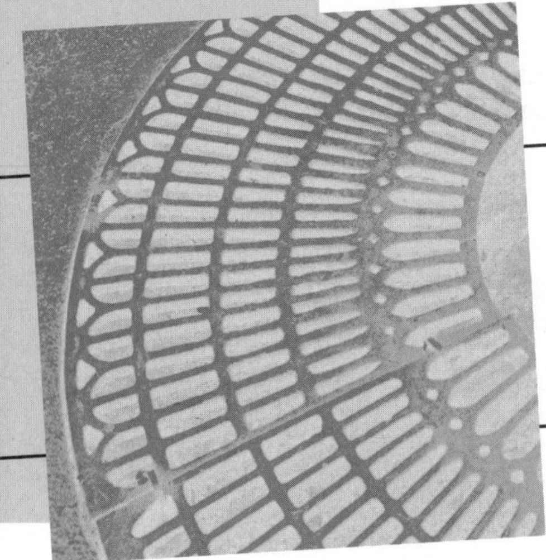

Introduction

Que les jeux commencent!

«Ce n'est pas avec des idées qu'on fait un poème, Degas, c'est avec des mots.»

Comme le dit Mallarmé, la littérature, ce sont d'abord les mots. Pourtant, lorsque nous pensons aux mots, nous avons souvent tendance à les considérer simplement comme des outils pour la communication et nous oublions que les auteurs, comme nous, peuvent jouer avec les mots. Nous perdons de vue deux notions fondamentales à l'égard des mots: (1) que les mots ne sont pas de simples outils avec un seul sens clair et simple, mais qu'ils ont plusieurs sens; et (2) que les mots ont deux dimensions: le côté matériel (les lettres, les sons) et le côté intellectuel (le sens). Apprendre la langue et lire la littérature, c'est justement apprendre à jouer avec les mots—avec le sens des mots, avec le son des mots et surtout avec les associations provoquées par les mots. Voici quelques exercices qui vous permettront de commencer à jouer avec les mots. Ainsi, vous pourrez vous préparer à lire et à écrire des textes.

A. Le sens des mots.

1. Pour commencer, regardez les adjectifs suivants:

agacé • exaspéré • fâché • furieux • irrité

Ils expriment tous l'idée de mécontentement. Mais pourquoi y en a-t-il plusieurs? Cherchez dans un bon dictionnaire (français-français, si c'est possible) les cinq adjectifs donnés ci-dessus; regardez surtout les exemples qui illustrent les définitions. Puis essayez de classer ces mots selon l'intensité de mécontentement qu'ils expriment.

le moins intense ________________________________ le plus intense

2. Racontez de petites anecdotes pour illustrer clairement le sens précis de deux (2) de ces mots. Vous pouvez utiliser les personnages ou les situations proposés ci-dessous, ou bien vous pouvez trouver vos propres sujets.

MODELE: Mon oncle est furieux. Sa femme vient de le quitter pour aller en Europe avec son meilleur ami. Elle dit qu'elle ne veut pas divorcer mais qu'elle a besoin de changer de vie. Mon oncle n'accepte pas cette explication; il veut la tuer.

Suggestions: des parents et leurs enfants • des frères et des sœurs • des camarades de chambre • les résultats d'un match sportif • les notes scolaires • le mauvais temps

B. Le son des mots.

1. L'exemple le plus frappant du jeu de sons, c'est la rime en poésie. Composez un poème de quatre vers *(lines of poetry)* en les faisant rimer; vous pouvez utiliser pour la rime les combinaisons de mots suggérées ou vous pouvez trouver vos propres rimes:

Suggestions: vent • souvent…
vieux • yeux

2. La poésie se compose aussi de rimes intérieures—c'est-à-dire de sons (ou de mots) qui sont répétés. Parfois ces sons produisent un non-sens, un manque de sens, comme dans le poème suivant:

Lecture

Robert Desnos

Le Bonbon

Je je suis suis le le roi roi
des montagnes
j'ai de de beaux beaux bobos beaux beaux yeux yeux
il fait une chaleur chaleur

j'ai nez
j'ai doigt doigt doigt doigt doigt à à
chaque main main
j'ai dent dent dent dent dent dent dent
dent dent dent dent dent dent dent
dent dent dent dent dent dent dent
dent dent dent dent dent dent dent
dent dent dent dent

Tu tu me fais fais souffrir
mais peu m'importe m'importe
la la porte porte.

a. Lisez le texte à haute voix pour en apprécier le jeu avec les sons.
b. Pouvez-vous trouver des raisons pour certaines de ces répétitions?

c. En suivant l'exemple du *Bonbon,* écrivez un petit poème ou un petit paragraphe basé sur la répétition de sons et de mots. Choisissez un des groupes de mots donnés ci-dessous comme point de départ; ajoutez d'autres mots, puis créez votre texte.

— son / bon / ton / dont / …
goût / goûter / mou / sous / loue / …

— acheter / appeler / amener / accuser / …
sur / pur / mûr / …

— chat / chien / chaussures / chasser / …
leur / sœur / meurt / …

C. Les associations de mots.

1. Prenons le mot *rouge.*

a. D'abord, cherchez dans la liste donnée ci-dessous des mots que vous associez à ce mot. Mettez un cercle autour des mots que vous choisissez.

froideur • chaleur • joie • stérilité • passion • danger • vitesse • arrêter • continuer • interdiction • lait • vin • Espagne • Allemagne • flamme • neige

b. Prenez trois des mots que vous avez trouvés et expliquez pourquoi ils sont liés au mot *rouge.*

c. Cherchez dans la liste les mots qui sont opposés au mot *rouge.* Notez ces mots ici:

d. Maintenant prenez une autre couleur (de votre choix) et faites une chaîne d'associations de mots liés à cette couleur. Cette fois n'hésitez pas à y mettre des mots qui y sont associés par le son aussi.

e. Choisissez une couleur (rouge ou celle de votre choix). En utilisant les mots que vous avez associés à cette couleur, écrivez un paragraphe inspiré par cette couleur mais sans la nommer.

D. Les comparaisons.

1. Quand nous parlons et écrivons, nous nous servons souvent de comparaisons et de métaphores. Au lieu de dire que le professeur est méchant, on dit que le professeur «est un rat» ou qu'il «ressemble à un serpent». Terminez les phrases suivantes en inventant vos propres comparaisons. Cherchez à être aussi drôle que possible.

a. Mon chien est comme...

b. Son frère (sa sœur) ressemble à...

c. Ses idées sont comme...

d. Leur famille est pareille à...

e. Il (elle) danse comme...

f. Notre vie est comme...

g. Mon oncle a... (partie du corps)... d'un(e)...

h. Notre professeur parle comme...

2. Composez un tout petit poème de trois ou quatre vers sur la vie ou sur l'amour en prenant comme point de départ une comparaison avec *comme.* Vous pouvez vous inspirer de la liste suivante, si vous voulez.

une rose • fleurir • tous les jours • une fraîcheur • pousser • grandir • vert • jaune • rouge • délicat • fort • beau • un orage • tonnerre et éclairs • pleuvoir • de la pluie • arroser • la tristesse • des disputes • des nuages • le soleil • jaune • gris • brillant

E. Les relations de mots.

1. La causalité.

a. Regardez la bande dessinée de Sempé (p. 7). Complétez la conversation entre les deux hommes en insistant sur les explications que doit donner le monsieur dont la voiture est tombée en panne.

Le second monsieur (dans sa voiture): Imbécile! Pourquoi avez-vous laissé votre voiture au milieu de la route?

Le premier monsieur (devant sa voiture):

Le second monsieur: Mais qu'est-ce que vous me racontez? Vous n'avez qu'à regarder. Moi, je compte neuf personnes dans la maison. Comment expliquez-vous cela?

Le premier monsieur:

Vocabulaire utile

une voiture en panne • la nuit • une maison déserte et délabrée • la campagne • le capot • les outils • une lampe • les volets • la porte • des gens

ouvert • fermé • étonné • fâché

faire noir • tomber en panne • regarder • essayer de réparer • éclairer • aller • frapper • hurler • appeler sans succès • répondre • s'étonner • s'écraser contre • heurter • faire un grand bruit

Dessin de Sempé

2. Regardez la bande dessinée *Les Inhibés* de Claire Bretécher (p. 9). On y trouve trois histoires: celle, plus ou moins objective, des deux femmes dans la rue; celle qui représente la vie imaginaire d'une des femmes; et celle qu'un observateur pourrait inventer pour expliquer les deux premières histoires.

a. Racontez d'abord ce qu'on voit dans la rue même: l'aspect physique des deux femmes, ce qu'elles font, leurs gestes.

Vocabulaire utile

marcher vite (lentement) • taper • cogner • bousculer • regarder méchamment • parler timidement (brutalement) • vouloir • hurler • engeuler • se pencher • avoir honte • demander pardon à • rire • dominer • se mettre par terre • imaginer • penser • avoir l'air assez grand • avoir l'air assez jeune

rêveur • indifférent • blasé • petit • gros • costaud • dur • méchant • impoli • fâché • abattu

b. Racontez ensuite les pensées, les désirs, les fantasmes de la première femme. Vous pouvez utilisez des expressions telles que: *elle pense que* • *elle voudrait que* • *elle imagine que*

c. Racontez enfin l'histoire du point de vue d'un observateur qui essaie d'expliquer les actions de la première femme (pourquoi réagit-elle si violemment dans son imagination? pourquoi est-elle si timide dans la vie?) et de l'autre femme (pourquoi ne réagit-elle pas du tout?).

LES INHIBÉS

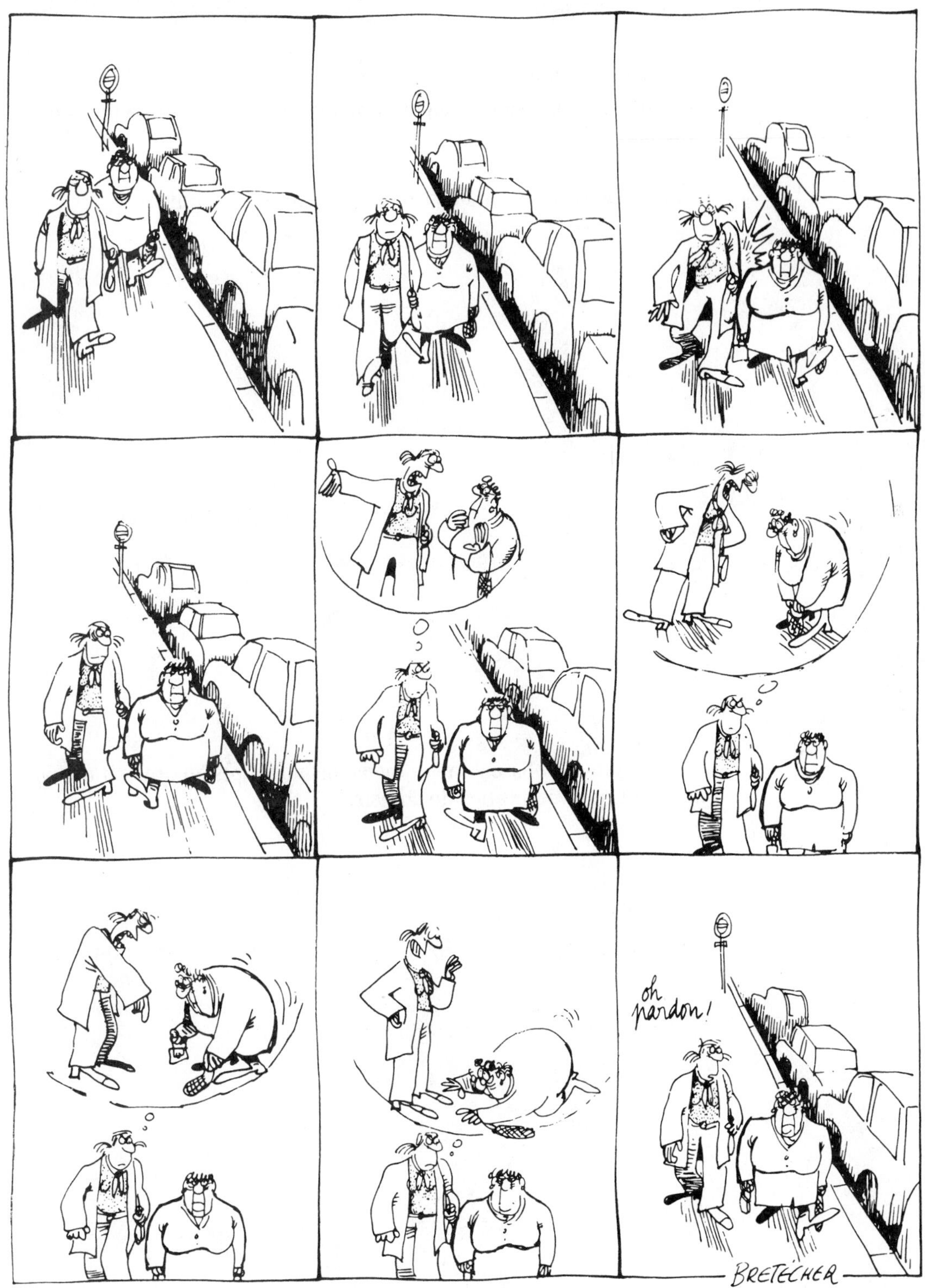

3. Les associations et les oppositions.

a. Trouvez dans la liste suivante des mots qui ont une correspondance; mettez un cercle autour des mots que vous choisissez.

le ciel • la montagne • la maison • courir • un avion • un bœuf • grimper • chanter • un aigle • une tour • les vêtements • l'océan • voler

b. Sur quelle association la correspondance est-elle fondée?

c. Maintenant établissez une nouvelle liste de mots en opposition avec les mots que vous venez de choisir.

Dessin de Sempé

4. Regardez la scène de l'hôtel de vacances (p. 11). Faites une description de cette scène en insistant sur les rapports de correspondance et d'opposition que vous pouvez y découvrir.

Vocabulaire utile

un hôtel en pierre • la mer • le boulevard • la promenade • des palmiers • des collines • la jetée • le toit • la chambre • l'entrée • du vent • de l'eau • de la pluie • un orage

chaud • froid • frais • triste • morne • grognon • mécontent • fâché • joyeux • ravi

regarder • lire • jouer aux cartes (échecs) • rire • se disputer • se plaindre • s'ennuyer • dormir • crier • danser • courir • chanter

5. Composez un petit poème ou faites une courte description fondée sur une des oppositions suivantes. *Suggestion:* choisissez une opposition; pour chaque terme de cette opposition, faites une liste de mots qui y sont associés.

grand ou petit • violence ou paix • beau ou laid • aimer ou haïr • vieux ou nouveau • nature ou ville • doux ou cruel

Première partie

Textes moins difficiles

Le Message

Jacques Prévert

Jacques Prévert (1900–1977) a été un véritable écrivain populaire, dans le domaine de la poésie aussi bien que dans celui du cinéma, pour lequel il a écrit un grand nombre de scénarios. Son recueil de poésie le plus célèbre, *Paroles* (1946), chante la simplicité et l'ironie de la vie quotidienne moderne. D'autres textes représentent des critiques acerbes de la politique et de l'injustice sociale. Parmi ses scénarios de films les plus connus, on peut citer *Quai des brumes* et *Les Enfants du paradis.*

Pré-lecture

A. Terminez les propositions suivantes en mettant les verbes au passé composé et en ajoutant *que* ou *où;* cherchez dans un dictionnaire le sens des mots que vous ne connaissez pas.

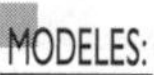

MODELES:

La grenouille quelqu'un attraper
La grenouille que quelqu'un a attrapée.

Le lac quelqu'un nager
Le lac où quelqu'un a nagé.

1. La porte	quelqu'un	ouvrir
2. La porte	quelqu'un	fermer
3. La chaise	quelqu'un	s'asseoir
4. Le chat	quelqu'un	caresser
5. Le fruit	quelqu'un	mordre
6. La lettre	quelqu'un	lire
7. La chaise	quelqu'un	renverser

8. La porte	quelqu'un	ouvrir
9. La route	quelqu'un	courir
10. Le bois	quelqu'un	traverser
11. La rivière	quelqu'un	se jeter
12. L'hôpital	quelqu'un	mourir

B. Composez une histoire, un poème ou un essai cohérent selon le modèle:

MODELE: La maison où j'ai habité.
Le livre que j'ai lu…

	UN OBJET	*QUE* OU *OU*	UNE PERSONNE	UN VERBE (AU *PASSE COMPOSE*)
1.				
2.				
3.				
4.				
5.				
6.				
7.				
8.				
9.				
10.				

Lecture

Jacques Prévert

Le Message

La porte que quelqu'un a ouverte
La porte que quelqu'un a refermée
La chaise où quelqu'un s'est assis
Le chat que quelqu'un a caressé
Le fruit que quelqu'un a mordu
La lettre que quelqu'un a lue
La chaise que quelqu'un a renversée
La porte que quelqu'un a ouverte
La route où quelqu'un court encore
Le bois que quelqu'un traverse
La rivière où quelqu'un se jette
L'hôpital où quelqu'un est mort.

Questions sur le texte

C. Ce poème raconte (ou suggère) une petite histoire.

1. Racontez cette histoire selon le modèle suivant:

MODELE: Quelqu'un a ouvert une porte. Cette personne est entrée et…

2. Qu'est-ce qui n'est pas expliqué? Quels détails le lecteur est-il obligé d'imaginer?

D. Le texte est composé de multiples répétitions.

1. Quels sont les noms qui se répètent?

2. Quels sont les noms qui ne sont pas répétés?

3. Quelles différences voyez-vous entre les deux groupes de noms?

E. Les répétitions créent un certain effet et suggèrent certaines idées.

1. Quelle sorte de vie suggèrent-elles?

2. Quelle sorte de personne le mot *quelqu'un* suggère-t-il?

3. Comment imaginez-vous cette personne?

F. Chaque vers se termine par un verbe.

1. Quels sont les temps des verbes?

2. A quels moments est-ce que le temps des verbes change?

3. Quelle impression ce changement produit-il?

G. Le texte se compose de phrases qui ne sont pas achevées.

1. Récrivez le texte en faisant des phrases complètes selon le modèle.

MODELE: Quelqu'un a ouvert la porte.
Quelqu'un…

2. Quelle version du poème préférez-vous (fragments ou phrases complètes)? Pourquoi?

H. Le poème a pour titre *Le Message*.

1. A quoi le titre fait-il allusion?

2. A votre avis, quel est ce «message»?

Post-lecture

I. Ecrivez la lettre à laquelle on fait allusion dans le poème.

J. Ecrivez une version en prose du poème de Prévert en ajoutant les détails qui manquent—par exemple, donnez à ce «quelqu'un» une identité, imaginez sa vie, inventez une histoire qui explique ses actions.

K. Ecrivez un poème en imitant *Le Message*. Il n'est pas nécessaire que le sujet soit *quelqu'un*. Vous pouvez aussi utiliser d'autres pronoms relatifs *(qui, dont, à qui,* etc.), si vous voulez.

Page d'écriture

Jacques Prévert

Pré-lecture

A. Souvent à l'école, il y a un clown, ou un pitre, dans la classe, qui arrive à déranger la classe et à faire rire ses camarades. Faites une liste d'activités que vous associez à ce genre d'élève.

Vocabulaire utile

parler • faire tomber • jeter, lancer • dessiner au tableau • imiter • faire semblant de • jouer • cacher • regarder

B. Dans notre société, on met souvent *nature* et *culture* en opposition. Parfois la nature est vue comme mauvaise (la destruction, la bêtise, l'inconscience, etc.) et la culture est vue comme bonne (la création, l'intelligence, la justice, etc.); parfois la nature est vue comme bonne (la pureté, l'innocence, la beauté, etc.) et la culture est vue comme mauvaise (la rigidité, l'oppression, la méchanceté, etc.). Pensez à des exemples concrets qui illustrent les deux aspects de la nature et les deux aspects de la culture.

Lecture

Jacques Prévert

Page d'écriture

Deux et deux quatre
quatre et quatre huit
huit et huit font seize…
Répétez! dit le maître
Deux et deux quatre
quatre et quatre huit
huit et huit font seize.
Mais voilà l'oiseau-lyre°
qui passe dans le ciel
l'enfant le voit
l'enfant l'entend
l'enfant l'appelle:
Sauve-moi
joue avec moi
oiseau!
Alors l'oiseau descend
et joue avec l'enfant
Deux et deux quatre…
Répétez! dit le maître
et l'enfant joue
l'oiseau joue avec lui…
Quatre et quatre huit
huit et huit font seize
et seize et seize qu'est-ce qu'ils font?
Ils ne font rien seize et seize
et surtout pas trente-deux
de toute façon
et ils s'en vont.
Et l'enfant a caché l'oiseau
dans son pupitre°
et tous les enfants
entendent sa chanson
et tous les enfants
entendent la musique
et huit et huit à leur tour s'en vont
et quatre et quatre et deux et deux
à leur tour fichent le camp°
et un et un ne font ni une ni deux
un à un s'en vont également.
Et l'oiseau-lyre joue

oiseau-lyre: an Australian bird, so named for its long tail which, when spread, is lyre-shaped

pupitre: desk

fichent le camp: scram

to clown around
to crumble
windowpanes
cliff
penholder

et l'enfant chante
et le professeur crie:
Quand vous aurez fini de faire le pitre°!
Mais tous les autres enfants
écoutent la musique
et les murs de la classe
s'écroulent° tranquillement.
Et les vitres° redeviennent sable
l'encre redevient eau
les pupitres redeviennent arbres
la craie redevient falaise°
le porte-plume° redevient oiseau.

Questions sur le texte

C. En principe, quel est le sujet de la leçon?

D. En fait, que font les enfants avant l'interruption?

E. Et qu'est-ce qui interrompt la leçon du maître?

F. La répétition.

1. Trouvez tous les exemples possibles de répétition dans le poème.

2. Qu'est-ce qu'ils suggerènt sur cette leçon?

G. Les associations.

1. Qu'est-ce que vous associez à un oiseau?

2. Quelle(s) autre(s) chose(s) est-ce que vous associez à un oiseau-lyre?

3. Quels exemples de vos associations pouvez-vous trouver dans le poème?

H. Enumérez les transformations qui se produisent dans la deuxième moitié du poème.

Post-lecture

I. Composez un petit texte qui met en contraste un maître qui fait réciter une leçon de grammaire (ou d'histoire ou de géométrie) et un pitre qui dérange la leçon. Essayez d'écrire votre texte comme un petit poème, avec des phrases courtes, mais sans rimes et sans mètre.

J. Imaginez que vous êtes dans votre chambre en train de travailler; un animal entre, et toute la chambre se transforme en lieu naturel (une forêt, un champ, une plage au bord de la mer, par exemple). Racontez ces différentes transformations dans un «poème» semblable à celui de Prévert. La liste à gauche de matières fabriquées et de matières naturelles pourra vous aider à composer votre texte.

K. Rédigez un paragraphe où vous parlez des rapports entre *nature* et *culture* dans *Page d'écriture.*

Vocabulaire utile

des vêtements • de la laine • du coton • des tissus synthétiques • des meubles en bois, en matière plastique • du fer • de l'acier • du papier • un ordinateur • une machine à écrire • des plantes • de la terre • des arbres • une forêt • un mouton • des champs • du pétrole • la mer

Le Ballon rouge: Le film

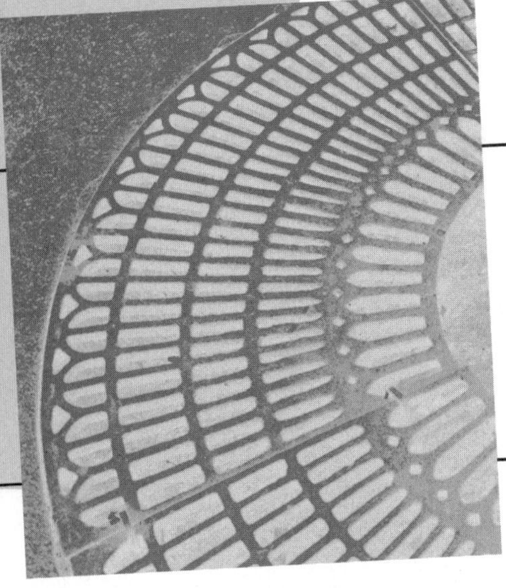

Albert Lamorisse

Albert Lamorisse (1922–1970), auteur de films documentaires et de films de voyages, est surtout connu pour ses films «pour enfants»—*Crin blanc, Birn,* et *Le Ballon rouge.*

Pré-lecture

A. Les enfants ont presque toujours un objet favori qu'ils gardent avec eux—une poupée, un nounours *(teddy bear)* ou peut-être un jouet. Pensez à votre enfance ou à l'enfance de quelqu'un de votre connaissance et racontez l'importance d'un de ces objets favoris.

Vocabulaire utile

jouer • dormir • parler • tenir • amener • apporter • cacher • à la maison • à l'école • dans la rue • gentil • doux • jaloux • fâché • mécontent

B. Les humains et les animaux s'expriment autant par leur corps que par les mots: les grimaces, les gestes des mains, la position et les mouvements du corps, et même la coloration du visage. Pour les émotions suivantes, décrivez une «expression corporelle» appropriée:

Vocabulaire utile

tordre • serrer • sauter • courir • caresser • trembler • reculer • toucher • frapper (fort) • doucement • vite • avidement • les poings • la figure • le front • le ventre • vert • rouge • bleu • noir • blanc • pâle • livide

la colère

la crainte

l'amour

la joie

la tendresse

la timidité

Film

Regardez une ou deux fois le film; pendant (ou après) la première séance, faites la première série d'exercices donnés ci-dessous. Puis revoyez le film avant de faire la deuxième série d'exercices.

C. En regardant le film.

1. Dans le film que vous allez voir il y a très peu de dialogues, mais les personnages s'expriment par d'autres moyens. Notez comment chaque personnage exprime ses sentiments et ses idées; trouvez plusieurs exemples pour chacun des personnages:

	Moyen d'expression	Sentiment ou idee
MODELE: Le petit garçon	*courir*	*la crainte / il a peur*
le directeur d'école		
les autres garçons		
les gens dans la rue		

2. Comme les gens, le film lui-même nous «parle» par des effets sonores et visuels. Notez ces effets ci-dessous:

	BRUITS ET MUSIQUE	SENTIMENT OU IDEE

	DÉCOR	SENTIMENT OU IDEE
MODELE:	*plein soleil*	*joie*

3. Il y a un rapport très étroit entre la musique, les bruits et le silence, surtout vers la fin du film. Notez les moments où il y a de la musique, d'autres où il n'y a que des bruits et d'autres où tout est silencieux.

MODELE: BRUITS:
la poursuite dans la petite rue

MUSIQUE	BRUITS	SILENCE

4. Dans *Le Ballon rouge,* le ballon prend des qualités humaines (ce qu'on appelle de l'anthropomorphisme—attribution de qualités humaines aux objets et aux animaux). Notez des exemples d'anthropomorphisme.

MODELE: *Le ballon suit le garçon et va à l'école.*

D. En réfléchissant au film.

1. Reprenez vos notes de la quatrième question dans la section ***En regardant le film*** et faites un portrait du ballon rouge—c'est-à-dire, décrivez son caractère.

2. Regardez vos notes pour la première question et faites un portrait des personnages du film, en insistant sur leurs moyens d'expression.

   le petit garçon

   le directeur d'école

   les autres garçons

   les gens dans la rue

3. Décrivez comment le décor (le ciel, le temps, les bâtiments, l'espace, etc.) exprime des émotions et des sentiments.

4. D'après vos notes, quels sont les rôles de la musique, des bruits et du silence dans le film? Quel sens chacun semble-t-il apporter au film?

Post-lecture

E. On aurait pu appeler ce film *Le Ballon rouge et le petit garçon contre le monde entier.* Racontez les différentes sortes de difficultés que le petit garçon et le ballon rencontrent avant la scène finale. Discutez des moments de plaisir et de joie qui s'y opposent.

F. Mise à part la présence du ballon, ce film est tout à fait réaliste. Décrivez comment le metteur en scène rend le film et le ballon «réalistes» (milieu, décor, gestes de personnages, couleurs, etc.).

G. Faites vous-même le scénario d'un film comme *Le Ballon rouge,* où tout est réaliste avec un objet comme exception.

H. On dit souvent que *Le Ballon rouge* est un film d'enfants pour adultes. Qu'est-ce qu'il y a dans le film qui attire les adultes?

Un texte du Moyen Age: Ropiquet

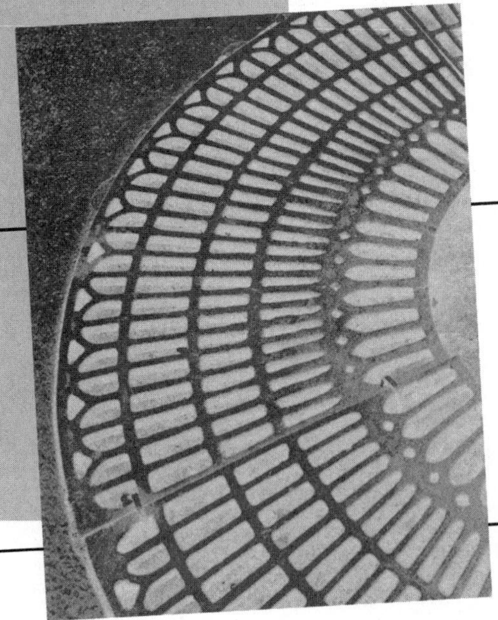

Anonyme

Le texte qui suit (*Ropiquet*) et celui qui vient après (*Mélusine*) sont des exemples de la littérature populaire du Moyen Age. Les auteurs de ces textes médiévaux sont inconnus.

Pré-lecture

A. Un sujet souvent traité dans notre culture occidentale est celui du contrat passé avec le diable (Eve dans la *Bible* ou Faust chez Goethe). Le diable offre quelque chose (le savoir) si le personnage accepte un échange (manger une pomme, par exemple). Imaginez que le diable, ou un diable déguisé en être humain, vous rend visite et vous offre de terminer votre dissertation pour un cours.

1. Qu'est-ce qu'il vous demande en échange?

2. Est-ce que vous acceptez? Pourquoi (pas)?

3. Imaginez que vous essayez de tromper *(to trick)* ce petit diable. Comment faites-vous? Quels sont les résultats?

B. Jouer aux devinettes est une activité bien traditionnelle. On gagne quelque chose si on donne la bonne réponse:

«Je vous donnerai… si vous devinez mon âge, mon nom, etc.»

Créez une devinette. Ensuite écrivez une petite histoire qui s'y rapporte.

C. Le passé simple. L'histoire suivante est au passé simple, le passé littéraire. Afin de vérifier votre maîtrise passive de ce temps, mettez les verbes suivants au passé composé. Cherchez le sens des verbes que vous ne connaissez pas.

il entra ________________________________

il proposa ________________________________

elle défila ________________________________

ils vinrent ________________________________

il emporta ________________________________

elle s'en alla ________________________________

elle arriva ________________________________

il se hâta ________________________________

elle rentra ________________________________

il lâcha ________________________________

il s'enfuit ________________________________

Lecture

Anonyme

Ropiquet

Il était une fois une femme qui avait du fil à porter au tisserand° pour en faire de la toile.° Le diable entra chez elle et lui proposa de tisser tout son fil pour rien, à condition qu'elle devine son nom.

—Volontiers, dit la femme. Vous vous appelez peut-être Jean.

—Non.

—Peut-être Claude?

—Pas davantage.

—Vous vous appelez donc François?

—Non, non, ma bonne femme, vous n'y êtes pas°!

Elle défila tous les noms qui lui vinrent à l'esprit sans trouver le bon. Le diable alors emporta le fil en disant:

—Le travail sera terminé dans deux heures, mais si d'ici-là vous n'avez pas trouvé mon nom, je garde la toile!

La femme, bien soucieuse, s'en alla ramasser un fagot° de branches mortes dans la forêt. Elle arriva jusque sous un grand chêne. Or, perché sur cet arbre, se tenait le diable qui tissait, tissait, avec l'aide de diablotins.° Il chantonnait:

—*Tisse que tisse, tisse que tisse, je m'appelle Ropiquet, Ropiquet, mais la vieille ne le sait°!*

La femme se hâta° d'écrire le nom de Ropiquet avec son doigt dans la poussière° qui recouvrait son soulier et elle rentra chez elle en hâte, répétant tout bas, pour plus de sûreté: Ropiquet, Ropiquet!

A peine était-elle assise au coin de l'âtre° que le diable arrive, chargé d'une toile superbe.

—Voilà, la mère. Savez-vous mon nom?

—Vous vous appelez Jean-Pierre?

—Oh! que non!

—Peut-être Jacques?

—Non, ma bonne femme!

—Vous ne vous appelleriez pas, par hasard, Ropiquet?

Le diable lâcha la toile et s'enfuit en hurlant et en renversant tout sur son passage, tandis que la femme, toute contente, rangeait° sa toile.

some yarn to take to the weaver / cloth

you aren't there yet

bundle (of sticks)

little devils (helpers)

the old woman doesn't know it

to hurry

dust

hearth

to put away

Questions sur le texte

D. Par contraste avec la tradition (et avec votre histoire, peut-être) la femme a gagné et a vaincu le diable.

1. Qu'est-ce qu'elle a fait pour gagner? (A-t-elle calculé, trompé ou triché, par exemple?)

2. Et qu'a fait le diable?

E. Dans cette histoire, qui fait preuve d'intelligence? Qui est le plus bête? Expliquez.

F. Enfin, quelle image a-t-on ici du diable et comment s'accorde-t-elle avec l'image traditionnelle de ce personnage?

Post-lecture

G. D'après ce conte et vos réponses aux questions, refaites une de vos petites histoires de la *Pré-lecture.*

MODELE:

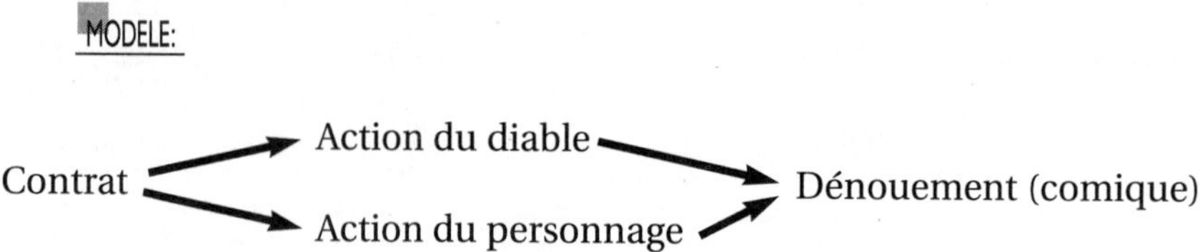

Un deuxième texte du Moyen Age: Mélusine

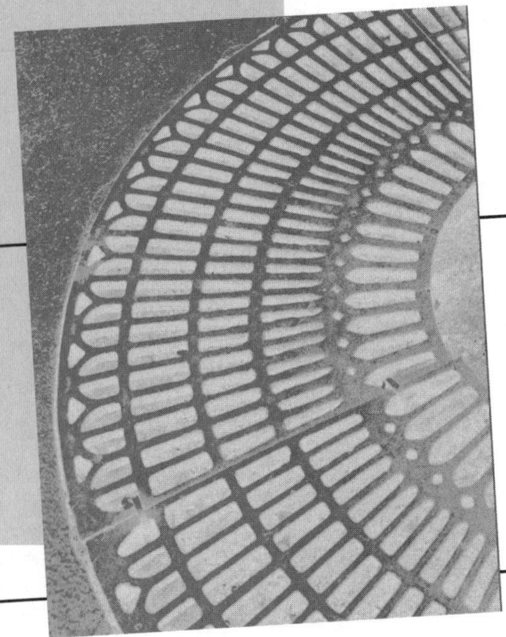

Anonyme

Mélusine veut dire littéralement «Mère Lusigne», la femme qui selon la légende a fondé l'une des grandes familles de France, la maison de Lusignan. Cette famille a réellement existé à Poitiers, dans l'Ouest de la France. Entre 1192 et 1489, elle a régné sur l'île de Chypre.

Pré-lecture

A. Dans l'histoire que vous allez lire, Mélusine est une fée *(fairy)*. En France une fée peut être bonne ou méchante. Quels mots associez-vous aux fées?

B. Cette histoire raconte les origines légendaires de cette famille. Pensez à des légendes, puis essayez de créer ou de recréer une histoire du même genre. (Vous pouvez vous inspirer des histoires des Indiens d'Amérique, des enfants qui sont nés dans des champs de choux *[cabbage patch]*, d'Adam et Eve ou des héros de la civilisation grecque, par exemple.)

Vocabulaire utile

le destin, la destinée • un sorcier, une sorcière • un pouvoir magique • un maléfice • le bonheur, le malheur • un péché, un défaut, une faute • un poisson • un serpent • un champ • un chou • un cri de joie, un cri désespéré • des bijoux

sortir de la terre • descendre du ciel

C. Pendant que vous vous promenez dans un bois, vous rencontrez une très belle personne (homme ou femme). Vous tombez follement amoureux(se) de cette personne, et vous lui demandez de vous épouser. La personne accepte à condition de pouvoir s'enfermer une fois par semaine dans sa chambre. Racontez la suite de cette histoire.

1. Est-ce que vous acceptez ce contrat?

Vocabulaire utile

interdire • tenir une promesse • promettre à quelqu'un de l'épouser • jouir d'une fortune • guetter • espionner • veiller • se fâcher

2. Avec quels résultats?

3. Pourquoi la personne aimée s'enferme-t-elle dans sa chambre?

4. Que se passe-t-il pendant ce temps-là?

5. Comment le savez-vous?

6. Que se passe-t-il après chaque séjour de cette personne dans sa chambre? Est-ce qu'il y a d'autres caractéristiques bizarres chez cette personne?

D. Le passé simple. Donnez l'infinitif des verbes suivants, qui sont au passé simple. Cherchez le sens des verbes que vous ne connaissez pas.

il s'égara ________________________________

il mit ________________________________

ils lièrent ________________________________

il revint ________________________________

elle promit ________________________________

elle fit ________________________________

elle vécut ________________________________

ils eurent ________________________________

il naquit ________________________________

il vit ________________________________

Lecture

Anonyme

Mélusine

Raymondin, comte de Poitiers, étant à la chasse, s'égara° un soir dans la forêt et se trouva dans une clairière° qu'il ne connaissait pas. Au milieu, dans un bassin de pierre, bouillonnait° une fontaine. Assise sur la margelle,° une dame en habit de gala peignait ses longs cheveux blonds avec un peigne d'or. Autour d'elle, plusieurs demoiselles semblaient être ses suivantes,° l'une tenait un miroir, une autre un coffret à bijoux,° une troisième un mouchoir de dentelle.

Raymondin mit pied à terre et s'approcha. Ils lièrent° conversation. La dame avait autant d'esprit que de beauté et le comte s'en éprit follement.° Il revint plusieurs fois dans la forêt et lui demanda enfin de l'épouser.

Mélusine—ainsi s'appelait-elle—promit d'être sa femme à condition que tous les samedis elle pourrait s'enfermer dans son appartement sans voir âme qui vive° de l'aube° jusqu'à minuit.

On célébra les noces avec éclat,° malgré la grise mine° et les murmures des parents et amis du comte qui demandaient d'où sortait cette inconnue.

to wander off, to get lost
clearing
to bubble / edge
servants / jewelry box
to strike up
to fall madly in love with her
without seeing anyone / dawn / with dazzle / dour looks

Mélusine paraissait jouir° d'une immense fortune. En cadeau de noces, elle fit construire pour son mari le manoir de Lusignan, un château véritablement princier et elle y vécut heureuse avec Raymondin. Ils eurent des enfants, tous gaillards° et bien portants, mais qui tous présentaient quelque particularité bizarre.

Ainsi, le premier naquit avec une grosse dent toute poussée au milieu de la mâchoire.° L'an d'après, un second fils vint au monde et l'on s'aperçut bientôt qu'il avait un œil noir comme le jais° et l'autre bleu comme le ciel. Un troisième garçon suivit qui avait une oreille la moitié plus grande que l'autre.

Un jour, le frère de Raymondin le prit à part et lui dit:

—Frère, je ne suis pas tranquille. Comment se fait-il que chacun des enfants de Mélusine apporte au monde en naissant quelque chose d'inhabituel? L'on dit que votre épouse, tous les samedis, s'enferme dans sa chambre et que nul, pas même vous, ne peut la voir. N'aurait-elle point de commerce avec les esprits du mal? Se livrerait-elle° dans sa chambre à quelque maléfice? N'auriez-vous pas épousé une sorcière?

Raymondin commença par se fâcher tout rouge, puis, son frère revenant à la charge, il admit que si les petits défauts de conformation° de ses enfants ne le troublaient guère, par contre, l'absence obstinée de Mélusine le samedi l'avait toujours tourmenté. Un samedi donc, les deux frères, vers le soir, se rendirent à pas de loup° dans le couloir qui menait aux appartements de la comtesse. Raymondin, se baissant, colla° son œil au trou de la serrure. Aussitôt, il recula, pâle comme la mort. Son frère regarda à son tour et que vit-il? La belle Mélusine qui se baignait et peignait ses longs cheveux en chantant un air mélancolique. Ce qui l'épouvanta, comme Raymondin lui-même, c'est que depuis la ceinture° jusqu'en bas, le corps de la jeune femme était celui d'un serpent…

Une fureur aveugle s'empara de Raymondin. Prenant son élan, il se jeta contre la porte et l'enfonça d'un coup d'épaule. Mélusine, le voyant, poussa un cri terrible. Comme soulevée° par des ailes invisibles, elle eut en un instant gagné l'appui de la fenêtre ouverte et, jetant encore un long cri désespéré, elle se lança dans le vide, dans la nuit.

Le comte, revenant à lui, la chercha partout. Dans le jardin, sous la fenêtre, il ne vit d'autre trace qu'un peigne d'or gisant° à terre. Rien n'indiquait que la comtesse se fût blessée en tombant puis se fût traînée ailleurs pour mourir.

De savants personnages consultés estimèrent que Mélusine devait être une fée condamnée pour quelque faute à se métamorphoser en serpent de la ceinture aux pieds tous les samedis, et qu'il devait lui être interdit de révéler son secret à aucun être humain, fût-ce son époux. «Il est probable, ajoutèrent les savants hommes, que l'infortunée conservera désormais° sa forme de monstre jusqu'à la fin des temps.»

Jamais Mélusine ne revint au château. Mais la nuit, parfois, lorsque les nourrices° qui veillaient sur ses enfants s'endormaient, il leur semblait les entendre pleurer, puis ils se calmaient subitement. Au matin, les nourrices, effarées,° trouvaient autour de leurs lits de longues traces humides comme

to enjoy (to possess)
strong, strapping
jaw
jet black
to abandon oneself to
physical defects
very quietly (on wolf's feet) / to glue, to stick
belt or waist
as though lifted up
to lie (on ground)
henceforth
nursemaids
alarmed

si une couleuvre° sortant de l'onde était passée par là. On chuchotait° que Mélusine avait obtenu la permission de venir parfois la nuit bercer° et apaiser ses fils lorsqu'ils faisaient quelque mauvais rêve...

Le comte Raymondin, qui ne se consolait pas d'avoir écouté son frère, passa bien des nuits à faire le guet° dans la chambre des enfants, mais ces nuits-là, ils dormirent paisiblement et ni femme ni serpent n'apparurent.

Telle est l'histoire de Mélusine, fondatrice de la famille des Lusignan. On raconte que, par la suite, lorsqu'un danger planait sur cette lignée, on entendait au sommet de la tour° un long cri désespéré. C'est, disait-on, la fée Mélusine qui avertit les siens du péril à venir...

grass snake / to whisper
to rock, lull, soothe
to keep watch
the (castle) tower

Vie à la campagne et travaux des champs à la fin du Moyen Age

Questions sur le texte

E. Dans les cinq premiers paragraphes de cette histoire on suggère de plusieurs manières que Mélusine est quelqu'un d'exceptionnel.

1. Quelles sont les qualités (physiques, intellectuelles, etc.) qui attirent le comte vers Mélusine?

2. Quels sont les détails qui suggèrent déjà quelque chose de bizarre ou de surnaturel?

F. Le frère de Raymondin voit en Mélusine un être maléfique.

1. Qu'est-ce qu'il lui reproche? Quels autres éléments du texte renforcent son interprétation?

2. Quelle autre interprétation propose-t-on? Quels éléments du texte renforcent cette interprétation?

G. A la fin de la lecture, quelle idée vous faites-vous du personnage de Mélusine (bons éléments opposés aux mauvais; destin divin et destin diabolique, etc.)?

Post-lecture

H. En tenant compte des dernières phrases de l'histoire, et du fait que Mélusine fut la fondatrice d'une grande famille de France, faites le portrait de cette famille à un autre moment de l'histoire.

I. Dans la mythologie contemporaine, la sirène (*mermaid*) est un exemple d'être à forme moitié humaine et moitié animale. Mélusine représente une variation particulière de ce modèle. Quel(s) sens symbolique(s) prend-elle dans votre esprit? *Suggestion:* Trouvez dans l'histoire de Mélusine les objets, les qualités et les personnages qui semblent lui communiquer un sens symbolique.

J. D'après cette légende, qu'est-ce que nous savons de nos origines? (Sont-elles bonnes? mauvaises? mystérieuses?) Ecrivez une légende sur les origines de votre famille.

Tu t'demandes

Lucid Beausonge

Lucid Beausonge (1954–) est une représentante typique de la nouvelle génération de chanteuses. Quoique ses chansons soient marquées par le mouvement féministe en France, elles traitent des problèmes de la réalité concrète de femmes et d'hommes qui vivent dans un monde où la communication semble parfois impossible. Tout en étant passionnée, sa musique conserve une certaine réticence devant les conflits et les mystères de la vie.

Pré-lecture

A. D'habitude on imagine l'amour en termes positifs: on accepte entièrement l'autre, qui répond à nos désirs et à nos demandes, etc. Mais l'amour a aussi son côté négatif. Imaginez un(e) petit(e) ami(e) qui ne vous répond pas.

Vocabulaire utile

ne... pas • ne... jamais • ne... que • répondre • parler • se coucher • s'endormir • regarder • les bras • les mains • la voix • le silence

B. Vous êtes au lit, à côté de votre mari/femme qui dort. Qu'est-ce que vous pensez de lui / d'elle? Comment est-ce que vous le/la voyez?

C. Lorsqu'on écrit sur l'amour, on se sert souvent de métaphores et de comparaisons. Créez des comparaisons en vous inspirant du vocabulaire utile.

MODELE: Mon amour est comme l'éternité.

Vocabulaire utile

une rose: rouge • belle • épineuse

l'eau: fraîche • turbulente • claire • en cascade • limpide

une tempête • un orage • la pluie • le froid

un beau coucher de soleil • un jardin de fleurs • une montagne • un jour d'été

Lecture

Lucid Beausonge

Tu t'demandes

Tu t'demandes toujours ce qu'on attend de toi,
De ta voix, de tes pas, et des sourires
Que tu n'donnes pas.
Avec ton regard qui nuance les mots, les gestes
Qu'on n'retient pas
Et qui s'entassent, prennent de la place,
Que tu laisses là.

Tu t'endors toujours quand on rêve de toi,
De tes bras et voilà,
Qu'il ne me reste qu'une aura°
Avec ta peau comme un silence,
Et ton silence est comme un roi.
Quand tu commandes, je m'demande
Pourquoi suis-je là.

halo

Tu te couches avec le goût de l'au-delà° *a play on words with* ***eau***
Et ma foi, je ne sais pas
Si je te suivrai jusque là,
Avec tes mains faites de prudence
Et ta prudence à faire ton choix
Ces barricades roulent en cascades
Et je m'y noie.° *to drown*

Questions sur le texte

D. Les verbes dans le texte.

1. Etudiez les verbes dans ce texte, surtout les verbes réfléchis (comme se demander). Faites une liste des verbes réfléchis et notez à qui ils se réfèrent (l'homme ou la femme).

   l'homme:

   la femme:

2. Maintenant déterminez à partir de vos listes ce que ces verbes nous révèlent sur chaque personnage.

E. Les pronoms.

1. Notez les pronoms dans le texte (*je/me, tu/te, nous, nos,* etc.).

2. Lesquels prédominent? Implicitement, lequel des deux personnages joue un rôle dominant?

3. Essayez de relier cette domination au dernier vers de la chanson.

F. L'homme, dans la chanson, est assez énigmatique, et nous ne le connaissons qu'à travers ses actions et les parties de son corps. Enumérez les actions et les parties du corps qui sont citées et expliquez les aspects moraux et émotionnels qu'elles suggèrent.

ACTIONS/CORPS	MORAL/EMOTION

G. La femme.

1. Qu'est-ce que la femme attend de cet homme? (quels gestes? quelles actions?)

2. Qu'est-ce qu'elle reçoit de lui?

H. Chaque strophe contient un langage métaphorique (comme *entasser).* Notez les métaphores et décrivez ce qu'elles suggèrent.

Post-lecture

I. Ecrivez votre propre chanson d'amour, en vous inspirant de vos comparaisons dans la ***Pré-lecture*** et de la chanson même.

J. Qu'est-ce que la mélodie ajoute au sens et à l'émotion de la chanson? Quel est, d'après vous, l'effet général?

K. Rédigez cette chanson sous forme d'une narration où la femme raconte sa vie avec cet homme.

Le Déserteur

Boris Vian

Romancier (*L'Ecume des jours)* et dramaturge (*Les Bâtisseurs d'Empire),* Boris Vian (1920–1959) est devenu après sa mort, grâce à son anticonformisme et à son opposition aux valeurs bourgeoises, un héros culturel, surtout auprès du jeune public. Critique et musicien de jazz, il a été l'auteur de plus de 400 chansons, dont la plus connue est peut-être *Le Déserteur,* composée à l'époque de la guerre d'Algérie (1954–62), combat qui opposait les nationalistes algériens et leurs colonisateurs français. Cette lutte, que l'on peut comparer à la guerre au Viêt-nam, a divisé l'opinion et a donné lieu à de nombreuses manifestations.

Pré-lecture

A. Un déserteur. Qu'est-ce qu'un déserteur? Ecrivez un court paragraphe pour répondre à cette question.

Vocabulaire utile

un soldat • un conscrit • l'armée

déserter • abandonner • quitter (sans permission) • se réfugier • refuser de servir • protester (contre)

B. Le pour et le contre. On reçoit ses papiers militaires; il faut décider si on va partir à la guerre ou non.

1. Quels arguments pouvez-vous donner pour défendre la décision d'aller à la guerre?

2. Quels arguments pouvez-vous opposer à cette décision?

Vocabulaire utile

défendre son pays • obéir à la loi • suivre sa conscience • ne pas vouloir mourir • refuser de tuer • avoir le goût de l'aventure (du danger, de l'héroïsme)

les jeunes • les vieux • les anciens combattants • les innocents • l'ennemi • les envahisseurs • une guerre nécessaire • une guerre injuste

Lecture

Boris Vian

Le Déserteur

Monsieur le Président
Je vous fais une lettre
Que vous lirez peut-être
Si vous avez le temps

Je viens de recevoir
Mes papiers militaires
Pour partir à la guerre
Avant mercredi soir

Monsieur le Président
Je ne veux pas la faire
Je ne suis pas sur terre
Pour tuer des pauvres gens

C'est pas pour vous fâcher
Il faut que je vous dise
Ma décision est prise
Je m'en vais déserter.

Depuis que je suis né
J'ai vu mourir mon père
J'ai vu partir mes frères
Et pleurer mes enfants

Ma mère a tant souffert
Qu'elle est dedans sa tombe
Et se moque des bombes
Et se moque des vers°

worms

Quand j'étais prisonnier
On m'a volé° ma femme
On m'a volé mon âme
Et tout mon cher passé

to steal

Demain de bon matin
Je fermerai ma porte
Au nez des années mortes
J'irai sur les chemins.

Je mendierai° ma vie
Sur les routes de France
De Bretagne en Provence
Et je dirai aux gens

to beg for

Refusez d'obéir
Refusez de la faire
N'allez pas à la guerre
Refusez de partir

S'il faut donner son sang°
Allez donner le vôtre
Vous êtes bon apôtre°
Monsieur le Président

blood

to play the saint, to pretend to be well-intentioned

Si vous me poursuivez
Prévenez vos gendarmes
Que je n'aurai pas d'armes
Et qu'ils pourront tirer.°

to shoot

Questions sur le texte

C. En écoutant cette chanson, qu'est-ce qu'on apprend de la vie du déserteur?

1. son passé (ses parents, sa femme)

2. sa situation actuelle

3. ce qu'il a l'intention de faire (Où ira-t-il? Que dira-t-il?)

D. La conclusion de la chanson.

1. Dans quelle mesure le président est-il «un apôtre»?

2. Dans quelle mesure pourrait-il «faire le bon apôtre»?

3. A quelle fin le déserteur s'attend-il? Quelle sera la valeur de cette fin?

Post-lecture

E. Vous êtes allé(e) à un concert où on a chanté *Le Déserteur*. Imaginez une discussion au sujet de cette chanson entre les personnages suivants: un ancien combattant, un jeune homme de 18 ans, une jeune femme de 18 ans, une veuve de guerre, un conseiller municipal, un prêtre (ou des gens de votre choix).

F. Imaginez que le président ait répondu à cette chanson en écrivant au compositeur. Rédigez cette lettre.

G. Nous sommes en 1954. Vous êtes un jeune Français. On vous appelle à lutter pour la guerre d'Indochine. Votre famille a beaucoup souffert pendant la Deuxième Guerre mondiale. Ecrivez votre réponse à cet appel.

H. Le texte de Vian traite d'un sujet controversé, mais la simplicité d'expression et les moyens poétiques atténuent la gravité de la pensée. Ecrivez un poème-chanson sur un autre sujet controversé—l'avortement, la bombe, la peine de mort, etc.

Le Grand Michu

Emile Zola

Emile Zola (1840–1902) a été le chef de file de l'école naturaliste. Désireux d'appliquer une méthode scientifique à la description des faits humains et sociaux, il a composé une série de vingt romans qui racontent l'histoire d'une famille sous le Second Empire (1852–1870). Malgré ces prétentions scientifiques, la force de ses meilleurs romans (par exemple, *L'Assommoir* et *Germinal)* vient en fait de l'alliance de ses observations détaillées et de son imagination créatrice.

Pré-lecture

A. Les revendications. De quoi les élèves de lycée se plaignent-ils? Que font-ils d'habitude pour faire connaître leurs revendications aux autorités?

Vocabulaire utile

se plaindre de

la nourriture • les devoirs • les professeurs • les cours • les activités

s'adresser au directeur du lycée (au proviseur) • organiser une réunion • manifester • faire la grève

Vocabulaire utile

une action collective • un chef • un groupe organisé

abandonner • diriger • participer en aidant • prendre la tête d'un mouvement populaire • protester contre • préparer secrètement • se révolter contre l'autorité • se révolter contre les règles

B. Une révolte. Avec l'aide des expressions du vocabulaire utile, définissez les mots suivants qui sont tous associés à l'idée de refus de l'autorité.

un complot:

un conspirateur:

un traître:

un meneur:

un complice:

une révolution:

C. Un gourmand. Faites le portrait de quelqu'un qui mange énormément et qui ne grossit jamais.

Vocabulaire utile

manger (du matin au soir, tout ce qu'on voit) • acheter • demander • se faire inviter • mendier • menacer • voler

Maintenant imaginez cette personne privée *(deprived)* de nourriture pendant plusieurs jours.

D. Le passé simple. Donnez l'infinitif des verbes suivants, qui sont au passé simple. Cherchez le sens des verbes que vous ne connaissez pas.

il prit	__________	j'attendis	__________
il dit	__________	elle reparut	__________
je répondis	__________	il faillit	__________
ils finirent	__________	il fut	__________
il produisit	__________	il fit	__________

il soutint ____________________

il reçut ____________________

il eut ____________________

il put ____________________

ils disparurent ____________________

Note historique

En 1848, un mouvement révolutionnaire en France provoque l'abdication du roi Louis-Philippe Ier et la proclamation de la Deuxième République. Charles Louis Napoléon Bonaparte, neveu de Napoléon Ier, est élu président. Trois ans plus tard (1851), il dissout l'Assemblée nationale, écrase l'insurrection républicaine et se fait proclamer empereur des Français en 1852.

Lecture

Emile Zola

Le Grand Michu

I

Une après-midi, à la récréation de quatre heures, le grand Michu me prit à part,° dans un coin de la cour. Il avait un air grave qui me frappa d'une certaine crainte; car le grand Michu était un gaillard,° aux poings° énormes, que, pour rien au monde, je n'aurais voulu avoir pour ennemi.

"Ecoute, me dit-il de sa voix grasse° de paysan° à peine dégrossi,° écoute, tu veux en être?°"

Je répondis carrément:° "Oui!" flatté d'être de quelque chose avec le grand Michu. Alors, il m'expliqua qu'il s'agissait d'un complot. Les confidences qu'il me fit, me causèrent une sensation délicieuse,° que je n'ai jamais peut-être éprouvée° depuis. Enfin, j'entrais dans les folles aventures de la vie, j'allais avoir un secret à garder, une bataille à livrer.° Et, certes, l'effroi inavoué° que je ressentais° à l'idée de me compromettre de la sorte,° comptait pour une bonne moitié dans les joies cuisantes° de mon nouveau rôle de complice.

Aussi,° pendant que le grand Michu parlait, étais-je en admiration devant lui. Il m'initia d'un ton un peu rude, comme un conscrit° dans l'énergie duquel° on a une médiocre confiance. Cependant, le frémissement d'aise,° l'air d'extase enthousiaste que je devais avoir en l'écoutant, finirent par lui donner une meilleure opinion de moi.

Comme la cloche° sonnait le second coup, en allant tous deux prendre nos rangs° pour rentrer à l'étude:°

took me aside
strapping young man / fists
throaty / peasant / barely civilized / be a part (of the group) / straight out
delightful
felt, had
to join
unavowed, unconfessed fear / was feeling / to compromise myself in this way / burning / So
draftee
in whose energy / quiver of joy
school bell (at the second ringing of the bell, students are expected to

line up) / places in line / study hall / with us, on our side / sworn

"C'est entendu, n'est-ce pas? me dit-il à voix basse. Tu es des nôtres...° Tu n'auras pas peur, au moins; tu ne trahiras pas? —Oh, non, tu verras... C'est juré.°"

mature

Il me regarda de ses yeux gris, bien en face, avec une vraie dignité d'homme mûr,° et me dit encore:

"Autrement, tu sais, je ne te battrai pas, mais je dirai partout que tu es un traître, et personne ne te parlera plus."

Never mind, who cares! 2000 lines of poetry (to copy as punishment) / I'll be darned / feverish / to break out / dining hall

Je me souviens encore du singulier effet que me produisit cette menace. Elle me donna un courage énorme. "Bast!° me disais-je, ils peuvent bien me donner deux mille vers;° du diable° si je trahis Michu!" J'attendis avec une impatience fébrile° l'heure du dîner. La révolte devait éclater° au réfectoire.°

II

department in Provence (southeastern France) / patches / had fought in 1851 (on the side of the Republicans) / site of a battle during the uprising in 1851 / to hide / people who live off the income from their investments / bandit / illiterate / fearsome

Le grand Michu était du Var.° Son père, un paysan qui possédait quelques bouts° de terre, avait fait le coup de feu en 51,° lors de l'insurrection provoquée par le coup d'Etat. Laissé pour mort dans la plaine d'Uchâne,° il avait réussi à se cacher.° Quand il reparut, on ne l'inquiéta pas. Seulement, les autorités du pays, les notables, le gros et les petits rentiers° ne l'appelèrent plus que ce brigand° de Michu.

Ce brigand, cet honnête homme illettré,° envoya son fils au collège d'A... Sans doute il le voulait savant pour le triomphe de la cause qu'il n'avait pu défendre, lui, que les armes à la main. Nous savions vaguement cette histoire, au collège, ce qui nous faisait regarder notre camarade comme un personnage très redoutable.°

even though / class in school; students in this class are usually 15 years old / dared / to tease, make fun of / guess / completely / as if he'd been carved with an ax / to strangle / study hall supervisor (colloquial) / They almost threw big Michu out / Early on / must have

Le grand Michu était, d'ailleurs, beaucoup plus âgé que nous. Il avait près de dix-huit ans, bien qu'il° ne se trouvât qu'en quatrième.° Mais on n'osait° le plaisanter.° C'était un de ces esprits droits, qui apprennent difficilement, qui ne devinent rien;° seulement, quand il savait une chose, il la savait à fond° et pour toujours. Fort, comme taillé à coups de hache,° il régnait en maître pendant les récréations. Avec cela, d'une douceur extrême. Je ne l'ai jamais vu qu'une fois en colère; il voulait étrangler° un pion° qui nous enseignait que tous les républicains étaient des voleurs et des assassins. On faillit mettre le grand Michu à la porte.°

Ce n'est que plus tard, lorsque j'ai revu mon ancien camarade dans mes souvenirs, que j'ai pu comprendre son attitude douce et forte. De bonne heure,° son père avait dû° en faire un homme.

III

torture

Le grand Michu se plaisait au collège, ce qui n'était pas le moindre de nos étonnements. Il n'y éprouvait qu'un supplice° dont il n'osait parler: la faim. Le grand Michu avait toujours faim.

such a

Je ne me souviens pas d'avoir vu un pareil° appétit. Lui qui était très fier,° il allait parfois jusqu'à jouer des comédies humiliantes pour nous escroquer° un morceau de pain, un déjeuner ou un goûter. Elevé en plein air,° au pied de la chaîne des Maures,° il souffrait encore plus cruellement que nous de la maigre cuisine° du collège.

C'était là un de nos grands sujets de conversation, dans la cour, le long du mur qui nous abritait de son filet d'ombre.° Nous autres, nous étions des délicats.° Je me rappelle surtout une certaine morue° à la sauce rousse° et certains haricots° à la sauce blanche qui étaient devenus le sujet d'une malédiction° générale. Les jours où ces plats apparaissaient, nous ne tarissions pas.° Le grand Michu, par respect humain, criait avec nous, bien qu'il eût avalé volontiers° les six portions de sa table.

Le grand Michu ne se plaignait guère que° de la quantité des vivres.° Le hasard,° comme pour l'exaspérer, l'avait placé au bout de la table à côté du pion, un jeune gringalet° qui nous laissait fumer en promenade. La règle était que les maîtres d'étude avaient droit à deux portions. Aussi, quand on servait des saucisses, fallait-il voir le grand Michu lorgner° les deux bouts de saucisses qui s'allongeaient côté à côté sur l'assiette du petit pion.

"Je suis deux fois plus gros que lui, me dit-il un jour, et c'est lui qui a deux fois plus à manger que moi. Il ne laisse rien, va; il n'en a pas de trop!"

proud / to swindle / outdoors / mountain chain in southeastern France / skimpy food / shaded us with its shaft of shade / demanding, difficult / codfish / red / beans / curse / couldn't stop talking (about it) / even though he would have willingly swallowed / scarcely complained except about provisions / chance / tall, skinny fellow / to cast sidelong glances at

IV

Or, les meneurs avaient résolu que nous devions à la fin nous révolter contre la morue à la sauce rousse et les haricots à la sauce blanche.

Naturellement, les conspirateurs offrirent au grand Michu d'être leur chef. Le plan de ces messieurs était d'une simplicité héroïque: il suffirait,° pensaient-ils, de mettre leur appétit en grève,° de refuser toute nourriture, jusqu'à ce que le proviseur° déclarât solennellement que l'ordinaire° serait amélioré.° L'approbation° que le grand Michu donna à ce plan est un des plus beaux traits d'abnégation° et de courage que je connaisse. Il accepta d'être chef du mouvement, avec le tranquille héroïsme de ces anciens Romains qui se sacrifiaient pour la chose publique.°

would be enough / on strike / principal / regular food / improved / approval / self-denial / public good

Songez° donc! lui se souciait bien° de voir disparaître° la morue et les haricots: il ne souhaitait qu'une chose, en avoir davantage, à discrétion!° Et, pour comble,° on lui demandait de jeûner!° Il m'a avoué depuis que jamais cette vertu républicaine que son père lui avait enseignée, la solidarité, le dévouement° de l'individu aux intérêts de la communauté, n'avait été mise en lui à une plus rude épreuve.°

Le soir, au réfectoire,—c'était le jour de la morue à la sauce rousse—la grève commença avec un ensemble vraiment beau. Le pain seul était permis. Les plats arrivent, nous n'y touchons pas, nous mangeons notre pain sec. Et cela gravement, sans causer° à voix basse, comme nous en avions l'habitude. Il n'y avait que les petits qui riaient.

Think / cared not all (i.e., ironic statement) / to disappear / without limit, all he could eat / to top everything off / to fast, go without eating / devotion / test

to chat

Le grand Michu fut superbe. Il alla, ce premier soir, jusqu'à ne pas même manger de pain. Il avait mis les deux coudes sur la table, il regardait dédaigneusement le petit pion qui dévorait.

supervisor
shouted (at)

Cependant, le surveillant° fit appeler le proviseur, qui entra dans le réfectoire comme une tempête. Il nous apostropha° rudement, nous demandant ce que nous pouvions reprocher à ce dîner, auquel il goûta et qu'il déclara exquis.

Alors le grand Michu se leva.

rotten, spoiled

"Monsieur, dit-il, c'est la morue qui est pourrie,° nous ne parvenons pas à la digérer."

"Ah! bien, cria le gringalet de pion, sans laisser au proviseur le temps de répondre, les autres soirs, vous avez pourtant mangé presque tout le plat à vous seul."

Le grand Michu rougit extrêmement. Ce soir-là, on nous envoya simplement coucher, en nous disant que, le lendemain, nous aurions sans doute réfléchi.

V

cowards / gave in
pride

Le lendemain et le surlendemain, le grand Michu fut terrible. Les paroles du maître d'étude l'avaient frappé au cœur. Il nous soutint, il nous dit que nous serions des lâches° si nous cédions.° Maintenant, il mettait tout son orgueil° à montrer que, lorsqu'il le voulait, il ne mangeait pas.

school desks
filled
relative
sweets, treats / limited himself / bread crusts

Ce fut un vrai martyr. Nous autres, nous cachions tous dans nos pupitres° du chocolat, des pots de confiture, jusqu'à de la charcuterie, qui nous aidèrent à ne pas manger tout à fait sec le pain dont nous emplissions° nos poches. Lui, qui n'avait pas un parent° dans la ville, et qui se refusait d'ailleurs de pareilles douceurs,° s'en tint° strictement aux quelques croûtes° qu'il put trouver.

persisted

Le surlendemain, le proviseur ayant déclaré que, puisque les élèves s'entêtaient° à ne pas toucher aux plats, il allait cesser de faire distribuer du pain, la révolte éclata, au déjeuner. C'était le jour des haricots à la sauce blanche.

with gusto
to scoff at / started singing
breath of air
lifted up
walking over

Le grand Michu, dont une faim atroce devait troubler la tête, se leva brusquement. Il prit l'assiette du pion, qui mangeaient à belles dents,° pour nous narguer° et nous donner envie, la jeta au milieu de la salle, puis entonna° La Marseillaise d'une voix forte. Ce fut comme un grand souffle° qui nous souleva° tous. Les assiettes, les verres, les bouteilles dansèrent une jolie danse. Et les pions, enjambant° les débris, se hâtèrent de nous abandonner le réfectoire. Le gringalet, dans sa fuite, reçut sur les épaules un plat de haricots, dont la sauce lui fit une large collerette blanche.

had brought over and piled up / was thundering
seems
police / din / were enough

Cependant, il s'agissait de fortifier la place. Le grand Michu fut nommé général. Il fit porter, entasser° les tables devant les portes. Je me souviens que nous avions tous pris nos couteaux à la main. Et La Marseillaise tonnait° toujours. La révolte tournait à la révolution. Heureusement, on nous laissa à nous-mêmes pendant trois grandes heures. Il paraît° qu'on était allé chercher la garde.° Ces trois heures de tapage° suffirent° pour nous calmer.

frightened / freedom from the danger of punishment

Il y avait au fond du réfectoire deux larges fenêtres qui donnaient sur la cour. Les plus timides, épouvantés° de la longue impunité° dans laquelle on nous laissait, ouvrirent doucement une des fenêtres et disparurent. Ils furent peu à peu suivis par les autres élèves. Bientôt le grand Michu n'eut plus qu'une dizaine d'insurgés° autour de lui. Il leur dit alors d'une voix rude:

rebels

"Allez retrouver les autres, il suffit qu'il y ait un coupable.

Puis s'adressant à moi qui hésitais, il ajouta:

—Je te rends ta parole,° entends-tu!"

I release you from your promise

Lorsque la garde eut enfoncé une des portes, elle trouva le grand Michu tout seul, assis tranquillement sur le bout d'une table, au milieu de la vaisselle cassée.° Le soir même, il fut renvoyé à son père. Quant à nous, nous profitâmes peu de cette révolte. On évita bien pendant quelques semaines de nous servir de la morue et des haricots. Puis, ils reparurent; seulement la morue était à la sauce blanche, et les haricots, à la sauce rousse.

broken dishes

VI

Longtemps après, j'ai revu le grand Michu. Il n'avait pu continuer ses études. Il cultivait à son tour les quelques bouts de terre que son père lui avait laissés en mourant.°

when he died

"J'aurais fait, m'a-t-il dit, un mauvais avocat ou un mauvais médecin, car j'avais la tête bien dure. Il vaut mieux que je sois un paysan. C'est mon affaire...° N'importe,° vous m'avez joliment lâché.° Et moi qui justement adorais la morue et les haricots!"

what I'm best at / Nevertheless / left me alone, behind

Questions sur le texte

E. Les personnages. Indiquez ce que vous avez appris sur les personnages en lisant le conte.

1. le grand Michu

a) apparence physique

b) caractère

c) famille

2. le narrateur

3. le pion

4. les autres élèves

F. La révolte. Indiquez ce que vous avez appris au sujet du complot organisé par les élèves.

1. la cause

2. les buts

3. la chronologie des événements

	CE QUE FONT LES ELEVES	CE QUE FONT LES AUTORITES
le premier jour		
le lendemain		
le surlendemain		

G. La fin du conte. En quoi la fin du conte est-elle ironique—du point de vue des élèves? du point de vue du grand Michu?

H. La révolte et la révolution. Quelle influence le père de Michu a-t-il sur le rôle que joue son fils dans la révolte des étudiants? Quels parallèles voyez-vous entre cette révolte et la situation politique en France au 19e siècle?

Post-lecture

I. Le narrateur de ce conte est un des élèves qui ont participé au complot. Racontez cette histoire une nouvelle fois, en adoptant le point de vue (la perspective) du grand Michu.

J. Racontez une révolte (réelle ou imaginaire) dans un lycée américain.

K. Le grand Michu est un garçon que tous les élèves du lycée connaissent et dont ils se souviennent longtemps après leurs années d'école. Faites le portrait d'un garçon ou d'une fille qui a occupé une place comparable dans votre expérience scolaire.

Le Pagne noir

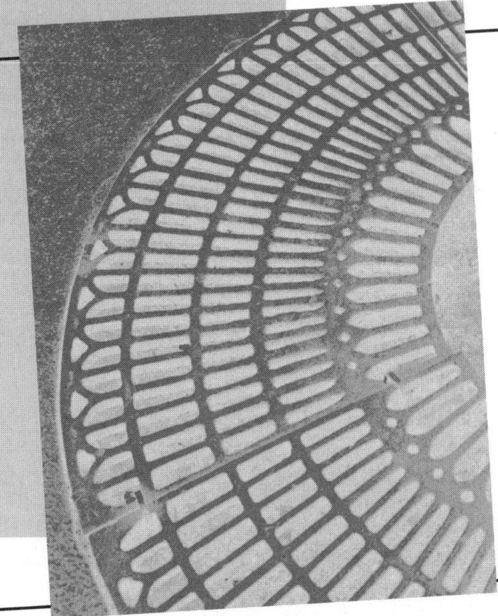

Bernard Dadié

Bernard Dadié (1916–   ) est l'écrivain le plus connu de la Côte-d'Ivoire, ancien territoire colonial français en Afrique occidentale. Conteur, poète, dramaturge, romancier, il se donne pour tâche de faire vivre et revivre les traditions folkloriques de son pays, où depuis des siècles des hommes (appelés des *griots)* disent des contes en public dans les villages. Dans ses contes, Dadié traduit cette tradition orale de sa langue natale en français écrit tout en cherchant à garder l'esprit d'un texte raconté et joué (comme une petite pièce) à haute voix.

Pré-lecture

A. Beaucoup de contes de fées ou de légendes mythologiques ont pour sujet une *quête*—un personnage est envoyé à la recherche de quelqu'un ou de quelque chose—ou une *tâche*—un personnage est envoyé pour accomplir un travail particulier. Ces récits se composent, avec des variations, d'un nombre limité de personnages (voir le schéma ci-dessous). Pensez à un conte ou à une légende que vous connaissez; complétez le schéma en donnant les renseignements demandés.

Nom du conte ou de la légende ______________________________

Celui ou celle qui précise les conditions de la quête ou de la tâche

____

le héros / l'héroïne

____

l'objet de sa quête ou la nature de sa tâche

____

le ou les personnages qui aident le héros / l'héroïne

____

____

le ou les personnages qui opposent au succés du héros / de l'héroïne

____

____

Généralement, quel type de personnage joue chacun de ces rôles? Pour répondre à cette question, comparez votre schéma à celui d'autres membres de la classe.

B. La marâtre.

1. La marâtre (la seconde femme du père, celle qui remplace la mère) est un personnage familier de la littérature folklorique et populaire. Encerclez les adjectifs qui la décrivent généralement.

   généreuse • gentille • laide • belle • jalouse • injuste • méchante

   • vindicative • heureuse

2. Y a-t-il des raisons psychologiques qui expliquent l'image négative de la marâtre?

C. Le conte que vous allez lire a pour décor la forêt africaine. Voici quelques mots désignant des objets, des endroits, des animaux, des plantes qui donnent au conte son caractère africain. Lisez les définitions ci-dessous; ensuite, associez chaque mot à un des dessins suivants.

un bananier: grande plante des régions équatoriales qui produit des bananes
une case: habitation traditionnelle en Afrique (et chez d'autres peuples d'outre-mer)
une clairière: endroit dans une forêt où il n'y a pas d'arbres
un crapaud: petit animal à tête large qui se nourrit d'insectes qu'il chasse souvent à la tombée de la nuit
un fourmi: petit insecte qui vit en colonies nombreuses
un fromager: très grand arbre tropical à bois blanc
un nénuphar: plante aquatique aux larges feuilles et aux fleurs blanches, jaunes ou rouges
un ruisseau: petit cours d'eau, affluent d'une rivière ou d'un lac
une source: eau qui sort de la terre
un vautour: grand oiseau au bec crochu qui se nourrit des corps d'animaux morts

1.
2.
3.
4.
5.
6.
7.
8.
9.
10.

Lecture

Bernard Dadié

Le Pagne noir

Il était une fois, une jeune fille qui avait perdu sa mère. Elle l'avait perdue, le jour même où elle venait au monde.

Depuis une semaine, l'accouchement° durait. Plusieurs matrones avaient accouru. L'accouchement durait.

Le premier cri de la fille coïncida avec le dernier soupir° de la mère.

birth / gasp

Le mari, à sa femme, fit des funérailles grandioses. Puis le temps passa et l'homme se remaria. De ce jour commence le calvaire de la petite Aïwa. Pas de privations° et d'affronts qu'elle ne subisse°; pas de travaux pénibles° qu'elle ne fasse! Elle souriait tout le temps. Et son sourire irritait la marâtre qui l'accablait de quolibets.°

deprivations / to undergo / difficult, painful / insults

Elle était belle, la petite Aïwa, plus belle que toutes les jeunes filles du village. Et cela encore irritait la marâtre qui enviait cette beauté resplendissante, captivante.

Plus elle multipliait les affronts, les humiliations, les corvées,° les privations, plus Aïwa souriait, embellissait, chantait—et elle chantait à ravir°—cette orpheline. Et elle était battue à cause de sa bonne humeur, à cause de sa gentillesse. Elle était battue parce que courageuse, la première à se lever, la dernière à se coucher. Elle se levait avant les coqs, et se couchait lorsque les chiens eux-mêmes s'étaient endormis.

chores / to delight

La marâtre ne savait vraiment plus que faire pour vaincre cette jeune fille. Elle cherchait ce qu'il fallait faire, le matin, lorsqu'elle se levait, à midi, lorsqu'elle mangeait, le soir, lorsqu'elle somnolait.° Et ces pensées, par ses yeux, jetaient des lueurs fauves.° Elle cherchait le moyen de ne plus faire sourire la jeune fille, de ne plus l'entendre chanter, de freiner° la splendeur de cette beauté.

to doze / wild glimmers / to put a brake on

Elle chercha ce moyen avec tant de patience, tant d'ardeur, qu'un matin, sortant de sa case, elle dit à l'orpheline:

—Tiens! Va me laver ce pagne° noir où tu voudras. Me le laver de telle sorte qu'il devienne aussi blanc que le kaolin.°

skirt, loin cloth / white clay used for pottery

Aïwa prit le pagne noir qui était à ses pieds et sourit. Le sourire pour elle, remplaçait les murmures, les plaintes,° les larmes,° les sanglots.°

complaints / tears / sobs

Et ce sourire magnifique qui charmait tout, à l'entour, au cœur de la marâtre, sema des braises.° A bras raccourcis,° elle tomba sur l'orpheline qui souriait toujours.

Enfin, Aïwa prit le linge° noir et partit. Après avoir marché pendant une lune,° elle arriva au bord d'un ruisseau. Elle y plongea le pagne. Le pagne ne fut point mouillé.° Or l'eau coulait bien, avec dans son lit, des petits poissons, des nénuphars. Sur ses berges,° les crapauds enflaient° leur voix

to spread hot coals (reinforce one's anger) / with full force / clothes to be washed / during one month / wet / banks / to blow up, increase comme pour effrayer° l'orpheline qui souriait. Aïwa replongea le linge noir dans l'eau et l'eau refusa de le mouiller. Alors elle reprit sa route en chantant.

Ma mère, si tu me voyais sur la route,
Aïwa-ô!Aïwa!
Sur la route qui mène au fleuve
Aïwa-ô! Aïwa!
Le pagne noir doit devenir blanc
Et le ruisseau refuse de le mouiller
Aïwa-ô! Aïwa!
L'eau glisse comme le jour
L'eau glisse comme le bonheur
O ma mère, si tu me voyais sur la route,
Aïwa-ô! Aïwa!

Elle repartit. Elle marcha pendant six autres lunes.

Devant elle, un gros fromager couché en travers de la route et dans un creux° du tronc, de l'eau, de l'eau toute jaune et bien limpide, de l'eau qui dormait sous la brise, et tout autour de cette eau de gigantesques fourmis aux pinces° énormes, montaient la garde. Et ces fourmis se parlaient. Elles allaient, elles venaient, se croisaient, se passaient la consigne.° Sur la maîtresse branche qui pointait un doigt vers le ciel, un doigt blanchi, mort, était posé un vautour phénoménal dont les ailes sur des lieues et des lieues, voilaient° le soleil. Ses yeux jetaient des flammes, des éclairs, et les serres,° pareilles à de puissantes racines° aériennes, traînaient à terre. Et il avait un de ces becs!

Dans cette eau jaune et limpide, l'orpheline plongea son linge noir que l'eau refusa de mouiller.

Ma mère, si tu me voyais sur la route,
Aïwa-ô! Aïwa!
La route de la source qui mouillera le pagne noir
Aïwa-ô! Aïwa!
Le pagne noir que l'eau du fromager refuse de mouiller
Aïwa-ô! Aïwa!

Et toujours souriante, elle poursuivit son chemin.

Elle marcha pendant des lunes et des lunes, tant de lunes qu'on ne s'en souvient plus. Elle allait le jour et la nuit, sans jamais se reposer, se nourrissant de fruits cueillis au bord du chemin, buvant la rosée° déposée sur les feuilles.

Elle atteignit un village de chimpanzés, auxquels elle conta son aventure. Les chimpanzés, après s'être tous et longtemps frappé la poitrine° des deux mains en signe d'indignation, l'autorisèrent à laver le pagne noir dans la source qui passait dans le village. Mais l'eau de la source, elle aussi, refusa de mouiller le pagne noir.

Et l'orpheline reprit sa route. Elle était maintenant dans un lieu vraiment

- *to frighten*
- *hollow*
- *claws*
- *assignment, password*
- *to obscure, veil*
- *claws / roots*
- *dew*
- *chest*

étrange. La voie devant elle s'ouvrait pour se refermer derrière elle. Les arbres, les oiseaux, les insectes, la terre, les feuilles mortes, les feuilles sèches, les lianes, les fruits, tout parlait. Et dans ce lieu, nulle trace de créature humaine. Elle était bousculée, hélée,° la petite Aïwa! qui marchait, marchait et voyait qu'elle n'avait pas bougé depuis qu'elle marchait. Et puis, tout d'un coup, comme poussée par une force prodigieuse, elle franchissait des étapes et des étapes qui la faisaient s'enfoncer davantage dans la forêt où régnait° un silence angoissant.

hailed / *to rule*

Devant elle, une clairière et au pied d'un bananier, une eau qui sourd.° Elle s'agenouille,° sourit. L'eau frissonne. Et elle était si claire, cette eau, que là-dedans se miraient° le ciel, les nuages, les arbres.

to spurt out / *to kneel down* / *to reflect*

Aïwa prit de cette eau, la jeta sur le pagne noir. Le pagne noir se mouilla. Agenouillée sur le bord de la source, elle mit deux lunes à laver le pagne noir qui restait noir. Elle regardait ses mains pleines d'ampoules° et se remettait à l'ouvrage.

blisters

Ma mère, viens me voir!
Aïwa-ô! Aïwa!
Me voir au bord de la source,
Aïwa-ô! Aïwa!
Le pagne noir sera blanc comme kaolin
Aïwa-ô! Aïwa!
Viens voir ma main, viens voir ta fille!
Aïwa-ô! Aïwa!

A peine° avait-elle fini de chanter que voilà sa mère qui lui tend° un pagne blanc, plus blanc que le kaolin. Elle lui prend le linge noir et sans rien dire, fond° dans l'air.

scarcely / to hand / *to melt*

Lorsque la marâtre vit le pagne blanc, elle ouvrit des yeux stupéfaits. Elle trembla, non de colère cette fois, mais de peur; car elle venait de reconnaître l'un des pagnes blancs qui avait servi à enterrer° la première femme de son mari.

to bury

Mais Aïwa, elle, souriait. Elle souriait toujours.

Elle sourit encore du sourire qu'on retrouve sur les lèvres des jeunes filles.

Questions sur le texte

D. L'intrigue d'un conte ou d'une légende consiste souvent en une série de causes et d'effets. Retracez la chaîne de causes et d'effets qui forme l'intrigue du *Pagne noir.*

CAUSE		EFFET
Aïwa est née	⟶	sa mère est morte
sa mère est morte	⟶	
	⟶	

elle avait un beau sourire →

→

la marâtre était irritée →

→ Aïwa a souri encore une fois

E. En essayant d'accomplir sa tâche, Aïwa visite quatre endroits. En quoi ces quatre scènes se ressemblent-elles? En quoi diffèrent-elles? Notez les détails importants qui caractérisent les lieux et qui décrivent ce qui s'y passe.

1. au ruisseau

2. près du fromager

3. au village des chimpanzés

4. près du bananier

F. Comparez les trois chants-poèmes. Quels sont les éléments qui restent les mêmes? Quels sont les éléments qui changent?

	RESSEMBLANCES	DIFFERENCES
1. après la scène du ruisseau		

	RESSEMBLANCES	DIFFERENCES
2. près du fromager		
3. près du bananier		

G. *Le Pagne noir* est fondé sur une série d'oppositions. Complétez le schéma suivant en donnant le second terme de chaque opposition, puis proposez d'autres oppositions que vous remarquez.

la marâtre	ou	la jeune fille
la naissance	ou	
les funérailles	ou	
noir	ou	
	ou	
	ou	
	ou	

H. La dernière phrase du conte suggère un rapport entre le sourire d'Aïwa et le sourire de toutes les jeunes filles. A votre avis, que signifie ce sourire à la fois particulier et général?

Post-lecture

I. Ce conte a pour sujet une tâche. Jusqu'à quel point la tâche correspond-elle aux tâches traditionnelles associées à ce genre de conte? (Voir l'exercice A.) En quoi diffère-t-elle? Quelle est l'importance de ces différences pour le sens de ce conte? Répondez à ces questions en comparant *Le Pagne noir* à un autre conte ou à une autre légende que vous connaissez.

J. Jusqu'à quel point ce conte est-il particulièrement africain? Dans quelle mesure est-il universel? En pensant à ces questions, essayez de composer une version américaine du *Pagne noir.*

K. Jusqu'à quel point ce conte dépend-il de la psychologie féminine? Dans quelle mesure est-il universel? En pensant à ces questions, essayez de composer une version masculine du *Pagne noir*—c'est-à-dire, mettez un jeune garçon à la place d'Aïwa et un homme à la place de la marâtre.

Publicités: Bien boire

Les deux publicités que vous allez lire vantent les mérites de deux marques de bière d'Alsace (Obernai et Mützig).

Note culturelle

Les Français consomment en moyenne plus d'alcool que les autres Européens. Mais leurs habitudes sont en train de changer: depuis quelques années, ils boivent moins de vin et plus de bière; en plus, l'alcool est de moins en moins consommé à table.

Pré-lecture

A. Les boissons habituelles.

1. Signalez ce que vous buvez (ou buviez) dans chacune des circonstances suivantes:

En vous levant le matin

A table, le soir

Au café, avec des amis

Après avoir fait du sport

Pendant que vous étudiez

2. Imaginez ce que les Français boivent dans les situations suivantes:

Le matin, en se levant

A table, le soir

Au café, avec des amis

Après avoir fait du sport

B. La publicité.

1. La publicité cherche toujours à créer l'impression qu'un produit nous confère certaines qualités ou certains attributs. Par exemple, une publicité pour un coca nous invite à faire partie d'une génération débordante de vitalité et de jeunesse. Indiquez les qualités que chacune des boissons suivantes évoque:

le lait

le vin rouge

le café

Vocabulaire utile

la jeunesse • la vitalité • la bonne santé • la force • la sociabilité • l'intellectualisme • la bonne humeur • le chic • la virilité • la finesse • la pureté

2. Maintenant, écrivez une ou deux phrases qui expliquent pourquoi les gens consomment chacune de ces boissons:

le lait

le vin rouge

le café

Vocabulaire utile

éveiller • se détendre • se reposer • se désaltérer • être en bonne santé

alerte • robuste • vigoureux • sophistiqué • reposant • enivrant • désaltérant • riche • parfumé

C. Les classes sociales.

Quelles boissons associez-vous avec chacun des groupes suivants?

les ouvriers

les étudiants

les jeunes cadres

les bourgeois moyens

les bourgeois riches

les aristocrates

Publicités

Aide-lecture

OBERNAI VILLAGE
Fraîcheur Party
Obernai
75 cl de bière pur malt finement brassée en Alsace

Mützig.
Quand on est très bière.
Mützig

Questions sur les publicités Obernai et Mützig

Note culturelle

L'emploi d'un mot anglais isolé, comme par exemple *party*, suggère un certain raffinement, et même un certain snobisme, en France.

D. Obernai Village.

1. Quelles sortes de personnages voit-on sur la photo?

2. Que font-ils?

3. Où sont-ils (dans quelle sorte de milieu)?

4. A quelle classe sociale appartiennent-ils vraisemblablement?

5. Qu'est-ce qu'ils ont fait avant de boire de la bière (travail, sports, rien, etc.)?

6. Pourquoi boivent-ils (pour se désaltérer? pour le goût? pour accompagner un repas, une partie de campagne?)?

7. A votre avis, quels autres personnages aimeraient boire cette bière? Pourquoi?

E. Mützig.

1. Quelles sortes de personnages voit-on sur la photo?

2. Que font-ils?

3. Où sont-ils (dans quelle sorte de milieu)?

4. A quelle classe sociale appartiennent-ils vraisemblablement?

5. Qu'est-ce qu'ils ont fait avant de boire de la bière (travail, sports, rien, etc.)?

6. Pourquoi boivent-ils (pour se désaltérer? pour le goût? pour accompagner un repas, une partie de campagne?)?

7. A votre avis, quelles autres personnes aimeraient boire cette bière? Pourquoi?

Post-lecture

F. On vous demande de faire une publicité pour la télévision. Il s'agit de faire parler un des personnages des publicités que vous venez d'étudier. Ce personnage prendra vie et racontera pourquoi il boit cette bière. En fait, il racontera une petite histoire concernant sa vie, ce qu'il vient de faire, etc. Ecrivez cette histoire.

G. Un personnage de la publicité Obernai rencontre un personnage de la publicité Mützig et ils commencent à parler de leurs bières favorites. Ecrivez le dialogue.

H. Sans tenir compte de la bière (dont les Français boivent beaucoup moins que les Américains), qu'est-ce que ces deux pages de publicité vous apprennent sur la France, les classes sociales en France, les loisirs, et les différences entre les Français?

Les Croissants

Fernand Reynaud

Fernand Raynaud (1926–1973) est considéré comme l'un des plus grands artistes comiques de France. Dans ses sketchs où il interprète toujours tous les rôles, Fernand crée de petites scènes qui tournent en ridicule certains aspects, certains problèmes de la vie quotidienne des Français: le téléphone, l'intervention du plombier, les vacances en camping, ou les enfants qui posent trop de questions, par exemple. Le sketch que vous allez lire (dans lequel Fernand Raynaud joue à la fois Fernand, le client et le garçon du café) s'inspire d'une scène qui se répète chaque jour en France des milliers de fois.

Pré-lecture

A. Complétez les dialogues suivants d'une façon logique:

1. —Garçon, s'il vous plaît! Je voudrais un café-crème avec deux croissants.
—Je m'excuse, monsieur, on n'a plus de croissants.
—Ah! Ben, ça ne fait rien. Vous allez me donner…

2. —S'il vous plaît! Je voudrais un sandwich au jambon.
—Je suis désolé, monsieur. On s'est laissé surprendre, ce matin, et on n'a plus de jambon.
—Ah! Ça change tout, alors là! Tenez, je vais prendre autre chose. Donnez-moi…

3. —Monsieur! Un express, s'il vous plaît!
—Je regrette beaucoup, monsieur, mais nous n'avons plus de café.
—Plus de café! Mais ça fait rien. Je prendrai autre chose, n'importe quoi. Je prendrai ce que vous voulez. Je sais pas, moi,… ou… Vous avez… ?

Vocabulaire utile

Je viens de vous dire que • Il ne faut pas vous énerver pour ça • Je ne suis pas (adjectif), moi • Mais dites donc, vous en avez pour longtemps à • Qu'est-ce qui vous prend de • J'ai bien le droit de • Taisez-vous • Vous devriez avoir honte de

B. Une dispute. Deux personnes se disputent pour une raison tout à fait sans importance. Imaginez leur dialogue.

Lecture

Fernand Raynaud

Les Croissants

Fernand s'installe à la terrasse d'un café. Un garçon. Un client.

FERNAND Garçon, s'il vous plaît! Je voudrais un café-crème avec deux croissants.

LE GARÇON Je m'excuse, monsieur, on n'a plus de croisssants.

FERNAND Ah! Ben, ça ne fait rien. Vous allez me donner tout simplement un café alors, un petit café, avec deux croissants.

LE GARÇON Mais… Je me suis mal exprimé.° Je viens de vous dire que nous n'avons plus de croissants. On s'est laissé surprendre, ce matin, et on n'a plus du tout de croissants.

to express oneself

FERNAND Ah! Ça change tout, alors là! Ça change tout! Tenez, je vais prendre autre chose, alors. Donnez-moi un petit verre de lait. Vous avez du lait? Eh bien, donnez-moi un verre de lait, alors, avec deux croissants.

LE GARÇON Je viens de vous dire que nous n'avions plus de croissants! Les brioches, oui, mais les croissants, non. C'est terminé les croissants!

FERNAND Faut pas vous énerver pour ça! Mais ça fait rien! Ecoutez, je vous félicite de votre conscience professionnelle… je prendrai autre chose, n'importe quoi. Je suis pas le client embêtant,° moi: je prendrai ce que vous voulez, je peux pas mieux vous dire! Je sais pas, moi, du thé, du chocolat au lait… Vous avez du thé? Donnez-moi une petite tasse de thé, alors, avec deux croissants.

bothersome

(Un client interpelle° Fernand.)

to challenge

LE CLIENT Mais dites donc, vous en avez pour longtemps à embêter ce garçon, vous, là?

FERNAND Hein?

LE CLIENT Ça fait dix minutes que je vous observe, depuis le début. Qu'est-ce qui vous prend d'embêter un garçon pendant son travail?

FERNAND Je vous connais pas, vous! Je suis client, hein! J'ai bien le droit de commander ce que je veux, moi! Je m'occupe pas de ce que vous commandez, vous! Un client il a le droit…

LE CLIENT Ah! Vous êtes client! Moi aussi je suis client. Taisez-vous, monsieur. Vous devriez avoir honte d'embêter un garçon pendant son travail. Taisez-vous. *(Se tournant vers le garçon.)* Laissez-moi vous dire que vous avez de la patience. Parce que moi, garçon, si j'avais été à votre place, il y a longtemps que j'aurais pris les deux croissants et que je les lui aurais foutus sur la gueule.°

to throw in one's face

Questions sur le texte

C. Ce sketch est fondé sur une situation tout à fait normale. Un client entre dans un café, commande quelque chose, on lui dit qu'il n'y en a plus; un autre client vient prendre la défense du garçon que le premier client ennuie.

1. Jusqu'à quel point le sketch reproduit-il une situation normale? Donnez des exemples. (Qu'est-ce qu'on commande? Quelle est la réponse?)

2. En quoi le sketch diffère-t-il d'une situation normale? (Comment Fernand change-t-il sa commande? Sur quoi insiste-t-il? Quel ton adopte-t-il?)

3. A quels moments les spectateurs rient-ils? Pourquoi?

Post-lecture

D. Ecrivez un petit sketch qui montre Fernand dans une autre situation. Suggestions: à l'hôtel, à la gare, dans un grand magasin, chez le médecin.

Deuxième partie

Textes de difficulté moyenne

Le Laüstic

Marie de France

Nous en savons très peu sur la vie de Marie de France. Née au XIIe siècle, en France apparemment, elle a passé une partie de sa vie en Angleterre, et elle maîtrisait parfaitement la langue et la culture anglaises ainsi que le français. Elle est surtout connue pour une douzaine de *lais,* des histoires courtes, parfois des aventures, des histoires romanesques, et même des récits fantastiques.

A l'origine un *lai* était un court poème d'amour qui contenait souvent un élément fantastique. Souvent le poème tirait son inspiration de contes bretons ou celtiques.

Pré-lecture

A. Un jeune homme célibataire et honnête tombe amoureux de la femme mariée et fidèle qui habite à côté de chez lui. Composez le récit de leur amour en tenant compte aussi des réactions du voisin (le mari de la femme).

Vocabulaire utile

le (la) voisine(e) • l'époux(-se) • l'amant(e)

s'éprendre de • s'aimer • se voir • échanger des cadeaux • se retrouver • être ensemble • s'enfuir • se quitter

surprendre • découvrir • épier • se fâcher • se venger

B. L'amour est un sentiment complexe qui peut prendre des formes variées: l'amour-passion, l'amour-amitié, l'amour-admiration, etc. Choisissez trois types d'amour que vous pouvez distinguer; décrivez chacun d'eux et l'effet qu'il a sur les gens qui le ressentent.

Vocabulaire utile

aimer follement (discrètement, passionnément, de loin) • admirer • adorer • être aveuglé par • passer tout son temps à • penser (rêver, songer) à • ne pas pouvoir • être heureux (triste, jaloux, confus) • souffrir

agir contre la raison (l'honneur) • dominer • ravager • troubler

C. Un des oiseaux les plus connus est le rossignol. Décrivez un rossignol en choisissant dans la liste suivante les mots qui conviennent. (S'il le faut, consultez un dictionnaire.)

Vocabulaire utile

ressembler à un aigle (un cardinal, un moineau) • grand, petit • un oiseau de proie • un chant très fort (doux, mélodieux)

Lecture

Marie de France

Le Laüstic

Je vais vous raconter une aventure dont les Bretons ont fait un lai. On le nomme *le Laüstic* et je crois bien qu'ils l'appellent ainsi dans leur pays. Cela correspond à «rossignol» en français et à «nihtegale»° en bon anglais.

old English spelling of nightingale

Il y avait dans la région de Saint-Malo une ville réputée. Deux chevaliers demeuraient là, dans deux maisons fortifiées. Les qualités des deux barons avaient fait la réputation de la ville. L'un d'eux était marié à une femme pleine de sens, courtoise et avenante.° Elle se faisait estimer au plus haut point en conformant sa conduite° aux usages et aux bonnes manières. L'autre était un jeune chevalier célibataire, bien connu entre ses pairs pour sa prouesse et sa grande valeur. Il aimait à mener le train d'un chevalier fastueux°: il participait à de nombreux tournois,° dépensait beaucoup, et donnait généreusement. Il s'éprit° de la femme de son voisin. Ses multiples sollicitations, ses multiples prières, autant que ses grands mérites firent qu'elle l'aima plus que tout au monde, à la fois pour tout le bien qu'elle entendit raconter de lui, et parce qu'il était son voisin. Leur amour fut prudent et profond. Ils prirent grand soin de se cacher, veillant° à n'être pas découverts ni dérangés ni soupçonnés. C'était pour eux chose aisée, car leurs demeures° étaient proches. Voisines étaient leurs maisons ainsi que les grandes salles de leurs donjons. Pas d'autre obstacle, pas d'autre séparation qu'un grand mur de pierre grise. De l'appartement où elle couchait, la dame pouvait, se mettant à la fenêtre, parler à son ami de l'autre côté, et lui à elle. Ils pouvaient échanger des cadeaux en les jetant ou en se les lançant. Ils n'ont pas de sujet de mécontentement et sont tous deux fort heureux, à cela près seulement° qu'ils ne peuvent être ensemble quand il leur plaît, car la dame est l'objet d'une étroite surveillance quand son ami° se trouve dans le pays. Ils ont du moins en compensation la possibilité de se parler de nuit comme de jour. Personne ne peut les empêcher d'aller à la fenêtre et de s'y voir. Pendant longtemps ils se sont aimés ainsi, jusqu'à la venue d'un printemps où les bosquets° et les prés° ont retrouvé leur verdure et les jardins leurs fleurs. Les petits oiseaux du printemps, par leurs chants pleins de douceur, expriment leur joie au sommet des arbres en fleurs. Il n'est pas étonnant alors que celui qui aime selon son cœur s'abandonne à l'amour. Quant au chevalier, je vous dirai la vérité: il s'y abandonne autant qu'il peut, et la dame aussi, et en paroles et en regards. La nuit, quand la lune luisait et que son mari était couché, souvent elle le quittait pour se laver, passait son manteau et allait se mettre à la fenêtre pour son ami, dont elle savait qu'il en faisait tout autant, et passait la plus grande partie de la nuit à veiller. Ils avaient du plaisir à se voir, faute de mieux.° Mais tant de stations à la fenêtre, tant de levers nocturnes finirent

gracious
conduct, behavior
showy / tournaments (competitions) / to fall in love
being on their guard
residences
with the one exception
here, *husband*
groves of trees / meadows
for lack of anything better

par irriter le mari et, à maintes reprises,° il lui demanda pourquoi elle se levait et où elle était allée. «Seigneur, lui répond la dame, il ne connaît pas la joie en ce monde celui qui n'entend pas chanter le rossignol. C'est pour cela que je vais me placer ici, à la fenêtre. J'écoute son chant si doux, la nuit, que j'en éprouve° une très grande joie. J'y prends une telle volupté° et je désire tellement l'entendre que je ne peux fermer l'œil.» Le mari, entendant ces paroles, a un ricanement° furieux et sarcastique. Il mûrit° un projet: il prendra le rossignol au piège.° Tous les domestiques de maison confectionnent pièges, filets et lacets,° qu'ils disposent ensuite dans le jardin. Il n'y a ni coudrier° ni châtaignier,° où ils ne placent des lacets ou de la glu, si bien qu'à la fin, ils prennent le rossignol et le gardent. Une fois pris, ils le remettent vivant entre les mains du seigneur. Tout joyeux de le tenir, il se rend à l'appartement de la dame. «Dame, dit-il, où êtes-vous? Approchez, venez donc me parler! J'ai pris au piège le rossignol qui vous a tant fait veiller. Désormais vous pouvez rester couchée tranquillement: il ne vous réveillera plus.» En l'entendant parler ainsi, la dame est triste et peinée.° Elle demande le rossignol à son mari, mais lui le tue par méchanceté. De ses deux mains, il lui brise le cou. Ce fut là le geste d'un homme ignoble. Puis il jette le corps sur la dame, si bien qu'il tache° d'un peu de sang sa tunique par devant, au niveau de la poitrine.° Après quoi, il sort de la chambre. La dame, elle, prend le petit oiseau mort, pleure à chaudes larmes et maudit° alors ceux qui par traîtrise se sont emparés° du rossignol en confectionnant pièges et lacets, car ils lui ont enlevé une grande joie. «Hélas, dit-elle, quel malheur pour moi! Je ne pourrai plus me lever pendant la nuit, ni aller me tenir à la fenêtre où j'ai l'habitude de voir mon ami. Mais il y a une chose dont je suis bien sûre, c'est qu'il va croire que je l'abandonne et il me faut prendre des mesures. Je lui enverrai le rossignol et lui ferai savoir ce qui est arrivé.» Dans une pièce de brocart,° avec leur histoire brodée en fils d'or, elle enveloppe l'oiselet.° Elle fait venir un de ses domestiques, lui confie le message et l'envoie à son ami. Le domestique arrive chez le chevalier, lui fait part des salutations de sa dame et après avoir délivré tout son message, il lui offre le rossignol. Quand il lui a tout dit et raconté, le chevalier, qui l'avait écouté avec attention, resta peiné de ce qui était arrivé. Mais un homme courtois et prompt, il fait forger un coffret° non en fer ni acier, mais tout d'or pur et enrichi de pierres précieuses de grande valeur. Dans le coffret, dont le couvercle ferme très bien, il place le rossignol. Puis il fait sceller la châsse° qu'il fait toujours porter avec lui.

On raconta cette aventure qui ne put rester longtemps cachée. Les Bretons en ont fait un lai qu'on nomme *le Laüstic.*

frequently

to experience / delight, pleasure

sneer / to develop

to catch in a trap

nets and snares

hazel-tree / chestnut-tree

distressed

to stain

chest

to curse

to catch

brocade (embossed silk)

little bird

small jewelry box

has the relic box sealed

Questions sur le texte

D. Vous et les personnages.

1. Comment réagissez-vous à chacun des personnages (le chevalier, la femme, le mari)? Votre réaction est-elle positive? négative? ambivalente?

2. Pour chaque personnage, faites une liste des qualités et des actions qui expliquent votre réaction.

le chevalier

la femme

le mari

E. La littérature médiévale utilise souvent des symboles pour suggérer les sentiments. Quelle valeur symbolique les objets suivants prennent-ils?

le mur

le printemps

le chant du rossignol

la tache de sang

le coffret

Post-lecture

F. Ecrivez un petit conte où un oiseau (ou bien un autre animal) prend une valeur symbolique.

G. Les gens de notre époque ont-ils de la difficulté à comprendre les sentiments et les faits racontés dans cette histoire? Pourquoi (pas)? En répondant à cette question, discutez de l'amour tel qu'il est présenté dans *Le Laüstic* et tel que vous l'avez décrit dans les exercices A et B.

Chanson d'automne

Paul Verlaine

Paul Verlaine (1844–1896) a écrit des poèmes qui cachent sous leur apparente simplicité une grande sensibilité émotionnelle et musicale.

Pré-lecture

A. Les saisons.

1. Faites une liste de phénomènes naturels, d'activités et de couleurs que vous associez à chaque saison:

SAISONS	PHENOMENES NATURELS	ACTIVITES	COULEURS
l'hiver	*la neige*	*faire du ski*	*blanc*
le printemps			
l'été			
l'automne			

2. Quels sont les sentiments et les états d'esprit que vous associez à chaque saison?

Vocabulaire utile

la joie • le bonheur • l'espoir / le désespoir • la dépression • la tristesse • la mélancolie • l'anticipation • l'énergie

B. Voyelles orales / voyelles nasales. La nasalisation d'une voyelle annonce «la présence» d'un *m* ou d'un *n* non prononcés—dem*an*der [ɑ̃], p*ein*tre [ɛ̃], b*on* [ɔ̃].

1. Soulignez dans les paires suivantes le mot qui a une voyelle nasale:

MODELE banane • <u>danser</u>

viens • vienne	sonne • chanson	ancien • ennemi
long • automne	vent • fenêtre	âne • quand
monotone • mon		

2. Ajoutez aux listes suivantes des mots que vous connaissez:

AN, AM, EN, EM	IN, IM, AIN, AIM, EIN, IEN, OIN	ON, OM
chanter	pain	son
entendre	important	tomber

Lecture

Paul Verlaine

Chanson d'automne

Les sanglots° longs
Des violons
De l'automne
Blessent° mon cœur
D'une langueur
Monotone.

Tout suffocant
Et blême,° quand
Sonne l'heure,
Je me souviens
Des jours anciens
Et je pleure,

Et je m'en vais
Au vent mauvais
Qui m'emporte,°
Deçà, delà,°
Pareil° à la
Feuille morte.

sobs
wound
pale
to carry away
here and there
similar

Questions sur le texte

C. Quels éléments naturels de l'automne le poète a-t-il choisis?

D. Le poète utilise des métaphores—c'est-à-dire qu'il ne prend pas les mots dans leur sens littéral. Essayez d'expliquer les métaphores suivantes:

1. Quels sont les violons de l'automne? Comment un violon peut-il sangloter?

2. A quelle «heure» le poète fait-il allusion dans le neuvième vers?

3. Pourquoi le vent est-il mauvais?

E. Comment le poète (qui est le narrateur) se sent-il? Quelles sont, selon vous, les causes de son état?

F. Le dernier mot du poème fait directement allusion à la mort.

1. Quels sont les mots du poème qui font allusion à la mort avant le dernier vers?

2. Dans quel sens peut-on dire que ces mots marquent une progression?

G. Le titre du poème contient le mot chanson.

1. Quelles allusions le poète fait-il à la musique?

2. En quoi le poème est-il musical? (Rappelez-vous que deux éléments essentiels de la musique sont les sons et le rythme.) Relevez les mots et les sons qui se répètent dans le poème.

Post-lecture

H. Imaginez que vous soyez peintre et que vous ayez décidé de faire un tableau en vous inspirant de ce poème. Décrivez le tableau que vous peindriez.

I. Choisissez une saison autre que l'automne. Décrivez cette saison en essayant d'évoquer un sentiment ou un état émotionnel sans mentionner directement ce sentiment ou cet état.

J. Ecrivez un court poème sur un sujet autre que celui traité par Verlaine. Fondez votre poème sur une ou deux voyelles nasales. Suggestion: commencez par faire une liste de mots ayant le(s) son(s) que vous allez utiliser; trouvez dans cette liste le sujet de votre poème.

Demain, dès l'aube

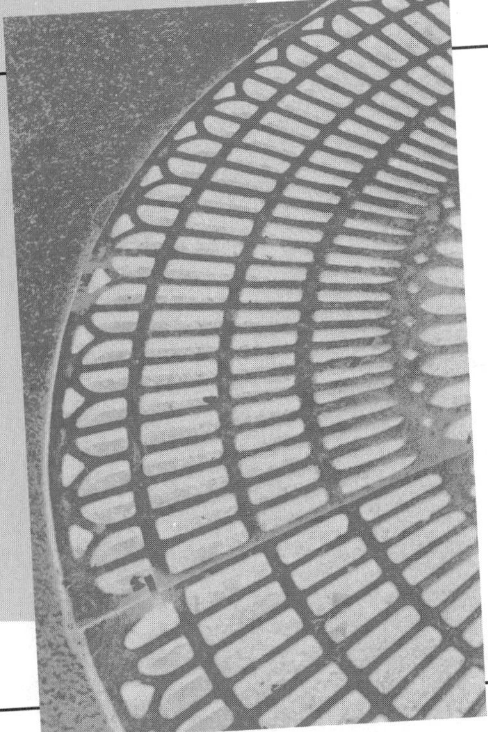

Victor Hugo

Poète, dramaturge, romancier, homme politique, Victor Hugo (1802–1885) a dominé la vie culturelle de son siècle par la quantité et la grande diversité de ses œuvres. A cause de son opposition au gouvernement tyrannique de Napoléon III, Hugo s'est exilé entre 1851 et 1870 sur l'île de Jersey, puis à Guernesey. Pendant ces années d'exil, il a écrit ses plus grandes œuvres poétiques, parmi lesquelles *Les Châtiments* (attaque violente contre Napoléon III), *La Légende des siècles* (longue narration de l'histoire de l'humanité) et *Les Contemplations*, un recueil de poèmes à la fois personnels et cosmiques sur la mort et la situation de l'homme devant la mort.

Pré-lecture

A. Vous allez partir en voyage, et la veille du départ vous imaginez ce voyage: l'endroit où vous irez, ce que vous ferez, ce que vous verrez et entendrez, etc. En plus, imaginez que vous parliez à la personne que vous verrez à la fin du voyage. (Parlez à cette personne comme si elle était avec vous pendant le voyage imaginaire.)

MODELE: Je viendrai vous voir demain. Je partirai à 8h du matin…

Vocabulaire utile

la campagne • la mer • des voiles (de bateaux) • des tombes • la bruyère • le houx vert • le jour • la nuit

triste • courbé • croisé

demeurer • partir • entendre • écouter • tomber • voir • regarder • attendre • marcher • penser

ne... pas • ne... rien • sans

B. Imaginez ce même voyage, mais entrepris *(undertaken)* par une personne très triste. Décrivez son aspect physique aussi bien que ce qu'il (elle) fait et voit.

C. Le jeu d'associations. Faites des associations avec les mots suivants (couleurs, activités, sentiments, etc.):

l'aube

le soir

le houx

la bruyère

Lecture

Victor Hugo

Demain, dès l'aube...

Demain, dès° l'aube, à l'heure où blanchit la campagne,
Je partirai. Vois-tu, je sais que tu m'attends.
J'irai par la forêt, j'irai par la montagne.
Je ne puis° demeurer loin de toi plus longtemps.

Je marcherai les yeux fixés sur mes pensées,
Sans rien voir au-dehors, sans entendre aucun bruit,
Seul, inconnu, le dos courbé, les mains croisées,
Triste, et le jour pour moi sera comme la nuit.

Je ne regarderai ni l'or du soir qui tombe,
Ni les voiles au loin descendant vers Harfleur,°
Et quand j'arriverai, je mettrai sur ta tombe
Un bouquet de houx° vert et de bruyère° en fleur.

as soon as

alternate form of je peux

town in northern France (near Le Havre)

holly / heather

Questions sur le texte

D. Dans ce poème, le narrateur s'adresse à une personne en particulier. A votre avis, qui sont ces deux personnages? Qu'est-ce qui dans le poème justifie votre idée?

E. Le poème se compose de trois strophes. Répondez aux questions suivantes pour chaque strophe.

a. Quel moment de la journée est-ce que ce sera? Soyez aussi précis(e) que possible.
b. Où se trouvera le poète?
c. Que fera-t-il? Que ne fera-t-il pas?
d. Que ressentira-t-il?

PREMIERE STROPHE

DEUXIEME STROPHE

TROISIEME STROPHE

F. Quelle est la valeur symbolique du bouquet qu'il mettra sur la tombe? (Dans le langage traditionnel des fleurs, le houx et la bruyère signifient *permanence* et *fidélité.* Quelles autres qualités y associez-vous? Quelles autres fleurs ou plantes aurait-il pu choisir? Pourquoi aurait-il préféré celles-ci?)

Post-lecture

G. Reprenez un de vos exercices de la ***Pré-lecture*** et refaites-le à la manière du poème. (Vous n'êtes pas obligé(e) d'écrire un poème en vers.)

H. Ecrivez un petit poème, sans faire attention à la longueur des vers, en vous servant du vocabulaire de *Demain, dès l'aube...*

I. En poésie, la nuit représente souvent la mort, et le jour représente les étapes *(stages)* de la vie—la jeunesse, l'âge mûr, la vieillesse. Montrez comment le poète se sert de ces symboles pour exprimer sa douleur face à la mort.

L'Autre Femme

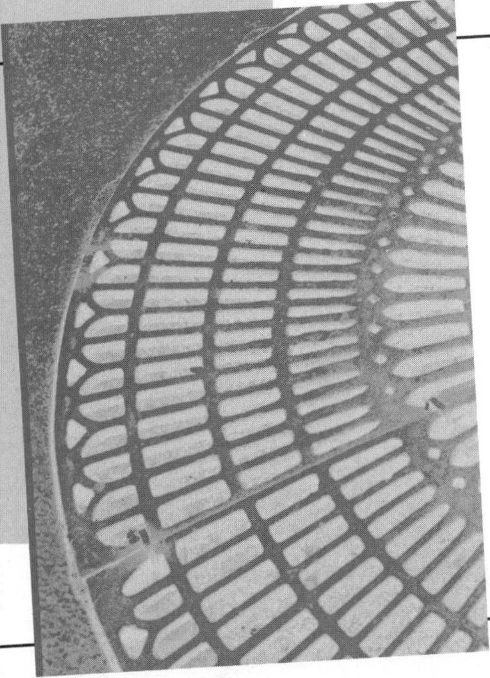

Colette

Gabrielle-Sidonie Colette (1873–1954) est la femme de lettres la plus importante de la première moitié de notre siècle. Elevée par une mère généreuse, victime d'un mari plus âgé (qui a signé de son propre nom les premiers romans de sa jeune femme), danseuse de music-hall et grand amateur de chattes, Colette a publié une cinquantaine de romans et de recueils de contes. Ses œuvres—tantôt des évocations lyriques de sa jeunesse, tantôt des études ironiques des mœurs parisiennes—se déroulent dans un univers féminin dont la femme est le centre et, en général, le personnage le plus fort.

Pré-lecture

A. Le mariage. Quelles différences y a-t-il entre un mariage dit «traditionnel» et ce qu'on appelle un mariage «moderne»?

Vocabulaire utile

dominer • choisir • décider • commander • discuter (de) • écouter • échanger • partager • respecter • garder son indépendance • dépendre de • se disputer • diviser • accepter • refuser

Vocabulaire utile

se demander • regarder • remarquer • comparer • se cacher • se détourner • éviter • s'adresser à • sourire • parler froidement à • surveiller • soigner la ligne • rire (trop) fort • s'interroger • envier • être surpris

gêné • fâché • jaloux • curieux • mal à l'aise • content

B. Des réactions différentes. Un homme se trouve avec sa femme et son ex-femme pour la première fois. Imaginez les réactions de chaque personne.

Lecture

Colette

L'Autre Femme

table for two
bay

—Deux couverts°? Par ici, monsieur et madame, il y a encore une table contre la baie,° si madame et monsieur veulent profiter de la vue.

Alice suivit le maître d'hôtel.

—Oh! oui, viens, Marc, on aura l'air de déjeuner sur la mer dans un bateau…

to hold back

Son mari la retint° d'un bras passé sous le sien.

—Nous serons mieux là.

—Là? Au milieu de tout ce monde? J'aime bien mieux…

—Je t'en prie, Alice.

to tighten his grip

Il resserra son étreinte° d'une manière tellement significative qu'elle se retourna.

—Qu'est-ce que tu as?

to pull along

Il fit «ch…tt» tout bas, en la regardant fixement, et l'entraîna° vers la table du milieu.

—Qu'est-ce qu'il y a, Marc?

shrimp / jellied

—Je vais te dire, chérie. Laisse-moi commander le déjeuner. Veux-tu des crevettes°? ou des œufs en gelée°?

—Ce que tu voudras, tu sais bien.

wasting
overworked / to perspire

Ils se sourirent, gaspillant° les précieux moments d'un maître d'hôtel surmené,° atteint d'une sorte de danse nerveuse, qui transpirait° près d'eux.

—Les crevettes, commanda Marc. Et puis les œufs bacon. Et du poulet froid avec une salade de romaine. Fromage à la crème? Spécialité de la maison? Va pour la spécialité. Deux très bons cafés. Qu'on fasse déjeuner mon chauffeur, nous repartons à deux heures. Du cidre? Je me méfie°... Du champagne sec.

to be wary

Il soupira° comme s'il avait déménagé° une armoire,° contempla la mer décolorée de midi, le ciel presque blanc, puis sa femme qu'il trouva jolie sous un petit chapeau de Mercure à grand voile pendant.°

to sigh / to move / cabinet

veil that hangs down

—Tu as bonne mine,° chérie. Et tout ce bleu de mer te fait les yeux verts, figure-toi!° Et puis tu engraisses,° en voyage... C'est agréable, à un point, mais à un point!...

to look good

would you believe / to put on weight

Elle tendit orgueilleusement sa gorge° ronde, en se penchant° au-dessus de la table:

to proudly push forward her bosom / to lean

—Pourquoi m'as-tu empêchée° de prendre cette place contre la baie?

to prevent

Marc Séguy ne songea° pas à mentir.°

to dream / to lie

—Parce que tu allais t'asseoir à côté de quelqu'un que je connais.

—Et que je ne connais pas?

—Mon ex-femme.

Elle ne trouva pas un mot à dire et ouvrit plus grands ses yeux bleus.

—Quoi donc, chérie? Ça arrivera encore. C'est sans importance.

Alice, retrouvant la parole, lança dans leur ordre logique les questions inévitables:

—Elle t'a vu? Elle a vu que tu l'avais vue? Montre-la moi!

—Ne te retourne pas tout de suite, je t'en prie, elle doit nous surveiller... Une dame brune, tête nue, elle doit habiter cet hôtel... Toute seule, derrière ces enfants en rouge...

—Oui. Je vois.

Abritée° derrière des chapeaux de plage à grandes ailes,° Alice put regarder celle qui était encore, quinze mois auparavant, la femme de son mari. «Incompatibilité», lui racontait Marc. «Oh! mais, là... incompatibilité totale! Nous avons divorcé en gens bien élevés, presque en amis, tranquillement, rapidement. Et je me suis mis à t'aimer, et tu as bien voulu être heureuse avec moi. Quelle chance° qu'il n'y ait, dans notre bonheur, ni coupables, ni victimes!»

hidden / with wide rims

what luck

La femme en blanc, casquée° de cheveux plats et lustrés° où la lumière de la mer miroitait° en plaques d'azur, fumait une cigarette en fermant à demi les yeux. Alice se retourna vers son mari, prit des crevettes et du beurre, mangea posément.° Au bout d'un moment de silence:

helmeted / lustrous, glossy

to shimmer

slowly and deliberately

—Pourquoi ne m'avais-tu jamais dit qu'elle avait aussi les yeux bleus?

—Mais je n'y ai pas pensé!

Il baisa la main qu'elle étendait vers la corbeille à pain° et elle rougit de plaisir. Brune et grasse, on l'eût trouvée un peu bestiale,° mais le bleu changeant de ses yeux, et ses cheveux d'or ondé,° la déguisaient en blonde frêle° et sentimentale. Elle vouait° à son mari une gratitude éclatante. Immodeste sans le savoir, elle portait sur toute sa personne les marques trop visibles d'une extrême félicité.

bread basket

if she had been brunette and stout, people would have found her to be a little brutish (animal-like) / wavy / fragile / to devote

Ils mangèrent et burent de bon appétit, et chacun d'eux crut que l'autre oubliait la femme en blanc. Pourtant, Alice riait parfois trop haut, et Marc soignait sa silhouette, élargissant les épaules et redressant la

to sit up straight
stretched out / to move
unbearable
to whisper
to bother, upset
manner, style
to blow / to frown
proud
to fan oneself
cane-back (of chair)
weariness
to shrug
to admit / to feel sorry for
thick / threaded / silk
wondering, doubting
to ask about
displeased, dissatisfied

nuque.° Ils attendirent le café assez longtemps, en silence. Une rivière incandescente, reflet étiré° du soleil haut et invisible, se déplaçait° lentement sur la mer, et brillait d'un feu insoutenable.°

—Elle est toujours là, tu sais, chuchota° brusquement Alice.

—Elle te gêne°? Tu veux prendre le café ailleurs?

—Mais pas du tout! C'est plutôt elle qui devrait être gênée! D'ailleurs, elle n'a pas l'air de s'amuser follement, si tu la voyais...

—Pas besoin. Je lui connais cet air-là.

—Ah! oui, c'était son genre°?

Il souffla° de la fumée par les narines et fronça les sourcils:°

—Un genre... Non. A te parler franchement, elle n'était pas heureuse avec moi.

—Ça, par exemple!...

—Tu es d'une indulgence délicieuse, chérie, une indulgence folle... Tu es un amour, toi... Tu m'aimes... Je suis si fier,° quand je te vois ces yeux... oui, ces yeux-là... Elle... Je n'ai sans doute pas su la rendre heureuse. Voilà, je n'ai pas su.

—Elle est difficile!

Alice s'éventait° avec irritation, et jetait de brefs regards sur la femme en blanc qui fumait, la tête appuyée au dossier de rotin,° et fermait les yeux avec un air de lassitude° satisfaite.

Marc haussa les épaules° modestement:

—C'est le mot, avoua°-t-il. Que veux-tu? Il faut plaindre° ceux qui ne sont jamais contents. Nous, nous sommes si contents... N'est-ce pas, chérie?

Elle ne répondit pas. Elle donnait une attention furtive au visage de son mari, coloré, régulier, à ses cheveux drus,° faufilés° çà et là de soie° blanche, à ses mains courtes et soignées. Dubitative° pour la première fois, elle s'interrogea:

«Qu'est-ce qu'elle voulait donc de mieux, elle?»

Et jusqu'au départ, pendant que Marc payait l'addition, s'enquérait° du chauffeur, de la route, elle ne cessa plus de regarder avec une curiosité envieuse la dame en blanc, cette mécontente,° cette difficile, cette supérieure...

Questions sur le texte

C. Qu'est-ce que vous savez du mariage de Marc et d'Alice? (Quel âge ont-ils? Quelle est leur expérience de la vie? Se connaissent-ils bien?)

D. Quelle est la version que Marc donne de son premier mariage? (Pourquoi sa première femme et lui se sont-ils séparés? Dans quelles conditions?)

E. Alice et l'autre femme.

1. Qu'est-ce qu'on apprend sur l'apparence physique et le caractère d'Alice (ses habits, son corps, son visage, son attitude envers son mari, etc.)?

2. On n'apprend que quelques tout petits détails sur l'ex-femme de Marc. Faites-en une liste.

3. Dans quel sens peut-on dire que «l'autre femme» est vraiment «autre»? (En quoi diffère-t-elle d'Alice?)

F. La conclusion.

1. Pourquoi Alice trouve-t-elle l'ex-femme «supérieure»? (Quelle question Alice se pose-t-elle pour la première fois?)

2. En quoi la fin du conte est-elle ironique? (Comparez les pensées de Marc et d'Alice.)

Post-lecture

G. Commentez la fin du conte. Jusqu'à quel point cette conclusion correspond-elle à votre idée de la psychologie féminine? Pouvez-vous comprendre la réaction d'Alice? Pourquoi (pas)? Auriez-vous prévu une autre réaction? Laquelle?

H. Récrivez ce conte en renversant la situation: une femme se trouve avec son mari et son ex-mari pour la première fois.

Appel aux Français

Charles de Gaulle

Charles de Gaulle (1890–1970) a été deux fois président de la République française. Pendant la Deuxième Guerre mondiale, le général de Gaulle a pris à Londres la tête de la Résistance française contre l'Allemagne. Le texte que vous allez lire est celui de la communication radiophonique qu'il a faite quatre jours avant la défaite française et l'établissement du gouvernement provisoire de «la France libre» à Londres. Avec la victoire des forces alliées contre les Allemands, de Gaulle est rentré en France en héros. Aujourd'hui encore, il est considéré comme une des grandes légendes de la France moderne.

Pré-lecture

A. La Deuxième Guerre mondiale. Consultez une encyclopédie pour trouver des renseignements sur la situation politique et militaire en France en 1940. Ensuite décrivez cette situation.

Vocabulaire utile

demander l'armistice • démobiliser • livrer (déposer) les armes • occuper le territoire • continuer le combat • perdre la bataille • rester neutre • subir une défaite • triompher

B. L'Occupation. Imaginez que les Etats-Unis soient occupés par les armées d'un pays étranger; vous vous réfugiez au Canada, d'où vous lancez un appel radiophonique aux Américains les implorant de résister à l'ennemi. Rédigez le texte de votre appel.

Vous commencez ainsi: «Américains, qui que vous soyez, où que vous vous trouviez, quoi que vous fassiez…»

Vocabulaire utile

il faut • il ne faut pas • il est par conséquent nécessaire de • ne pas avoir le droit de • ne pas accepter • il nous reste la possibilité de • comprendre son devoir • résister (à) • se battre (contre) • se rendre (se soumettre) à l'ennemi • continuer le combat • se réunir • s'organiser

Lecture

Charles de Gaulle

Appel aux Français

(Voici le texte d'une émission radiophonique diffusée de Londres en juin 1940.)

—Le gouvernement français, après avoir demandé l'armistice, connaît maintenant les conditions dictées par l'ennemi. Il résulte de ces conditions que les forces françaises de terre, de mer et de l'air seraient entièrement démobilisées, que nos armes seraient livrées, que le territoire français serait totalement occupé et que le gouvernement français tomberait sous la dépendance de l'Allemagne et de l'Italie. On peut donc dire que cet armistice serait non seulement une capitulation,° mais encore un asservissement.° Or, beaucoup de Français n'acceptent pas la capitulation ni la servitude pour des raisons qui s'appellent l'honneur, le bon sens, l'intérêt supérieur de la Patrie. Je dis «l'honneur», car la France s'est engagée à ne déposer les armes que d'accord avec ses alliés. Tant que° ses alliés

surrender
enslavement
as long as

continuent la guerre, son gouvernement n'a pas le droit de se rendre à l'ennemi. Le gouvernement polonais, le gouvernement norvégien, le gouvernement hollandais, le gouvernement belge, le gouvernement luxembourgeois, quoique chassés de leur territoire, ont compris ainsi leur devoir.

Je dis «le bon sens», car il est absurde de considérer la lutte° comme perdue. Oui, nous avons subi une grande défaite. Un système militaire mauvais, les fautes commises dans la conduite des opérations, l'esprit d'abandon du gouvernement pendant ces derniers combats nous ont fait perdre la bataille de France; mais il nous reste un vaste empire, une flotte° intacte, beaucoup d'or.° Il nous reste des alliés dont les ressources sont immenses et qui dominent les mers. Il nous reste les gigantesques possibilités de l'industrie américaine. Les mêmes conditions de la guerre qui nous ont fait battre par 5 000 avions et 6 000 chars° peuvent nous donner demain la victoire par 20 000 chars et 20 000 avions.

Je dis «l'intérêt supérieur de la Patrie» car cette guerre n'est pas une guerre franco-allemande qu'une bataille puisse décider. Cette guerre est une guerre mondiale. Nul ne peut prévoir si les peuples qui sont neutres aujourd'hui le resteront demain. Même les alliés de l'Allemagne resteront-ils toujours ses alliés? Si les forces de la liberté triomphent finalement de celles de la servitude, quel serait le destin d'une France qui se serait soumise à l'ennemi?

L'honneur, le bon sens, l'intérêt supérieur de la Patrie commandent à tous les Français libres de continuer le combat, là où ils seront et comme ils pourront!

Il est par conséquent nécessaire de grouper partout où cela se peut une force française aussi grande que possible: tout ce qui peut être réuni, en fait d'éléments° militaires français et de capacité française de production d'armement doit être organisé, partout° où il y en a.

struggle
fleet
gold
tanks
in the way of
everywhere

to undertake / task

to reach / sailors

Moi, général de Gaulle, j'entreprends° ici, en Angleterre, cette tâche° nationale. J'invite tous les militaires français des armées de terre, de mer et de l'air, j'invite les ingénieurs et les ouvriers français spécialistes de l'armement qui se trouvent en territoire britannique ou qui pourraient y parvenir° à se réunir à moi. J'invite les chefs, les soldats, les marins,° les aviateurs des forces françaises de terre, de mer, de l'air où qu'ils se trouvent actuellement à se mettre en rapport avec moi. J'invite tous les Français qui veulent rester libres à m'écouter et à me suivre.

Questions sur le texte

C. Complétez le schéma suivant pour montrer l'organisation très claire du discours:

1. Les conditions dictées par l'ennemi

a. Conséquences (pour les Français, le territoire français, le gouvernement français, en général)

b. Réaction de beaucoup de Français

c. Réactions d'autres gouvernements

2. Trois raisons de ne pas accepter ces conditions

a. L'honneur

b. Le bon sens

c. L'intérêt supérieur de la patrie

3. Ce qu'il faut faire

a. Actions à entreprendre

b. Invitation (à qui? où?)

4. Conclusion

D. Le rythme ternaire (la tendance à utiliser le nombre trois comme structure organisatrice) est caractéristique de la rhétorique déclamatoire. Quels exemples de ce rythme pouvez-vous trouver dans l'Appel du général de Gaulle?

E. Le général de Gaulle utilise souvent les mots France, Français et français. Etudiez comment il les emploie.

1. A quels autres mots est-ce qu'il les associe?

2. A qui et à quoi est-ce qu'il les oppose?

Post-lecture

F. Ecrivez une lettre au général en répondant à son appel. Jouez le rôle soit d'un(e) Français(e) inspiré(e) par cette émission radiophonique soit d'un(e) Français(e) qui se méfie des arguments du général.

G. Vous êtes journaliste. Vous avez entendu l'émission radiophonique dans laquelle le général a fait cet appel et vous devez en rendre compte à vos lecteurs aux Etats-Unis. Ecrivez un article de journal qui parle du discours du général; n'oubliez pas d'expliquer le contexte et d'anticiper sur l'effet des paroles du général.

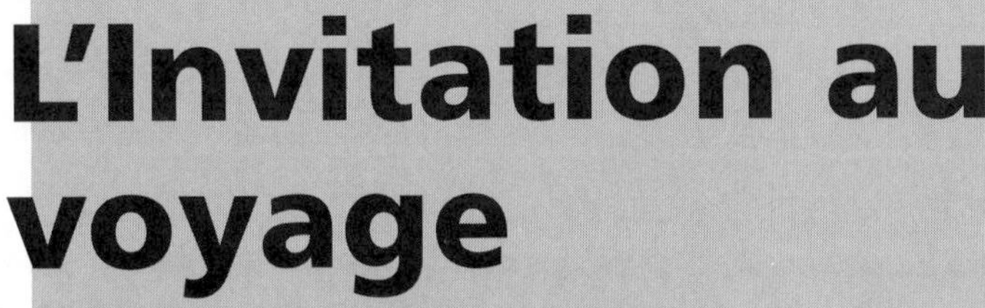

L'Invitation au voyage

Charles Baudelaire

Charles Baudelaire (1821–1867) a vécu une vie de misère et n'a trouvé de renommée qu'après sa mort. Aujourd'hui, on le considère comme l'un des fondateurs de la poésie moderne. Critique d'art aussi bien que poète, il a conçu l'idée de la «modernité», où l'art prend comme point de départ l'expérience immédiate de la vie pour aspirer vers l'éternel. Son œuvre poétique la plus célèbre, *Les Fleurs du mal,* suggère les aspirations contraires de l'homme vers l'idéal et vers le mal, ce que Baudelaire associe avec le *spleen.* Il a passé presque toute sa vie à Paris.

Pré-lecture

A. Décrivez un pays idéal, qui existe seulement dans votre imagination.

Vocabulaire utile

les montagnes • la neige • un ciel bleu • la mer • une île • la chaleur • des arbres exotiques • un(e) ami(e) • la paresse • les activités • manger et boire • dormir • le soleil • la pluie • le brouillard • une chambre de luxe • le calme • de la musique • des bateaux • des fleurs

B. Maintenant décrivez un endroit où vous voudriez aller et qui existe vraiment.

C. Imaginez votre stratégie pour convaincre une autre personne d'aller dans cet endroit avec vous (une invitation; une proposition de payer son voyage; une séduction, etc.).

Vocabulaire utile

être heureuse • se reposer • trouver l'idéal • des richesses • l'amour • la perfection • la sensualité

Lecture

Charles Baudelaire

L'Invitation au voyage

Mon enfant, ma sœur,
Songe° à la douceur
D'aller là-bas vivre ensemble!
Aimer à loisir,
Aimer et mourir
Au pays qui te ressemble!
Les soleils mouillés°
De ces ciels brouillés°
Pour mon esprit ont les charmes
Si mystérieux
De tes traîtres yeux,
Brillant à travers leurs larmes.

Là, tout n'est qu'ordre et beauté,
Luxe, calme et volupté.

Songe: to dream
mouillés: moist
brouillés: blurred

Des meubles luisants,°
Polis par les ans,
Décoreraient notre chambre;
Les plus rares fleurs
Mêlant leurs odeurs
Aux vagues senteurs de l'ambre.
Les riches plafonds,
Les miroirs profonds,
La splendeur orientale,
Tout y parlerait
A l'âme en secret
Sa douce langue natale.

Là, tout n'est qu'ordre et beauté,
Luxe, calme et volupté.

Vois sur ces canaux
Dormir ces vaisseaux°
Dont l'humeur est vagabonde;
C'est pour assouvir°
Ton moindre désir
Qu'ils viennent du bout du monde.
Les soleils couchants
Revêtent° les champs,
Les canaux, la ville entière,
D'hyacinthe et d'or;
Le monde s'endort
Dans une chaude lumière.

Là, tout n'est qu'ordre et beauté,
Luxe, calme et volupté.

gleaming

sailing ships

to satisfy (a passion)

clothe, cover

Questions sur le texte

Première strophe

D. Le voyage. Peut-on dire où se trouvent le poète et son amie? Qu'est-ce que vous imaginez? Comment le poète décrit-il le pays?

E. Définition de la femme et du pays. Par quels noms appelle-t-il son amie? Que suggèrent-ils sur les rapports entre la femme et lui? Quand le poète dit que le pays «ressemble» à son amie, quelle image suggère-t-il de la femme et de son amour pour elle?

F. Les verbes. Faites une liste des verbes dans la strophe et utilisez-les pour rédiger une petite histoire en prose. Comparez-la au poème.

G. Le refrain. («Là, tout n'est que… »). Cherchez dans votre dictionnaire le sens (ou les sens) de chaque mot.

Deuxième strophe

H. Le pays des songes. Décrivez l'endroit où nous nous trouvons—les couleurs, les bruits, les sensations et le décor d'ensemble.

Qu'est-ce qui vous attire dans ce monde?

I. La communication. Par quels moyens communique-t-on dans ce monde? Pour vous, que suggère cette «langue natale»?

J. Les verbes. Quelle sorte de monde et quelles sortes de sensations suggèrent-ils?

K. Le refrain. Soulignez les mots qui vous semblent les plus importants pour cette strophe et écrivez ce que ces mots vous font imaginer.

Troisième strophe

L. Le voyage. D'après cette strophe, décrivez la vie des deux personnes dans le poème. Où se trouvent-elles maintenant? Qui voyage et pour quelle raison?

M. Le commencement et la fin. Au commencement, le poète a invité la femme à «aimer et mourir». Dans quelle mesure est-ce que la femme répond à cette invitation?

N. Les verbes. Quels verbes vous semblent les plus importants? Pourquoi?

O. Le refrain. Maintenant, quels mots vous semblent importants?

L'ensemble

P. Refaites l'ensemble du voyage en décrivant en détail les différents lieux.

Q. Pour chaque strophe, indiquez le rapport entre la femme et le lieu où elle se trouve. Pour le poète, quelle idée de la femme est ainsi suggérée?

Post-lecture

R. Refaites en prose le poème comme une sorte de journal de voyage du point de vue de la femme.

S. On dit que la Hollande, avec ses canaux et son brouillard, a inspiré Baudelaire. Refaites de manière «poétique» votre rédaction de la ***Section B*** dans la ***Pré-lecture.***

Publicité: La ville de Genève

Les Français connaissent bien Genève, puisque la ville est située près de la frontière Franco-Suisse et que les habitants de Genève parlent français. On considère Genève comme un grand centre commercial, financier (les banques) et diplomatique. La publicité cherche à créer une autre image de cette ville.

Genève se trouve sur un très beau lac, le lac Léman, qui est entouré de montagnes.

Pré-lecture

A. Vous faites des projets de vacances avec un(e) ami(e). Vous êtes partagé(e)s entre la montagne et la mer. Présentez les avantages de chacun de ces types de lieux pour des vacances.

Vocabulaire utile

patiner • faire du ski • éviter la chaleur • bronzer • nager • faire de la pêche (à la ligne, à crevette) • escalader des hauteurs • faire du bateau à voile • des promenades • du ski nautique

la tranquillité • les risques et le danger • le sable et le soleil

B. On vous propose un séjour dans une grande ville. Imaginez votre premier jour de détente.

Vocabulaire utile

la circulation • la foule • le bruit • les musées • les expositions • les boîtes de nuit • des repas chers • des mendiants et des voleurs • des jardins publics

se promener • prendre un taxi • chercher l'hôtel • calculer le pourboire

Publicité

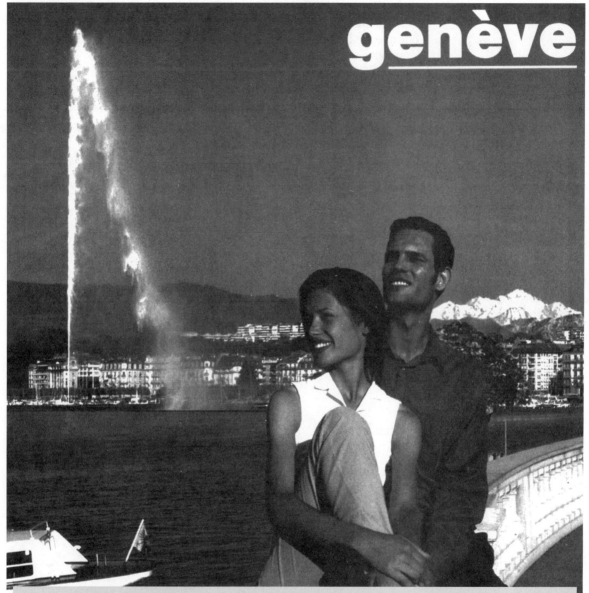

Venez vous détendre à Genève

Métropole cosmopolite par excellence, Genève est aussi une cité calme et pleine de charme où il fait bon vivre. Si vous souhaitez vous offrir d'inoubliables moments de détente, son lac et son arrière-pays constituent un cadre idéal pour des vacances reposantes et vivifiantes. Et si vos affaires vous conduisent à Genève, prévoyez d'y séjourner un ou deux jours de plus afin d'apprécier nos richesses culturelles.

genève
TOURISME

L'Office du Tourisme de Genève vous propose des forfaits intéressants pour des séjours individuels ou en groupe. Notre Département Logement se tient à votre disposition pour tous renseignements complémentaires.
Tél. ++ 41 22 909 70 00 - Fax ++ 41 22 909 70 11
Internet: genève-tourisme.ch

C. L'image visuelle.

1. Quels éléments de cette publicité présentent explicitement Genève comme un lieu de vacances? Où sont-ils situés dans l'image? (au premier plan? en arrière-plan?)

2. Quelles activités sont suggérées par les montagnes et le lac?

3. Regardez la publicité en couleur. Quel est le rôle du soleil dans la photo? (Quelle ambiance crée-t-il? Qu'est-ce qui est éclairé et mis en scène?)

D. Le texte écrit.

1. Quelles sortes d'activités le texte mentionne-t-il?

2. Relevez et notez les adjectifs de ce texte.

a. Quelle vision de Genève produisent-ils?

b. D'après ces adjectifs, quels bénéfices un visiteur peut-il tirer d'un séjour à Genève?

c. Le texte qualifie Genève de « cité ». Cherchez les sens de ce mot dans votre dictionnaire et déterminez les différentes connotations qu'il suggère. En quoi ces connotations renforcent-elles l'image que la publicité cherche à donner de Genève?

3. Quel argument la fin de la publicité développe-t-elle pour attirer les touristes à Genève?

Post-lecture

E. D'après la publicité, imaginez un week-end à Genève.

F. Imaginez un séjour désastreux en montagne ou à la mer.

G. Faites une publicité pour un lieu touristique comme un village de Provence ou une île du Pacifique qui chercherait à développer son activité économique et commerciale.

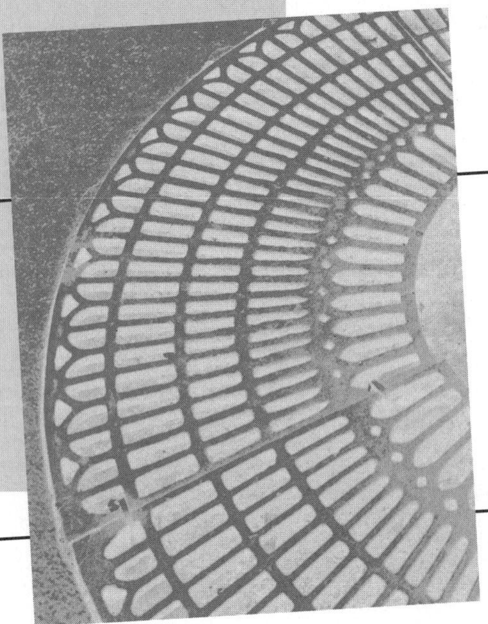

Le Maître

Eugène Ionesco

Eugène Ionesco (1912–1994) a été un des dramaturges à l'origine du théâtre de l'absurde. Né en Roumanie, il a habité en France de 1945 jusqu'à sa mort. Parmi ses pièces les plus connues on peut citer *La Cantatrice chauve, Les Chaises* et *Rhinocéros.*

Pré-lecture

A. L'admiration. On admire les gens pour des raisons diverses et cette admiration peut se manifester de façons bien variées.

1. Choisissez dans la liste suivante les deux ou trois qualités que vous admirez le plus chez une personne. Pour chaque qualité, décrivez quelques activités que vous y associez.

Qualités: l'intelligence • la beauté • l'imagination • l'énergie • la bonté • la force • le sens de l'humour • la fidélité • la popularité • la richesse • la générosité

MODELE: J'admire beaucoup les intellectuels. Ce sont des gens qui lisent beaucoup. Ils vont souvent au théâtre, au concert et dans les musées. Ils aiment les idées.

2. Quand vous admirez quelqu'un, comment exprimez-vous votre admiration?

Vocabulaire utile

écrire à • téléphoner à • demander un autographe • parler de • applaudir • crier bravo • acclamer • sauter • jeter des confettis

B. Au théâtre. Regardez le plan d'un théâtre et indiquez à quel numéro correspondent les endroits suivants:

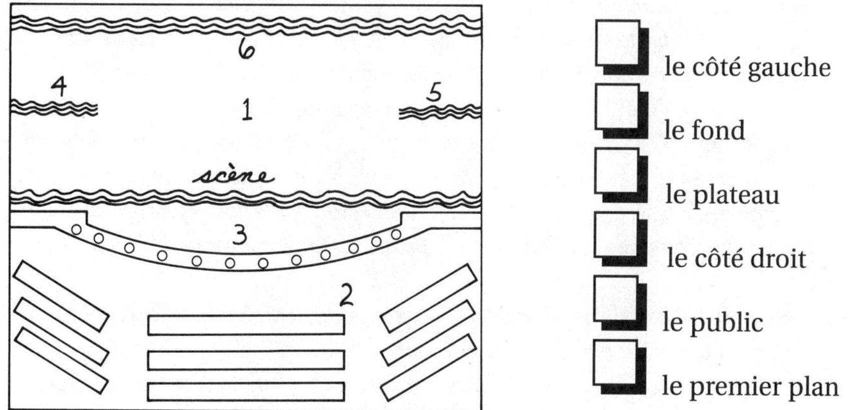

☐ le côté gauche

☐ le fond

☐ le plateau

☐ le côté droit

☐ le public

☐ le premier plan

C. Le comique de gestes. Il y a plusieurs moyens de faire rire les gens. Les clowns ou les acteurs de vaudeville peuvent amuser un public en parlant très peu, mais en insistant sur le comique des gestes. Imaginez une scène comique à laquelle participent trois ou quatre acteurs (actrices) qui parlent à peine; c'est à vous de décrire ce qu'ils font.

Suggestions: trois clowns; deux hommes qui courtisent une jolie femme; deux enfants qui se moquent d'un policier

Vocabulaire utile

paraître • réapparaître • disparaître • s'élancer • se diriger • faire un pas • crier • se rencontrer • s'arrêter • sortir • s'embrasser • se taire • sauter • cracher • s'appuyer • se heurter • se relever • tomber • descendre • saluer • enfiler

Lecture

Eugène Ionesco

Le Maître

to watch for / glued

Dos au public, au milieu de la scène, le regard fixé sur la sortie du fond, l'Annonciateur guette° l'arrivée du maître. A droite et à gauche, collés° au mur, l'Admirateur et l'Admiratrice guettent aussi l'arrivée du maître.

tense / flattened / encore (again) / to get weak

L'ANNONCIATEUR, *au bout de quelques instants assez tendus,° toujours dans la même position.* Le voilà! Le voilà! Au bout de la rue! *(On entend des «Hourrah!», etc.)* Voilà le maître!... Il vient, il approche!... *(Acclamations dans la coulisse, applaudissements.)*... Il vaut mieux qu'il ne nous voie pas... *(Les deux Admirateurs se collent davantage contre le mur.)*... Attention!... *(L'Annonciateur s'enthousiasme, brusquement:)* Hourrah! Hourrah! Le maître! Le maître! Vive le maître! *(Le corps immobile et aplati° contre le mur, les deux Admirateurs avancent, le plus qu'ils peuvent, leur cou, leur tête, pour apercevoir le maître.)* Le maître! Le maî-aî-tre! *(Les deux Admirateurs, ensemble:)* Hourrah! Hourrah! *(D'autres «Hourrah!», et «Hourrah! Bis!»,° venant des coulisses, s'affaiblissent,° progressivement.)* Hourrah! Bis!

to spring

L'ANNONCIATEUR *s'élance° d'un pas vers le fond, s'arrête, puis sort, par le fond toujours, suivi des deux Admirateurs.* Ah! zut! il s'en va! il s'en va! Suivez-moi, vite! Suivons-le! *(L'Annonciateur et les deux Admirateurs sortent, en criant:)* Maître, Maî-aître! Maî-aî-aî-aî-aî-tre!

bleating (of sheep) / empty

Ce dernier «Maî-aî-aî-aî-tre» s'entend dans les coulisses, comme un bêlement.°

Silence. Scène vide° quelques instants brefs. Par la droite, entre le Jeune Amant; par la gauche, la Jeune Amante; ils se rencontrent au milieu du plateau.

LE JEUNE AMANT Pardon, Madame ou Mademoiselle?

LA JEUNE AMANTE Monsieur, je n'ai pas l'honneur de vous connaître!...

LE JEUNE AMANT Moi non plus, je ne vous connais pas!...

LA JEUNE AMANTE Nous ne nous connaissons donc ni l'un ni l'autre.

grounds for understanding

LE JEUNE AMANT Justement. Nous avons un point commun. Il y a donc, entre nous, un terrain d'entente° sur lequel nous pourrions bâtir l'édifice de notre avenir.

LA JEUNE AMANTE Je m'en balance,° Monsieur.

I couldn't care less

Elle fait mine de° s'en aller.

to pretend

LE JEUNE AMANT Chérie, oh, je vous adore!...

LA JEUNE AMANTE Chéri, moi aussi!

Ils s'embrassent.

LE JEUNE AMANT Chérie, je vous emmène.° Nous nous marierons ensuite.

to take away

Ils sortent par la gauche. Scène vide un court instant.

L'ANNONCIATEUR *réapparaît, par le fond, suivi des deux Admirateurs.* Le maître avait pourtant bien juré° qu'il passerait par ici.

to swear

L'ADMIRATEUR Finalement, en êtes-vous bien sûr?

L'ANNONCIATEUR Mais oui, mais oui!

L'ADMIRATRICE Est-ce bien son chemin?

L'ANNONCIATEUR Oui, oui. Il devait passer par là, je vous dis, c'était sur le programme des festivités...

L'ADMIRATEUR L'avez-vous vu vous-même et l'avez-vous entendu de vos propres yeux et oreilles?

L'ANNONCIATEUR Il l'a dit à quelqu'un! Quelqu'un d'autre!

L'ADMIRATEUR A qui? Qui est ce quelqu'un d'autre?

L'ADMIRATRICE Est-ce une personne sûre? Un ami à vous?

L'ANNONCIATEUR Un ami à moi que je connais bien. *(Brusquement, dans le fond, on entend, de nouveau, des puissants° «Hourrah!», des «Vive le maître!»)* Le voilà, cette fois! Le voilà! Hip! Hip! Hourrah! Le voilà! Cachez°-vous! Cachez-vous!

powerful
to hide

Comme au début, les deux Admirateurs se collent au mur, le cou tendu vers l'endroit des coulisses d'où viennent les acclamations; l'Annonciateur regarde vers le fond, le dos tourné au public.

L'ANNONCIATEUR Le maître arrive. Il apparaît. Il coule.° Il roucoule.° *(A chaque parole de l'Annonciateur, les deux Admirateurs sursautent, ils allongent*

to flow / to coo

davantage encore le cou; ils frémissent.°) Il saute. Il passe la rivière. On lui serre la main. Il fait pouce. Vous entendez? On rit. *(L'Annonciateur et les deux Admirateurs rient aussi.)* Ah!... on lui donne une boîte à outils.° Que va-t-il en faire? Ah!... il signe des autographes. Le maître caresse un hérisson,° un hérisson superbe!... La foule° applaudit. Il danse, le hérisson en main. Il embrasse sa danseuse. Hourrah! Hourrah! *(Les exclamations s'entendent dans les coulisses.)* On le photographie, avec sa danseuse d'une main, le hérisson de l'autre... Il salue la foule... Il crache très loin.

L'ADMIRATRICE Vient-il par ici? Fait-il un pas vers nous?

L'ADMIRATEUR Sommes-nous vraiment sur sa route?

L'ANNONCIATEUR *tourne la tête vers les deux Admirateurs.* Taisez-vous, ne bougez° pas, vous gâchez° tout...

L'ADMIRATRICE Pourtant...

L'ANNONCIATEUR Taisez-vous, vous dis-je! Puisque je vous assure qu'il a promis, qu'il a lui-même fixé son itinéraire... *(Il se tourne de nouveau vers le fond; il crie:)* Hourrah! Hourrah! Vive le maître! *(Silence.)* Vive, vive le maître! *(Silence.)* Vive, vive, vive le maî-aître! *(Les deux Admirateurs, ne pouvant plus se contenir, crient, eux aussi, soudain:)* Hourrah! Vi-i-ve le maître!

L'ANNONCIATEUR, *aux Admirateurs.* Silence, vous deux! Calmez-vous! Vous gâchez tout! *(Puis, de nouveau, regardant vers le fond, tandis que les deux Admirateurs se sont tus.)* Vive le maître! *(Effréné.)* Hourrah! Hourrah! Il change de chemise. Il disparaît derrière un paravent° rouge. Il réapparaît! *(On entend les applaudissements s'intensifier.)* Bravo! Bravo! *(Les Admirateurs veulent dire «Bravo!» ou applaudir; ils mettent leur main à la bouche, ils s'arrêtent.)* Il met sa cravate! Il lit son journal en buvant son café au lait! Il a toujours son hérisson... Il s'appuie sur le bord du parapet.° Le parapet se brise.° Il se relève... il se relève tout seul! *(Applaudissements, «Hourrah!»)* Bravo! Chouette°! Il brosse ses vêtements qui s'étaient salis.

L'ADMIRATEUR ET L'ADMIRATRICE *trépignent.°* Oh! Ah! Oh! Oh! Ah! Ah!

L'ANNONCIATEUR, *même jeu.* Il monte sur l'escabeau!° Il fait la courte échelle,° on lui présente une courte paille,° il sait que c'est pour rigoler,° il ne se fâche pas, il rit.

Applaudissements et acclamations énormes.

L'ADMIRATEUR, *à l'Admiratrice.* Tu entends! Tu entends! Ah! si j'étais roi...

L'ADMIRATRICE Ah!... maître!

to shudder
tool kit
hedgehog
crowd
to move / to ruin
screen
low railing
to break
great!
to dance (for joy)
stool / to give a boost
short straw (to draw lots) / to joke

Cela est dit d'un ton exalté.

L'ANNONCIATEUR, *toujours de dos au public.* Il monte sur l'escabeau. Non. Il en descend. Une petite fille lui offre un bouquet de fleurs… Que va-t-il faire? Il lui prend les fleurs… Il embrasse la petite fille… lui dit «mon enfant»…

L'ADMIRATEUR Il embrasse la petite fille… lui dit «mon enfant»…

L'ADMIRATRICE Il embrasse la petite fille… lui dit «mon enfant»…

L'ANNONCIATEUR Il lui donne le hérisson. La petite fille pleure… Vive le maître! Vive le maî-aî-aître!

L'ADMIRATEUR Vient-il de notre côté?

L'ADMIRATRICE Vient-il de notre côté?

L'ANNONCIATEUR, *soudain, se met à courir et sort par le fond.* Il s'en va! Dépêchez-vous! Allons! *(Il disparaît, suivi par les deux Admirateurs, ils crient, tous «Hourrah! Hourrah!»)*

Plateau vide quelques instants. De la gauche arrivent, enlacés,° les deux Amants; ils s'arrêtent au milieu du plateau, se séparent; elle a un panier° à son bras.

clasped in each other's arms / basket

L'AMANTE Allons au marché, nous y trouverons des œufs!

L'AMANT Oh! je les aime autant que toi!

Elle prend son bras. Arrivent, en courant, par la droite, l'Annonciateur qui va vite à sa place, dos au public, et, l'un par la gauche, l'autre par la droite, le suivant de très près, l'Admirateur et l'Admiratrice; l'Admirateur et l'Admiratrice se heurtent aux deux Amants qui se préparaient à sortir par la droite.

L'ADMIRATEUR Pardon!

L'AMANT Oh! Pardon!

L'ADMIRATRICE Pardon! Oh! Pardon!

L'AMANTE Oh! Pardon, pardon, pardon, pardon!

L'ADMIRATEUR Pardon, pardon, pardon, ah! pardon, pardon, pardon!

L'AMANT Oh, oh, oh, oh, oh, oh! Pardon! Messieurs-dames!

L'AMANTE, *à l'Amant.* Viens, Adolphe! *(Aux deux Admirateurs.)* Pas de mal!

to drag

Elle sort, traînant° l'Amant par la main.

to pass a second time; to iron

L'ANNONCIATEUR, *regardant dans le fond.* Le maître passe et repasse,° on repasse son pantalon.

Les deux Admirateurs reprennent leurs places.

stream

to recite poetry / audience / touched, moved

L'ANNONCIATEUR Le maître sourit. Tandis qu'on lui repasse son pantalon, il se promène. Il goûte aux fleurs et aux fruits qui poussent dans le ruisseau.° Il goûte aussi à la racine des arbres. Il laisse venir à lui les tout-petits enfants. Il a confiance dans tous les hommes. Il instaure la police. Il salue la justice. Il honore les grands vainqueurs, il honore les grands vaincus. Enfin, il dit des vers.° L'assistance° est très émue.°

sobbing

LES DEUX ADMIRATEURS Bravo! Bravo! *(Puis sanglotant.°)* Beuh! Beuh! Beuh!

to suck his thumb

L'ANNONCIATEUR Tout le public pleure! *(On entend des beuglements dans les coulisses; L'Annonciateur et les deux Admirateurs beuglent aussi très fort.)* Silence! *(Les deux Admirateurs se taisent; silence aussi dans les coulisses.)* On a rendu au maître son pantalon. Le maître l'enfile. Il est content! Hourrah! *(Bravos, acclamations dans les coulisses. Les deux Admirateurs acclament, sautent, sans rien voir, bien entendu, de ce qui est présumé se passer dans les coulisses.)* Le maître suce son pouce°! *(Aux deux Admirateurs.)* A vos places, à vos places, vous autres, ne bougez pas, tenez-vous bien, criez: Vive le maître!

LES DEUX ADMIRATEURS, *collés au mur, crient:* Vive, vive le maître!

L'ANNONCIATEUR Taisez-vous, taisez-vous, vous allez tout gâcher! Attention, attention, le maître vient!

L'ADMIRATEUR, *dans la même position.* Le maître vient!

L'ADMIRATRICE, *même jeu.* Le maître vient!

L'ANNONCIATEUR Attention! Taisez-vous! Oh! Le maître s'en va! Suivons-le! Suivez-moi!

L'Annonciateur sort, en courant, par le fond; les deux Admirateurs sortent par la gauche et la droite, tandis que, dans les coulisses, les acclamations s'intensifient, puis faiblissent.

Plateau vide un instant. Réapparaissent, par la gauche, se dirigeant, en courant, vers la droite, l'Amant, puis l'Amante.

L'AMANT, *en courant.* Tu ne m'attraperas° pas! Tu ne m'attraperas pas! *to catch*

Il sort.

L'AMANTE, *en courant.* Attends un peu! Attends un peu!

Elle sort. Un instant, le plateau vide; puis, de nouveau, l'Amant suivi de l'Amante, traverse la scène, toujours courant, et sort.

L'AMANT Tu ne m'attraperas pas!

L'AMANTE Attends un peu!

Ils sortent par la droite.
Plateau vide un instant. Réapparaissent par le fond l'Annonciateur, par la gauche l'Admiratrice, par la droite l'Admirateur. Ils se rencontrent au milieu de la scène.

L'ADMIRATEUR On l'a raté°! *to miss*

L'ADMIRATRICE Pas de chance°! *no luck*

L'ANNONCIATEUR C'est votre faute!

L'ADMIRATEUR C'est pas vrai!

L'ADMIRATRICE Non, c'est pas vrai!

L'ANNONCIATEUR Est-ce donc la mienne?

L'ADMIRATEUR On n'a pas voulu dire ça!

Bruits, acclamations, «Hourrah!» dans les coulisses.

L'ANNONCIATEUR Hourrah!

L'ADMIRATRICE C'est par là!

Elle montre le fond de la scène.

L'ADMIRATEUR Oui, c'est par là!

Il montre à gauche.

L'ANNONCIATEUR Bon. Suivez-moi! Vive le maître!

Il sort, en courant, par la droite, suivi des deux Admirateurs, qui crient aussi.

Les Deux Admirateurs Vive le maître! *(Ils sortent. Plateau vide, un instant. Par la gauche apparaissent les deux Amants; l'Amant sort par le fond; l'Amante, après avoir dit:)* Je t'aurai! *(sort, toujours en courant, par la droite; du fond apparaît l'Annonciateur, l'Admirateur, l'Admiratrice. L'Annonciateur dit aux Admirateurs:)* Vive le maître! *(Répété par les Admirateurs. Puis, toujours aux Admirateurs.)* Suivez-moi! Suivons le maître! *(Il sort par le fond, tandis que toujours courant et criant:)* Suivons-le!

L'Admirateur sort par la droite, l'Admiratrice par la gauche, dans les coulisses; pendant tout ce jeu, les acclamations s'entendent plus fort, moins fort, selon le rythme du mouvement scénique; scène vide un très court instant, l'Amante et l'Amant apparaissent, par la gauche et par la droite, en criant:

Lui Je t'aurai!

Elle Tu ne m'auras pas! *(Et sortent, en courant et criant:)* Vive le maître! *(Du fond sortent, en criant, également:* Vive le maître! *L'Annonciateur, suivi de l'Admirateur et de l'Admiratrice, puis de l'Amant et de l'Amante, sortent par la droite, en file indienne; puis, courant, criant:)* Le maître! Vive le maître! On l'aura! C'est par ici! Tu ne m'auras pas! *(Ils entrent et sortent, utilisant toutes les issues;° finalement, entrant, de la gauche, de la droite, du fond, ils se rencontrent tous au milieu du plateau, pendant que les applaudissements et acclamations des coulisses font un bruit insupportable, et crient tous à tue-tête, en s'embrassant frénétiquement:)* Vive le maître! Vive le maître! Vive le maître!

exits

Puis, brusquement un silence.

L'Annonciateur Le maître arrive. Voici le maître. A vos places. Attention!

L'Admirateur et l'Amante s'aplatissent sur le mur de droite; l'Admiratrice et l'Amant sur le mur de gauche; les deux couples sont enlacés et s'embrassent.

L'Admirateur, L'Amante Chéri, chérie!

L'Admiratrice, L'Amant Chéri, chérie!

Cependant que° l'Annonciateur a repris sa place, dos au public, regard fixé vers le fond; accalmie dans les applaudissements.

meanwhile

L'Annonciateur Silence. Le maître a mangé sa soupe. Il vient. Il vient.

Acclamations redoublant d'intensité; l'Admirateur, l'Admiratrice, l'Amant, l'Amante, crient:

Tous Hourrah! Hourrah! Vive le maître! *(On lui jette des confettis, dès avant° qu'il apparaisse. Puis l'Annonciateur se jette brusquement de côté° pour*

even before / to jump aside

laisser passer le maître; les quatre autres personnages s'immobilisent le bras tendu, avec leurs confettis; ils disent, tout de même:) Hourrah! *(Le maître entrera par le fond de la scène, ira jusqu'au milieu du plateau, premier plan, hésitera, fera un pas vers la gauche, puis se décidera et sortira, énergiquement, à grands pas, par la droite, sous les «Hourrah!» énergiques de l'Annonciateur et les «Hourrah!» plus faibles et étonnés de l'Admirateur, l'Admiratrice, l'Amante, l'Amant; ceux-ci semblant avoir, en effet, un peu raison d'être surpris car le maître n'a pas de tête, bien qu'ayant° un chapeau; cela est facile à faire: le comédien devant jouer le maître n'aura qu'à porter un pardessus dont il montera le col au-dessus de son front et couvrira, le tout, d'un chapeau; l'homme-à-pardessus-avec-un-chapeau-sans-tête est une apparition assez surprenante; elle produira, sans doute, une certaine sensation. Après la disparition du maître, l'Admiratrice dit:)* Mais, mais… il n'a pas de tête, le maître!

even though having

L'ANNONCIATEUR Il n'en a pas besoin, puisqu'il a du génie.

L'AMANT C'est juste! *(A l'Amante.)* Comment vous appelez-vous? *(L'Amant à l'Admiratrice, l'Admiratrice à l'Annonciateur, l'Annonciateur à l'Amante, l'Amante à l'Amant:)* Et vous? Et vous? Et vous? *(Puis, tous ensemble, les uns aux autres:)* Comment vous appelez-vous?

Questions sur le texte

D. Les activités du maître.

1. Faites une liste de quelques-unes des activités du maître telles que l'Annonciateur les décrit.

MODELE: Le maître arrive en coulant et en roucoulant, il saute et il passe la rivière…

2. A votre avis, lesquelles de ses activités méritent l'admiration?

3. Lesquelles sont ridicules?

4. Qu'est-ce qu'il ne fait pas avant la fin, malgré les déclarations de l'Annonciateur?

E. L'Annonciateur et les Admirateurs.

1. Quel est le rapport entre l'Annonciateur et les Admirateurs? (Qui domine? Comment le savons-nous?)

2. Que fait l'Annonciateur et comment réagissent les Admirateurs?

3. Est-ce que l'Annonciateur continue à dominer les Admirateurs tout au long de la pièce?

F. L'Amant et l'Amante.

1. Examinez la première scène où paraissent l'Amant et l'Amante. Comment les rapports entre ces deux personnages changent-ils au cours de cette petite scène?

2. Comment continuent-ils à changer pendant les scènes qui suivent?

3. Quels sont les couples à la fin de la pièce?

G. La fin de la pièce.

1. A votre avis, pourquoi le maître n'a-t-il pas de tête? Par quels moyens garde-t-il le pouvoir s'il n'a pas de tête?

2. Que signifie le fait que tous les personnages demandent «Comment vous appelez-vous?» (Est-ce qu'ils semblaient se connaître auparavant?)

Post-lecture

H. Vous êtes le maître. Racontez l'action de la pièce de votre point de vue—qu'est-ce que vous faites? Qu'est-ce que vous voyez et entendez? Qu'est-ce que vous en pensez?

I. En écrivant *Le Maître,* Ionesco pensait peut-être aux dirigeants communistes de son pays natal. La pièce semble pourtant avoir une valeur plus universelle. A quels «maîtres» contemporains (hommes ou femmes politiques, acteurs ou actrices, musiciens, athlètes, etc.) pouvez-vous penser? Choisissez-en un et discutez de ce «maître» et de ses admirateurs par rapport à la pièce d'Ionesco.

J. Vous avez décidé de monter cette pièce et vous avez choisi un(e) de vos camarades de classe pour le rôle de… Faites-lui des suggestions sur la façon de jouer ce personnage. Vous pouvez parler de son costume, de ses gestes, de sa façon de parler et de marcher; essayez de lui faire comprendre en quoi son rôle contribue au sens de la pièce.

Le Guichet

(Première moitié)

Jean Tardieu

Poète, dramaturge, traducteur, Jean Tardieu (1903–1995) a fait des études de droit avant de se consacrer à la littérature. Son «théâtre de poche»—de courtes pièces expérimentales—annonce l'anti-théâtre des années 1950. Dans ses pièces, où se mêlent le comique et le sérieux, il s'intéresse surtout aux problèmes du langage.

Pré-lecture

A. Vous êtes dans la salle d'attente d'une gare. Décrivez ce qui vous entoure—les objets et les gens (voyageurs et employés).

Vocabulaire utile

des bancs • des haut-parleurs • des pancartes • arrivées • départs • renseignements • réservations • la sortie • l'entrée

patient • impatient • gentil • brusque • accueillant • indifférent

attendre • lire • dormir • s'ennuyer • s'affairer • se renseigner • poser des questions • répondre aux questions • acheter • vendre

B. Vous voulez faire le trajet Paris–Aix-en-Provence en train. Composez un dialogue entre vous-même et le préposé (employé) au bureau de renseignements. Le préposé n'est pas très aimable et semble peu disposé à vous aider.

Vocabulaire utile

un numéro d'appel • une carte d'identité • une fiche

prendre le train pour • partir • arriver • demander • refuser • crier

un changement de train • les horaires de train • les départs • les arrivées • la direction de Paris (d'Aix) • l'horloge

C. Vous entrez dans un bureau de renseignements et le préposé commence à vous poser des questions et à vous demander des renseignements. Créez un dialogue à partir de cette situation absurde.

Lecture

Jean Tardieu

Le Guichet

(Première moitié)

PERSONNAGES

LE PRÉPOSÉ, *très digne,° très rogue, implacable.°*

LE CLIENT, *petit monsieur timide aux gestes et aux vêtements étriqués.°*

LA RADIO

BRUITS DIVERS AU-DEHORS: *départ de train, sifflements de locomotive, auto, klaxons, coups de freins, et un cri de douleur.*

dignified / unyielding

skimpy, tight

Le bureau des «renseignements» d'une administration. Une salle quelconque partagée en deux par une grille et un guichet: à droite, derrière le guichet, se trouve le «Préposé» assis à une table face au public. La table est surchargée de registres, de livres et d'objets divers. Dans un coin un poêle avec un tuyau biscornu.° Au mur sont pendus le chapeau et le manteau du Préposé. Son parapluie, ouvert, sèche devant le poêle.

a stove with a crooked pipe

Côté «public», une porte au fond. A gauche de la porte, l'indication «Entrée». A droite, l'indication «Sortie». Un banc fait le tour de la salle.

Au mur, du côté du public, une grande pancarte sur laquelle on lit: «Soyez brefs!» Du côté du Préposé, une pancarte analogue portant ces mots: «Soyons patients!»

Au lever du rideau, le Préposé est plongé dans la lecture d'un livre. Il lit silencieusement en se grattant° la tête de temps en temps avec un coupe-papier.

to scratch oneself

La porte s'entrebâille:° apparaît la tête du Client, visage falot° et inquiet, coiffé d'un chapeau déteint. Puis le Client s'enhardit et entre. Il est effroyablement timide et craintif. Il fait quelques pas sur la pointe des pieds et regarde autour de lui: en se retournant, il aperçoit les indications dont la porte est flanquée de part et d'autre: «Entrée» et «Sortie». Il paraît hésiter un instant, puis sort comme il est entré: mais, aussitôt après, on l'entend frapper à la porte. Le Préposé, qui n'a, jusqu'à présent, prêté aucune attention au manège° du Client, lève brusquement la tête, ferme bruyamment son livre et …

to open halfway / pale

game, play

LE PRÉPOSÉ, *criant d'un ton rogue.* Entrez!

Le Client n'entre pas.

LE PRÉPOSÉ, *encore plus fort.* Entrez!

Le Client entre, plus terrifié que jamais.

Le Client, *se dirigeant vers le guichet.* Pardon, monsieur… C'est bien ici… le bureau des renseignements?

Le Préposé, *ouvrant bruyamment le guichet.* Ouin.

Le Client Ah! bon! Très bien! Très bien… Précisément, je venais…

Le Préposé, *l'interrompant brutalement.* C'est pour des renseignements?

Le Client, *ravi.* Oui! oui! Précisément, précisément. Je venais…

Le Préposé, *même jeu.* Alors, attendez!

Le Client Pardon, attendre quoi?

Le Préposé Attendez votre tour, attendez qu'on vous appelle!

Le Client Mais… je suis seul!

Le Préposé, *insolent et féroce.* C'est faux! *Nous sommes deux!* Tenez! (*Il lui donne un jeton.*) Voici votre numéro d'appel!

Le Client, *lisant le numéro sur le jeton.* Numéro 3640? (*Après un coup d'œil à la salle vide.*) Mais… je suis seul!

Le Préposé, *furieux.* Vous vous figurez que vous êtes le seul client de la journée, non?… Allez vous asseoir et attendez que je vous appelle.

Il referme bruyamment le guichet, se lève et va ouvrir la Radio. Une chanson idiote (d'un chanteur de charme° par exemple) envahit la scène. Le Client résigné va s'asseoir.

Le Préposé inspecte son parapluie; le jugeant sec à présent, il le referme et va le pendre au portemanteau. Puis il se taille un crayon, sifflote° ou chantonne° l'air qu'il est en train d'entendre, enfin revient auprès de la Radio et, en tournant le bouton, remplace la chanson par le bulletin météorologique.°

crooner

to whistle / to hum

weather report

La Radio Le temps restera nuageux sur l'ensemble du territoire, avec baisse de la température amenant un sensible rafraîchissement… (*A ces mots le Préposé remet du charbon dans le poêle et le Client remonte le col de son manteau*)… Quelques ondées° intermittentes dans les régions pluvieuses, des tempêtes de neige sur les hautes montagnes, le beau temps persistera dans les secteurs ensoleillés. Vous venez d'entendre le bulletin météorologique.

rain showers

Le Préposé arrête la Radio, se frotte les mains° longuement, va s'asseoir à sa table, ouvre le guichet et…

to rub one's hands

Le Préposé, *appelant.* Numéro 3640! (*Le Client, plongé dans une rêverie, n'entend pas.*

Le Préposé, *appelant plus fort.*) J'ai dit: numéro 3640!

Le Client, *sortant brusquement de sa rêverie et regardant précipitamment son jeton.* Voilà! Voilà!

Il se lève et s'approche du guichet.

Le Préposé Votre jeton!

Le Client Oh! pardon! Excusez-moi! Voici.

Il rend le jeton.

Le Préposé Merci!

Le Client Monsieur, je venais précisément vous demander si...

Le Préposé, *l'interrompant.* Votre nom?

Le Client Mon nom? Mais je...

Le Préposé Il n'y a pas de «je». Quel est votre nom?

Le Client Voici... Voici ma carte d'identité...

Il cherche dans sa poche et en retire un portefeuille°... Mais le Préposé l'arrête.

wallet

Le Préposé Je n'ai pas besoin de votre carte d'identité; je vous demande votre nom.

Le Client fait entendre un murmure indistinct.

Le Préposé Comment écrivez-vous cela? Epelez, je vous prie!

Le Client M... U... Z... S... P... N... Z... J... A tréma... K... deux E... S... G... U... R... W... P... O... N... T... comme Dupont.

Le Préposé Date et lieu de naissance?

Le Client, *dans un souffle.* Je suis né vers la fin du siècle dernier, dans l'Ouest...

Le Préposé Des précisions! Vous vous payez ma tête,° non?

to take someone for a ride, "You're putting me on."

Le Client Pas du tout, pas du tout, monsieur. Plus exactement je suis né à Rennes, en 1897.

Le Préposé Bon; profession?

Le Client Civil.

Le Préposé Numéro matricule°?

serial number (normally not used for people)

Le Client Catégorie A-N J 9896. B4. CRTS. 740. U4. B5. AM. 3 millions 672 mille 863.

Le Préposé Vous êtes marié? Vous avez des enfants?

Le Client Pardon, monsieur… Puis-je me permettre… de m'étonner un peu? J'étais venu ici… pour demander des renseignements… et voilà que c'est vous qui m'en demandez!… Je…

Le Préposé Vous me poserez des questions quand *votre* tour viendra°… Je vous demande si vous êtes marié, si vous avez des enfants! Oui ou non?

when it is your turn

Le Client Euh… oui… non… c'est-à-dire…

Le Préposé Comment: c'est-à-dire?

Le Client Enfin! Ah! C'est si contrariant! Moi qui étais pressé°…

to be in a hurry

Le Préposé Alors, si vous êtes si pressé que cela, vous avez intérêt à répondre vite, et sans hésiter.

Le Client Eh bien oui, là, j'ai été marié et j'ai des enfants… deux enfants.

Le Préposé Quel âge?

Le Client, *agacé, presque prêt à pleurer.* Oh! je ne sais plus, moi… Mettez: dix ans pour la fille et huit ans pour mon garçon.

Le Préposé Vous-même, quel âge avez-vous?

Le Client Mais je vous ai donné ma date de naissance tout à l'heure!

Le Préposé La date de naissance et l'âge, ce n'est pas la même chose. Les deux indications ne figurent pas au même endroit sur la fiche du Client.

Le Client Ah… parce que vous faites une fiche pour tous ceux qui viennent ici … vous demander des renseignements?…

Le Préposé Bien sûr! Comment nous y reconnaître sans cela?… Je vous ai demandé votre âge!… Allons…

Le Client Alors, attendez. (*Il fait un calcul mental.*) 1952 moins 1897… 7 ôté de 12, reste 5, 89 ôté de 95 reste 16… cela fait, voyons, 5 et 16 = 21 ans, non, 16 et 5, 165 ans!… Non. Ce n'est pas possible… voyons, je recommence…

Le Préposé, *haussant les épaules.* Inutile! J'ai fait le calcul: vous avez cinquante-cinq ans exactement.

Le Client Oui, c'est cela, c'est cela! Merci, monsieur!

Le Préposé Que ne le disiez-vous plus tôt! C'est fou le temps que l'on peut perdre avec des clients inexpérimentés°!… Maintenant, tirez la langue°!

inexperienced / stick out your tongue

Le Client, *tirant la langue.* Voilà!…

Le Préposé Bon. Rien à signaler. Montrez-moi vos mains!

Le Client, *montrant ses mains.* Voilà!…

Le Préposé, *regardant attentivement.* Hum! La ligne de Mort coupe la ligne de Vie. C'est mauvais signe… mais… vous avez la ligne d'existence!

Heureusement pour vous!... C'est bon. Vous pouvez aller vous asseoir.

LE CLIENT Comment? Je ne peux pas encore vous demander de renseignements?

LE PRÉPOSÉ Pas tout de suite. Attendez qu'on vous y invite.

Il referme bruyamment le guichet.

LE CLIENT, *désespéré et larmoyant.*° Mais, monsieur, je suis pressé! Monsieur!... Ma femme et mes enfants m'attendent, monsieur... Je venais... vous demander des renseignements urgents, monsieur!... *(A ce moment on entend le sifflement d'un train au départ.)* Vous voyez que nous sommes dans une gare, monsieur, ou que la gare n'est pas loin! Je venais précisément vous demander conseil pour un train à prendre, monsieur!

in despair and tearful

LE PRÉPOSÉ, *radouci, ouvrant le guichet.* C'était pour les heures des trains?

LE CLIENT Enfin oui, entre autres oui, d'abord pour les heures des trains, monsieur... C'est pourquoi j'étais si pressé!

LE PRÉPOSÉ, *très calme.* Que ne le disiez-vous plus tôt! Je vous écoute.

LE CLIENT Eh bien, voici: je voulais, enfin je désirais prendre le train pour Aix-en-Provence, afin d'y rejoindre un vieux parent qui...

LE PRÉPOSÉ, *l'interrompant.* Les trains pour Aix-en-Provence partent à 6 h 50, 9 h 30 (première et seconde seulement), 13 heures (billet de famille nombreuse), 14 heures (célibataires), 18 heures et 21 heures (toutes classes, tout âge, tout sexe).

LE CLIENT, *suivant son idée.* Merci, merci beaucoup!... Oui, je voulais rejoindre à Aix-en-Provence un vieil oncle à moi, qui est notaire et dont la santé, voyez-vous, décline de jour en jour, mais...

LE PRÉPOSÉ Au fait,° je vous en prie!

get to the point

LE CLIENT Bien sûr, excusez-moi. C'était pour arriver à ceci: je voudrais, enfin je souhaiterais serrer encore une fois dans mes bras, mon vieux parent d'Aix-en-Provence, mais voilà que j'hésite vraiment entre cette direction et la direction de Brest! En effet, j'ai à Brest une cousine également malade et, ma foi, je me demande si...

LE PRÉPOSÉ, *catégorique.* Trains pour Brest: une Micheline à 7 heures, un Train Bleu à 9 heures, un Train Vert à 10 heures, un omnibus à 15 heures avec changement à Rennes. Train de nuit à 20 h 45, vous arrivez à Brest à 4 h 30.

LE CLIENT Ah, merci, merci beaucoup, monsieur. Si j'en crois vos indications, je devrais donc aller voir ma cousine de Brest, plutôt que mon vieil oncle d'Aix-en-Provence?

LE PRÉPOSÉ, *sec.* Je n'ai rien dit de ce genre. Je vous ai donné les heures des trains: un point, c'est tout.°

that's it, period

Questions sur le texte

D. Le Préposé.

1. Lesquelles des activités du préposé ressemblent à celles d'un fonctionnaire *(civil service worker, bureaucrat)* typique?

2. Lesquelles de ses activités sortent de l'ordinaire?

E. Le Client.

1. Lesquelles des activités du client ressemblent à celles d'un client typique?

2. Lesquelles de ses activités sortent de l'ordinaire?

F. Quelles sont vos réactions en lisant cette scène? (Vous riez? Vous souriez? Vous êtes perplexe? Vous vous fâchez? Autre chose?)

G. Est-ce que vous vous identifiez à un des personnages? Pourquoi (pas)? Cette identification change-t-elle au cours de la scène?

Post-lecture

H. Le texte que vous venez de lire n'est pas celui de toute la pièce. Dans la seconde moitié, il y a un dénouement *(outcome)* surprenant. Complétez la pièce en imaginant un dénouement remarquable. Voici quelques possibilités pour vous inspirer:

1. Après la discussion, le client se renseigne et prend un train. Lequel? Pourquoi?

2. L'employé continue à poser des questions, et le client raconte sa vie…

3. Le client commence à poser des questions sur son avenir et…

4. L'employé n'est pas un préposé aux renseignements, mais plutôt un juge qui décide du destin des gens, et…

Lettre à sa fille

Madame de Sévigné

Madame de Sévigné a vécu de 1626 à 1696 à Paris et dans son domaine en Bretagne. Aristocrate proche du pouvoir et des activités culturelles à Paris et à Versailles pendant le règne de Louis XIV, elle écrivait abondamment des lettres sur tous les sujets qui touchaient sa vie: la vie politique, les grands procès et la vie des arts. Grâce à son style et à la grande intelligence de ses portraits et descriptions de la vie de son époque, souvent humoristiques, elle est entrée dans l'histoire littéraire comme l'une des grandes maîtresses de l'art épistolaire. Dans la lettre que vous allez lire, elle montre une grande sensibilité envers sa fille. La jeune femme voyage de Paris à Aix-en-Provence avec son nouveau mari, qui vient d'être nommé gouverneur de Provence. A l'époque, un voyage de ce genre à cheval ou à pied pouvait présenter de réels dangers, surtout en ce qui concerne la descente du Rhône, fleuve capricieux et difficilement navigable.

Vocabulaire utile

un meurtre • des voleurs • un accident • un agresseur • perdre son argent • tuer • mourir • se faire voler • se perdre • tomber malade • mal manger

fondre en larmes (pleurer) • avoir peur • tendresse • joie • soulagé • téléphoner • écrire • rester chez des amis • chercher l'aventure • découvrir

Pré-lecture

A. Souvent, les parents n'aiment pas que leurs enfants partent seuls en voyage. Décrivez un voyage que vous avez fait—ou que quelqu'un que vous connaissez a fait—du point de vue du parent et de l'enfant.

Le parent: réservations, craintes, protestations avant et pendant le voyage.

L'enfant: ce qui s'est passé vraiment pendant le voyage.

B. Mettez-vous dans la position d'un de vos parents et écrivez une lettre à votre enfant qui se trouve dans un pays lointain où il y a peu de danger et où l'enfant est bien hébergé (bien nourri et bien logé), mais où l'enfant se sent misérable loin de chez lui et vous manque beaucoup.

Vocabulaire utile

triste • joyeux • content • de l'expérience • amis • nouveau • se souvenir de • l'avenir • être reconnaissant • profiter de • penser à

Lecture

Madame de Sévigné à sa fille, Madame de Grignan

«Vous m'aimez, ma chère enfant... »

Marguerite de Sévigné a épousé le comte de Grignan, gouverneur de Provence. Elle fait route vers le Midi tandis que sa mère, la marquise, suit, jour après jour sur la carte, l'itinéraire suivi par sa fille. Tout l'effraie. Et surtout la perspective de la descente du Rhône.

A Paris, lundi 9 février [1671]

Je reçois vos lettres, *ma bonne,*° comme vous avez reçu ma bague.° Je fonds en larmes en les lisant; il semble que mon cœur veuille se fendre par la moitié.° Il semble que vous m'écriviez des injures ou que vous soyez malade ou qu'il vous soit arrivé quelque accident, et c'est tout le contraire. Vous m'aimez, ma chère enfant, et vous me le dites d'une manière que je ne puis soutenir sans des pleurs en abondance; vous continuez votre voyage sans aucune aventure fâcheuse.° Et lorsque j'apprends tout cela, qui est justement tout ce qui me peut être le plus agréable, voilà l'état où je suis. Vous vous amusez donc à penser à moi, vous en parlez, et vous aimez mieux m'écrire vos sentiments que vous n'aimez à me le dire. De quelque façon qu'ils me viennent, ils sont reçus avec une tendresse et une sensibilité

my good woman / ring

to split in half

unfortunate

qui n'est comprise que de ceux qui savent aimer comme je fais. Vous me faites sentir pour vous tout ce qu'il est possible de sentir de tendresse. Mais, si vous songez à moi, ma *pauvre bonne,* soyez assurée aussi que je pense continuellement à vous. C'est ce que les dévots appellent une pensée habituelle; c'est ce qu'il faudrait avoir pour Dieu, si l'on faisait son devoir. Rien ne me donne de distraction. Je suis toujours avec vous. Je vois ce carrosse° qui avance toujours et qui n'approchera jamais de moi. Je suis toujours dans les grands chemins. Il me semble que j'ai quelquefois peur qu'il ne verse.° Les pluies qu'il fait depuis trois jours me mettent au désespoir. Le Rhône me fait une peur étrange. J'ai une carte devant mes yeux; je sais tous les lieux où vous couchez. Vous êtes ce soir à Nevers, vous serez dimanche à Lyon, où vous recevrez cette lettre.

coach

it will overturn

Je n'ai pu vous écrire qu'à Moulins par Mme de Guénégaud. Je n'ai reçu que deux de vos lettres; peut-être que la troisième viendra. C'est la seule consolation que je souhaite; pour d'autres, je n'en cherche pas. Je suis entièrement incapable de voir beaucoup de monde ensemble; cela viendra peut-être, mais il n'est pas venu. Les duchesses de Verneuil et d'Arpajon me veulent réjouir;° je les prie de m'excuser encore. Je n'ai jamais vu de si belles âmes qu'il y en a en ce pays-ci. Je fus samedi tout le jour chez Mme de Villars à parler de vous, et à pleurer; elle entre bien dans mes sentiments. Hier je fus au sermon de Monsieur d'Agen et au salut et chez Mme de Puisieux, chez Monsieur d'Uzès et chez Mme du Puy-du-Fou, qui vous fait mille amitiés. *Si vous aviez un petit manteau fourré, elle aurait l'esprit en repos.* Aujourd'hui je m'en vais souper au faubourg° tête à tête. Voilà les fêtes de mon carnaval. Je fais tous les jours dire une messe pour vous; c'est une dévotion qui n'est pas chimérique.°

to cheer me up

faubourg Saint-Germain (aristocrat's quarter)

fanciful

Je n'ai vu Adhémar qu'un moment. Je m'en vais lui écrire pour le remercier de son lit; je lui en suis plus obligée que vous. Si vous voulez me faire un véritable plaisir, ayez soin de votre santé, dormez dans ce joli petit lit, mangez du potage, et servez-vous de tout le courage qui me manque. *Je ferai savoir des nouvelles de votre santé.* Continuez à m'écrire. Tout ce que vous avez laissé d'amitié ici est augmenté. Je ne finirais point à vous faire des compliments et à vous dire l'inquiétude où l'on est de votre santé. [...]

Mandez°-moi quand vous aurez reçu mes lettres. Je fermerai tantôt celle-ci.

Inform

Questions sur le texte

C. Enumérez les craintes précises de la mère.

D. Maintenant, notez ce qui se passe vraiment.

E. D'après la carte que vous avez, marquez autant que possible les étapes de ce voyage. Ensuite notez l'importance de ces endroits pour la mère.

ENDROIT IMPORTANCE

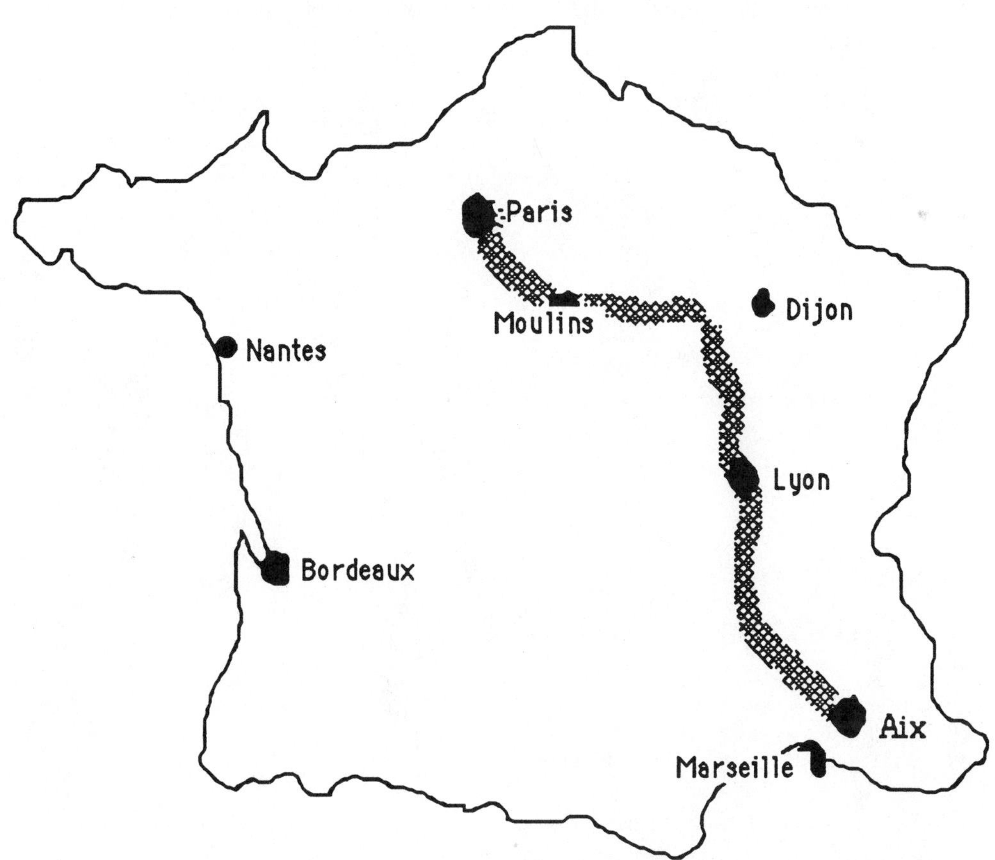

F. Madame de Sévigné raconte à sa fille ce qu'elle fait à Paris et elle écrit cette lettre pendant le carnaval du Mardi Gras. Semble-t-elle s'amuser? Que fait-elle? Quel est le rapport entre ses activités et ses inquiétudes?

Post-lecture

G. Ecrivez la réponse de la fille à sa mère, où vous calmerez les inquiétudes de la mère tout en décrivant les difficultés du voyage.

H. Ecrivez une lettre du père à sa fille. Quelles seraient ses préoccupations? Et ses activités à Paris?

I. Imaginez que vous êtes en France en 1671 et que vous faites un voyage. Racontez les événements de trois jours sous la forme d'un journal.

Au revoir les enfants

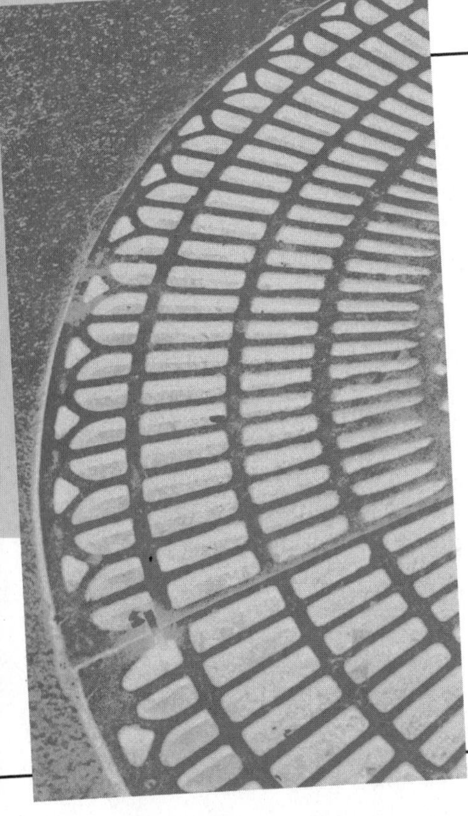

Louis Malle

Louis Malle (1932-1995) est le metteur en scène de la Nouvelle Vague le mieux connu aux Etats-Unis, où il est célèbre pour une dizaine de films tournés en Amérique, comme *Pretty Baby* (1978, avec Brooke Shields) et *Atlantic City* (1981, avec Burt Reynolds). En France, on connaît bien son œuvre aux sujets très variés: *Zazie dans le métro* (1960), une adaptation du roman de Raymond Queneau; *Lacombe Lucien* (1974), un film subtil et ambigu sur la collaboration pendant l'Occupation; et *Milou en mai* (1987), la description touchante d'une famille pendant les événements de mai 1968.

Comme tous ses autres films, *Au revoir les enfants* soulève des problèmes à la fois moraux et sociaux, et invite le spectateur à remettre en question ses propres valeurs.

Note historique

Ce film se passe en 1944, pendant l'occupation de la France par les Allemands et six mois avant le débarquement des Alliés en Normandie. Pendant cette période les Allemands, souvent avec la collaboration du gouvernement de Vichy (gouvernement français installé dans le centre de la France), arrêtaient les « indésirables » —Juifs, communistes, et autres individus qu'ils jugeaient « inférieurs »—et les envoyaient dans des camps de concentration. La plupart de ces gens ne sont pas revenus à la fin de la guerre.

Pendant l'Occupation, des réseaux de résistance se sont répandus à travers la France. Certains de ces groupes cherchaient à cacher les Juifs, et surtout les enfants, qui étaient souvent placés dans des petites villes ou des villages, où ils seraient plus difficiles à trouver. Des groupes de catholiques et de protestants ont pris part à ces activités.

Pendant ce temps, d'autres Français profitaient de la guerre pour s'enrichir en collaborant avec les Allemands: ils travaillaient à la construction de ponts ou de routes, à la fabrication de matériel de guerre, ou même dans des restaurants qui servaient surtout les occupants. Certains pratiquaient le marché noir (l'échange de produits contre de l'argent ou d'autres produits), qui était pourtant totalement illégal.

Avant de voir le film

A. Imaginez que vos parents, trop occupés par leur travail, décident de vous envoyer dans un internat (une école où les élèves mangent et dorment). Vous êtes très attaché à votre mère, mais, à 12 ans, vous avez peur d'exprimer vos émotions au moment de votre départ. Décrivez ce que vous pensez et ce que vous dites à votre mère.

Pensées:

Paroles:

Vocabulaire utile

loin • seul • trop • jeune

fâché • manquer à quelqu'un • bouder • embrasser • vexé • vouloir rester

insulter • montrer sa colère • résister

B. Imaginez maintenant que vous êtes la même personne, un garçon, dans votre internat, où vous vous sentez « différent »: vous adorez les livres, et vous êtes peu sportif. Mais vos jeunes camarades sont grossiers, peu cultivés et commencent à penser à la sexualité de façon parfois vulgaire. Ils aiment surtout montrer leurs émotions par le contact physique, souvent violent.

1. Quelles sont vos pensées intérieures?

2. Comment vous comportez-vous avec vos camarades pendant les récréations (*on the playground*)?

Vocabulaire utile

faire du bruit • se battre • hurler • mal dormir

des coups de pied • des insultes • des gros mots • des bêtises

sale • insolent • dépravé • gros • grand

C. Vous avez 12 ans, un ennemi occupe votre pays et cherche à supprimer tous les gens qu'il considère comme des « indésirables ». Votre famille se trouve dans un restaurant au moment où la police arrive et emmène un de ces « indésirables » qui prend ses repas dans ce restaurant depuis des années et qui est accepté par tout le monde.

Vocabulaire utile

seul • éloigné• séparé • timide • renfermé

jouer • se battre • lire • regarder • contempler

1. Imaginez la discussion entre les clients, le propriétaire du restaurant, et un agent de police qui est resté.

Vocabulaire utile

un ami • un habitué • la ville exige • un Juif • un communiste • un intellectuel de gauche • la loi • la décadence française • les dégénérés • la nouvelle justice • injuste • persécuter • déporter • garder chez nous

2. Imaginez votre réaction face à une telle scène.

Vocabulaire utile

triste • heureux • mérité • injuste • un misérable • honorable • l'honneur • contester • se taire • avoir peur • être fier

D. Vous êtes une personne qui aime rencontrer une grande variété de gens de cultures différentes (pays, origines, religion, couleur, etc.). Votre voisin(e) est quelqu'un qui se méfie des gens qui ne partagent pas sa culture et ses idées et il (elle) les évite à tout prix.

1. Imaginez un dialogue sur ce sujet entre vous et votre voisin(e).

Vocabulaire utile

renfermé • élitiste • raciste • chauvin • curieux • libéral • ouvert • tolérant • xénophobe

la moralité • l'immoralité • l'intelligence • l'éducation • la culture nationale • la ségrégation • l'intégration

envoyer ailleurs • accepter • emprisonner • éduquer

2. Un jour, votre voisin(e) apprend qu'une personne dont les origines culturelles sont différentes des siennes vient d'être embauchée dans le service où il (elle) travaille.

a. Imaginez sa réaction avant même d'avoir fait la connaissance de cette personne.

b. Décrivez ses pensées après qu'il (elle) a passé trois mois avec cette personne au bureau.

Les premières scènes

E. On voit un enfant et sa mère sur le quai avant le départ du train. L'enfant se montre désagréable.

1. Que semble-t-il vouloir exprimer?

2. La scène se passe dans un train. Qu'est-ce que le paysage semble nous suggérer? (Quelle saison? Quelle émotion?)

3. La scène se passe dans une ville. De quelle sorte de ville s'agit-il? D'une grande, d'une petite ville? En quelle saison se passe la scène?

4. La scène se passe dans un dortoir. Quelle est l'ambiance de ce lieu? Quelle impression Jean Bonnet fait-il à son arrivée?

En regardant le film

F. Ce film ne comporte pas, à proprement parler, beaucoup d'action, mais son intensité dramatique est renforcée par certaines révélations qu'il apporte, particulièrement en ce qui concerne les personnages principaux.

1. Indiquez comment vous percevez les deux personnages principaux, au commencement et à la fin du film.

Julien:

COMMENCEMENT

FIN

Jean Bonnet:

COMMENCEMENT

FIN

2. Notez l'antipathie qui marque la relation entre Julien et Jean au début du film.

3. A la fin, montrez le cheminement, la progression, qui a mené à leur amitié.

G. Beaucoup de petites scènes qui se passent à l'internat font avancer l'action dramatique du film. Etudiez les activités des pensionnaires et des adultes, ainsi que leurs relations, dans les endroits suivants:

1. en classe: Que font les professeurs? Comment sont-ils?

2. pendant les récréations: Que font les enfants? Où sont les adultes?

3. au dortoir: Que font les enfants?

4. au dortoir, au moment de dormir: Quelles révélations se font?

Après avoir vu le film

H. Dans une interview, Louis Malle, le metteur en scène du film, a dit qu'il avait cherché à décrire dans son film deux choses: son expérience d'enfant riche dans un internat et celle, douloureuse, de son amitié avec un garçon qui lui a été enlevé parce qu'il était Juif.

1. Faites un portrait de Julien. Etudiez aussi ses rapports avec les autres enfants et évoquez sa famille. (Comment est la mère? Que fait le père? Quelles sont ses sympathies politiques?)

2. Faites un portrait de Jean. Vous pouvez vous appuyer sur les paroles du film, quand il est dit que les Juifs sont « différents ». Quels sont les talents personnels de Jean? En quoi peut-il être considéré comme « différent »? Quelles différences lui sont imposées par la situation? (craintes, incapacité de parler, etc.) Que savez-vous de sa famille?

3. Dans leur amitié, que partagent les deux garçons? Qu'est-ce qui les distingue? Au fond, pourquoi sont-ils amis?

I. Les personnages secondaires:

1. Joseph, le garçon de cuisine, semble un personnage sans importance avant la fin du film. Pourtant, quel est vraiment son rôle?

2. Le frère de Julien, François, joue un rôle parallèle mais opposé à celui de Joseph. Comment son attitude envers les Allemands change-t-elle progressivement tout au long du film et que fait-il à la fin?

J. La musique: On l'entend au commencement du film. Ensuite, quel est son rôle? (A quels moments est-ce qu'on l'entend? De quelle sorte de musique s'agit-il? Qui la joue?)

Questions générales

K. La persécution et la mort: A la fin, Jean meurt dans un camp de concentration. Ecrivez une composition évoquant la persécution d'une minorité qui passe par les étapes suivantes:

1. mesures discriminatoires

2. poursuite par la police

3. protection chez des sympathisants

4. arrestation par la police

5. internement en camp de concentration

6. mort

L. Le film se passe pendant une guerre, mais la guerre elle-même y est peu représentée. D'après les suggestions qui sont faites dans le film (les bombardements, la carte dans la salle de classe qui indique l'avance des Alliés, la réalité des camps de concentration, etc.) et vos propres connaissances, décrivez la vie ailleurs pendant cette guerre.

M. Ecrivez un récit semblable à l'histoire de ce film, mais du point de vue d'une jeune fille.

N. Ecrivez un scénario sur la persécution d'une autre minorité.

Troisième partie

Textes plus difficiles

Amour

Anne Hébert

Anne Hébert (1916–   ) est l'une des femmes-écrivains les plus connues et célébrées au Québec et en France. Auteur prolifique de pièces, de romans et de poèmes, Hébert a reçu son éducation au Canada, mais grâce à sa passion pour la poésie classique française et à plusieurs bourses qu'elle a reçues pour des séjours en France, elle se situe au centre de la littérature francophone. Une sensibilité féminine est prodigieusement présente dans toute son œuvre, qu'un critique a décrite comme «des poèmes tracés dans l'os par la pointe d'un poignard».

Parmi ses œuvres les plus célèbres, on peut citer *Kamouraska* (1970), *Le Tombeau des rois* (1953) et *Le Torrent* (1950).

Pré-lecture

A. En commençant par le mot *toi,* adressez-vous à la personne que vous aimez le mieux et décrivez à cette personne vos sentiments envers elle.

MODELE: Toi, inspiration de ma vie et centre de mon monde.

Toi,

Toi,

Toi,

Toi,

B. Maintenant faites des comparaisons entre un aspect du (de la) bien-aimé(e) et des éléments de la nature.

MODELE: Tes jambes sont comme des arbres en hiver.

1.

2.

3.

Lecture

Anne Hébert

Amour

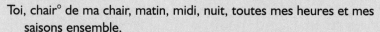

Toi, chair° de ma chair, matin, midi, nuit, toutes mes heures et mes saisons ensemble,
Toi, sang° de mon sang, toutes mes fontaines, la mer et mes larmes jaillissantes,°
Toi, les colonnes de ma maison, mes os,° l'arbre de ma vie, le mât de mes voiles et tout le voyage au plus profond de moi,
Toi, nerf de mes nerfs, mes plus beaux bouquets de joie, toutes couleurs éclatées,°
Toi, souffle° de mon souffle, vents et tempêtes, le grand air de ce monde me soulève comme une ville de toile,°
Toi, cœur de mes yeux, le plus large regard, la plus riche moisson° de villes et d'espaces, du bout de l'horizon ramenés.°
Toi, le goût du monde, toi, l'odeur des chemins mouillés,° ciels et marées sur le sable° confondus,
Toi, corps de mon corps, ma terre, toutes mes forêts, l'univers chavire° entre mes bras,
Toi, la vigne° et le fruit, toi, le vin et l'eau, le pain et la table, communion et connaissance aux portes de la mort,
Toi, ma vie, ma vie qui se desserre,° fuit° d'un pas léger sur la ligne de l'aube, toi, l'instant et mes bras dénoués,°
Toi, le mystère repris, toi, mon doux visage étranger, et le cœur qui se lamente° dans mes veines comme une blessure.

flesh
blood
flowing
bones
burst
breath
canvas
harvest
brought back
moist
sand
to capsize, crumble
vine
to come undone / to flee
untied
to lament

Questions sur le texte

C. Le poème se compose de substantifs (noms) qui donnent naissance à des comparaisons. Dans chaque vers relevez les substantifs qui vous semblent les plus importants et ensuite ceux qui complètent la comparaison.

SUBSTANTIF PRINCIPAL	SUBSTANTIFS COMPARATIFS
1. chair	matin, midi…, saisons
2.	
3.	
4.	
5.	
6.	
7.	
8.	
9.	
10.	
11.	

a. Quelle sorte de progression voyez-vous dans la liste? Par exemple, quel changement «cœur de mes yeux» semble-t-il marquer? Et «la vigne et le fruit»?

b. En général, quelles émotions cette énumération évoque-t-elle pour vous?

D. Quel portrait de l'homme aimé ressort des réponses que vous venez de donner? Dans votre portrait, n'oubliez pas de considérer le dernier verset, surtout les mots «visage étranger» et «blessure».

Post-lecture

E. Refaites le travail que vous avez rédigé dans la ***Pré-lecture*** en vous servant du poème comme inspiration.

F. Faites le portrait d'un(e) bien-aimé(e) imaginaire en prenant comme point de départ les derniers mots du texte, «étranger» et «blessure», où vous décrivez vos émotions diverses, et même contradictoires, envers la personne en question.

Publicités: Bien manger

Voici des publicités pour quatre produits alimentaires—des yaourts, du jambon et deux eaux minérales. La plupart des questions porteront sur les publicités pour les deux premiers produits; vous aurez dans la *Post-lecture* la possibilité d'analyser vous-même les publicités pour les deux marques d'eau minérale.

Pré-lecture

A. Tout le monde sait que les Français aiment manger, mais quand nous pensons à la cuisine française, nous pensons souvent à des repas au restaurant. Encerclez les adjectifs qui pourraient décrire ce genre de repas.

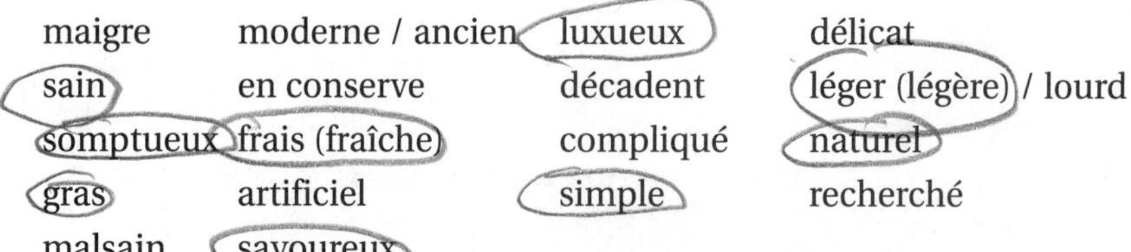

maigre	moderne / ancien	luxueux	délicat
sain	en conserve	décadent	léger (légère) / lourd
somptueux	frais (fraîche)	compliqué	naturel
gras	artificiel	simple	recherché
malsain	savoureux		

B. Maintenant imaginez que vous êtes allé(e) au restaurant et écrivez une lettre qui décrit cette expérience.

Bonjour! Je suis allé au restaurant C'est très très délicieux! La nourriture était très savoureux et exotique. J'ai prendu les fruits de mer et du vin.

Publicités

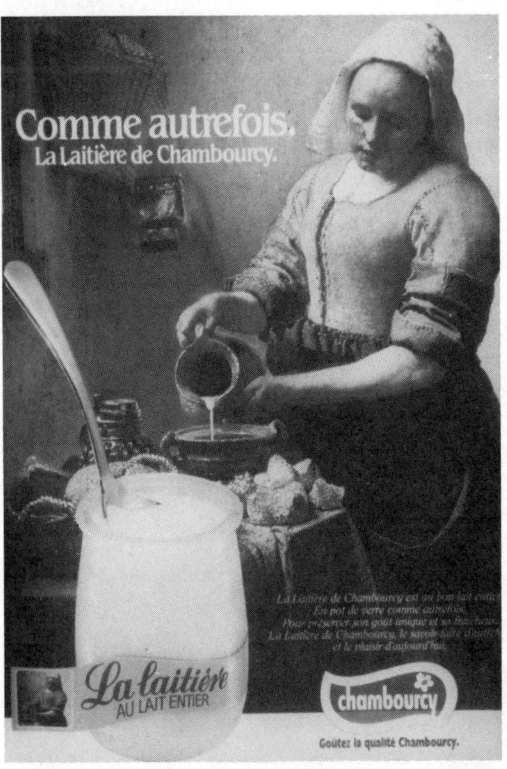

Comme autrefois.
La Laitière de Chambourcy.
La laitière
AU LAIT ENTIER
chambourcy
Goûtez la qualité Chambourcy.

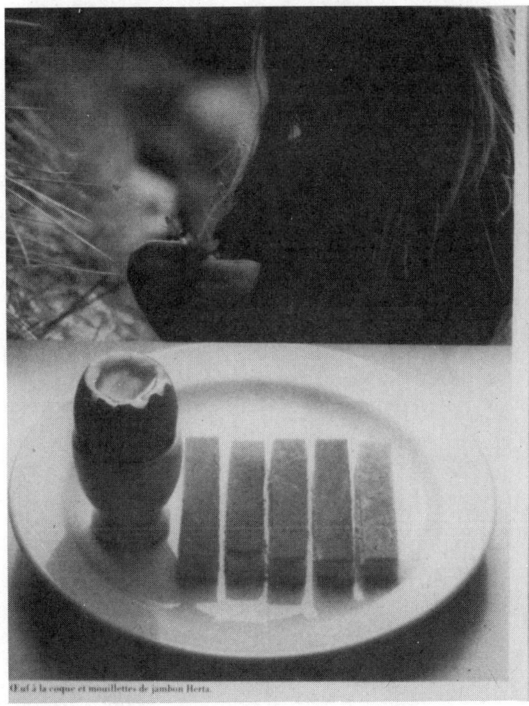

Œuf à la coque et mouillettes de jambon Herta.

Ne passons pas à côté des choses simples.

Qu'il fait bon quelquefois de retrouver le goût des choses simples.

Le croquant délicieux d'un pain frais du jour. Les senteurs délicates d'un bouquet d'aromates.

Ces saveurs si discrètes qu'on finit par les oublier.

Ces recettes simples, presque évidentes, comme toutes les recettes Herta.

Un œuf coque et quelques mouillettes de jambon. Connaissez-vous plus simple ?

Herta c'est aussi des pâtes fraîches, des quenelles, des knackis. Des plats de tous les jours. Des plats qui ont le charme et le goût qu'on connaît.

Des recettes si bien faites pour la vie d'aujourd'hui. On dirait que le temps n'est plus au compliqué.

HERTA. LE TEMPS N'EST PLUS AU COMPLIQUÉ.

Aide-lecture

VOLVIC. A NOUS LE BIEN-ETRE !
Jour après jour,
puisez votre bien-être.
Pure, légère, équilibrée,
Volvic apporte
à l'organisme
sa bonne minéralité.
volvic
Volvic. La bonne minéralité.

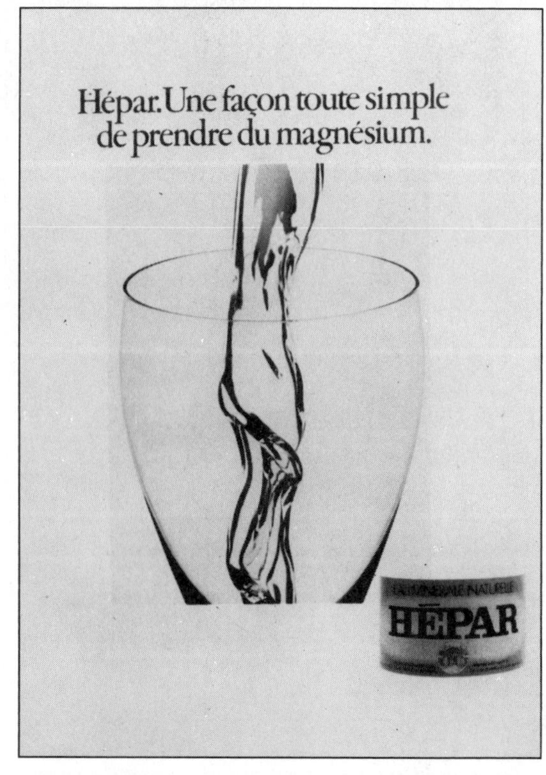
Hépar. Une façon toute simple
de prendre du magnésium.
EAU MINÉRALE NATURELLE
HÉPAR

Questions sur les publicités

C. Les pages de publicité donnent une autre impression de la cuisine française.

1. Regardez-les rapidement et choisissez dans la liste de l'exercice A les adjectifs qui décrivent le mieux les produits représentés.

Volvic – MAIGRE, SAIN, NATUREL, SIMPLE, léger, frais

MEPAR – SIMPLE, DECADENT, léger, frais

2. Quels autres adjectifs, ne figurant pas sur la liste, vous viennent à l'esprit?

refraichir,

D. Maintenant regardez de près la page de publicité pour le yaourt La Laitière.

1. La photo montre un tableau ancien. Qu'est-ce que cela suggère sur le produit Chambourcy?

L'Idée que cette publicité est ce que la produit a beaucoup de qualité.

2. Quels autres aspects du tableau et quels éléments du texte soulignent l'idée d'«autrefois»?

Les personnes utiliseraient le produit depuis les autrefois.

3. Quelles sont les caractéristiques de la femme suggérées par le tableau (âge, taille, qualités physiques, classe et milieu social…)?

Elle est bourgeoise, l'âge moyen, une femme de maison et elle sait le meilleur produit.

4. La Laitière nous nourrit physiquement, mais de quelle autre manière est-ce qu'elle nous «nourrit»? (Qu'est-ce qu'elle nous donne en plus?)

La laitière goût trèsbon et elle est sain aussi.

E. Regardez maintenant les pages de publicité pour le jambon Herta.

1. Sans lire le texte, regardez la photo et décrivez ce que vous voyez et ce que vous croyez voir.

2. Selon la disposition des objets, la position de la petite fille et l'objet qu'elle tient dans les mains, quelle impression la photo crée-t-elle?

3. Maintenant lisez le texte. Quels semblent en être les mots-clefs (les mots les plus importants)?

4. D'après vos réponses et les détails communiqués par la photo et le texte, expliquez ce que veulent dire les derniers mots du texte, «le temps n'est plus au compliqué».

Post-lecture

F. Les deux publicités (La Laitière, Herta) présentent deux conceptions différentes de la cuisine. Faites un résumé de ces deux conceptions, en prenant comme point de départ les adjectifs et les mots-clefs que vous avez choisis.

G. Ces deux publicités suggèrent deux sortes de vie différentes. Créez une petite histoire ou une petite description de la vie idéale qu'un de ces produits est censé apporter.

MODELE: Le jambon Herta me transporterait dans un monde moderne de simplicité où la vie serait…

H. Les Français boivent beaucoup de bière et de vin aussi, bien entendu. Mais presque tous les Français boivent de l'eau minérale. Observez les images des publicités pour deux marques d'eau minérale (Hépar et Volvic) et déterminez l'attrait de ces produits.

La Parure

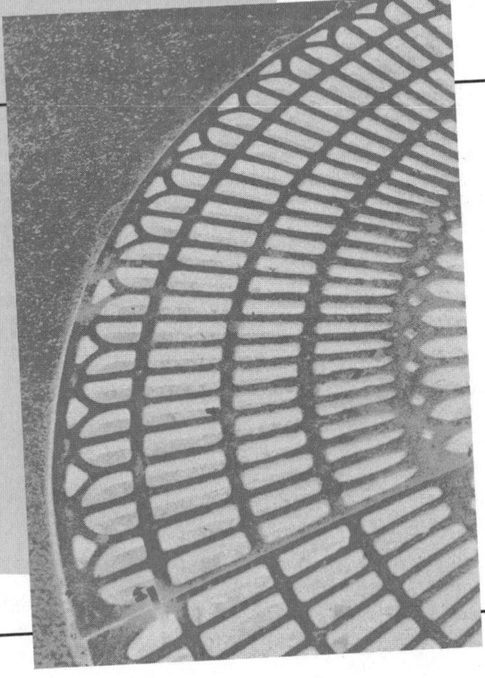

Guy de Maupassant

Guy de Maupassant (1850–1893) est l'auteur de plus de 300 nouvelles et de six romans (dont *Bel-Ami* et *Pierre et Jean*). Garde mobile pendant la guerre franco-allemande, commis dans un ministère, athlète qui fréquentait les milieux aisés, il a pu observer les pauvres et les riches, les soldats et les bureaucrates. Grâce en partie à l'influence du grand romancier Flaubert, ami d'enfance de sa mère, Maupassant est devenu un des maîtres internationaux du conte. Le réalisme de ses œuvres est souvent teinté de pessimisme et d'ironie.

Pré-lecture

A. Le mot *parure* désigne les ornements, les bijoux d'une personne en grande toilette (voir par exemple la femme du tableau à la page 165).

1. Décrivez cette femme ou une autre femme parée *(decked out)* pour aller à un bal élégant. Imaginez la vie de la femme que vous décrivez.

Vocabulaire utile

des bijoux • un collier • une rivière • une bague • une broche • des boucles d'oreilles • une tiare

avoir un mari très riche • habiter dans un hôtel particulier • avoir des domestiques • aller au bal

L'Ambitieuse (La Femme à Paris)

ALBRIGHT-KNOX ART GALLERY
Buffalo, New York

2. Imaginez ensuite une personne dont la vie diffère radicalement de celle de la femme que vous avez décrite. Quelle est la vie quotidienne de cette personne? Comment s'habille-t-elle pour aller danser?

B. Un bal élégant.

1. Une belle personne pauvre est invitée à un bal élégant. Cette personne emprunte une parure à une amie riche. Imaginez ce qui se passe au bal et après le bal.

Vocabulaire utile

contente • ravie • joyeuse • ivre de joie • élégante

se réjouir • rire • sourire • s'amuser • séduire

2. Une autre belle personne est pauvre et sans amie riche. Imaginez ce qu'elle fait quand elle va au bal.

Vocabulaire utile

gênée • embarrassée • honteuse

souffrir • pleurer • cacher l'absence de parure • s'acheter des bijoux de pacotille

Lecture

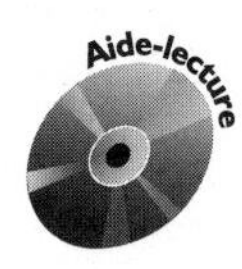

Guy de Maupassant

La Parure

C'était une de ces jolies et charmantes filles, nées, comme par une erreur du destin, dans une famille d'employés. Elle n'avait pas de dot,° pas d'espérances, aucun moyen d'être connue, comprise, aimée, épousée par un homme riche et distingué; et elle se laissa marier avec un petit commis° du ministère de l'Instruction publique.

Elle fut simple, ne pouvant être parée, mais malheureuse comme une déclassée; car les femmes n'ont point de caste ni de race, leur beauté, leur grâce et leur charme leur servant de naissance et de famille. Leur finesse native, leur instinct d'élégance, leur souplesse d'esprit,° sont leur seule hiérarchie, et font des filles du peuple les égales des plus grandes dames.

Elle souffrait sans cesse, se sentant née pour toutes les délicatesses et tous les luxes. Elle souffrait de la pauvreté de son logement, de la misère des murs, de l'usure° des sièges, de la laideur des étoffes.° Toutes ces choses, dont une autre femme de sa caste ne se serait même pas aperçue,° la torturaient et l'indignaient. La vue de la petite Bretonne qui faisait son

dowry

minor civil servant

flexibility (an agile mind)

wear and tear / fabric

to notice, to see

humble ménage éveillait° en elle des regrets désolés et des rêves éperdus. Elle songeait aux antichambres muettes, capitonnées avec des tentures° orientales, éclairées par de hautes torchères° de bronze, et aux deux grands valets en culotte courte qui dorment dans les larges fauteuils, assoupis° par la chaleur lourde du calorifère.° Elle songeait aux grands salons vêtus de soie° ancienne, aux meubles fins portant des bibelots° inestimables, et aux petits salons coquets, parfumés, faits pour la causerie de cinq heures avec les amis les plus intimes, les hommes connus et recherchés dont toutes les femmes envient et désirent l'attention.

to awaken
tapestry
candelabras
made drowsy / heater
silk / knick-knacks

Quand elle s'asseyait, pour dîner, devant la table ronde couverte d'une nappe de trois jours, en face de son mari qui découvrait la soupière en déclarant d'un air enchanté: «Ah! le bon pot-au-feu!° je ne sais rien de meilleur que cela… » elle songeait aux dîners fins, aux argenteries° reluisantes, aux tapisseries peuplant les murailles de personnages anciens et d'oiseaux étranges au milieu d'une forêt de féerie; elle songeait aux plats exquis servis en des vaisselles merveilleuses, aux galanteries chuchotées° et écoutées avec un sourire de sphinx, tout en mangeant la chair rose d'une truite° ou des ailes de gélinotte.°

(beef) stew
silverplate
whispered
trout / wings of a grouse

Elle n'avait pas de toilettes,° pas de bijoux,° rien. Et elle n'aimait que cela; elle se sentait faite pour cela. Elle eût tant désiré plaire, être enviée, être séduisante et recherchée.

dresses / jewelry

Elle avait une amie riche, une camarade de couvent° qu'elle ne voulait plus aller voir, tant elle souffrait en revenant. Et elle pleurait pendant des jours entiers, de chagrin, de regret, de désespoir et de détresse.

convent (school)

Or, un soir, son mari rentra, l'air glorieux et tenant à la main une large enveloppe.

«Tiens, dit-il, voici quelque chose pour toi.»

Elle déchira° vivement le papier et en tira une carte imprimée qui portait ces mots:

to tear open

«Le ministre de l'Instruction publique et Mme Georges Ramponneau prient M. et Mme Loisel de leur faire l'honneur de venir passer la soirée à l'hôtel du ministère, le lundi 18 janvier.»

Au lieu d'être ravie,° comme l'espérait son mari, elle jeta avec dépit l'invitation sur la table, murmurant:

to be delighted, enchanted

«Que veux-tu que je fasse de cela?

—Mais, ma chérie, je pensais que tu serais contente. Tu ne sors jamais, et c'est une occasion, cela, une belle! J'ai eu une peine° infinie à l'obtenir. Tout le monde en veut; c'est très recherché et on n'en donne pas beaucoup aux employés. Tu verras là tout le monde officiel.»

pains, trouble, difficulty

Elle le regardait d'un œil irrité, et elle déclara avec impatience:

«Que veux-tu que je me mette sur le dos pour aller là?»

Il n'y avait pas songé; il balbutia:°

to stammer

«Mais la robe avec laquelle tu vas au théâtre. Elle me semble très bien, à moi …»

Il se tut, stupéfait, éperdu, en voyant que sa femme pleurait. Deux grosses larmes descendaient lentement des coins des yeux vers les coins de la bouche; il bégaya:°

«Qu'as-tu? qu'as-tu?»°

Mais, par un effort violent, elle avait dompté° sa peine et elle répondit d'une voix calme en essuyant ses joues humides:

«Rien. Seulement je n'ai pas de toilette et par conséquent je ne peux aller à cette fête. Donne ta carte à quelque collègue dont la femme sera mieux nippée° que moi.»

Il était désolé. Il reprit:

«Voyons, Mathilde. Combien cela coûterait-il, une toilette convenable, qui pourrait te servir encore en d'autres occasions, quelque chose de très simple?»

Elle réfléchit quelques secondes, établissant ses comptes et songeant aussi à la somme qu'elle pouvait demander sans s'attirer un refus immédiat et une exclamation effarée du commis économe.°

Enfin, elle répondit en hésitant:

«Je ne sais pas au juste, mais il me semble qu'avec quatre cents francs je pourrais arriver.»

Il avait un peu pâli, car il réservait juste cette somme pour acheter un fusil° et s'offrir des parties de chasse,° l'été suivant, dans la plaine de Nanterre, avec quelques amis qui allaient tirer des alouettes,° par là, le dimanche.

Il dit cependant:

«Soit. Je te donne quatre cents francs. Mais tâche° d'avoir une belle robe.»

Le jour de la fête approchait, et Mme Loisel semblait triste, inquiète, anxieuse. Sa toilette était prête cependant. Son mari lui dit un soir:

«Qu'as-tu? Voyons, tu es toute drôle depuis trois jours.»

Et elle répondit:

«Cela m'ennuie° de n'avoir pas un bijou, pas une pierre, rien à mettre sur moi. J'aurai l'air misère° comme tout. J'aimerais presque mieux ne pas aller à cette soirée.»

Il reprit:

«Tu mettras des fleurs naturelles. C'est très chic en cette saison-ci. Pour dix francs tu auras deux ou trois roses magnifiques.»

Elle n'était point convaincue.

«Non... il n'y a rien de plus humiliant que d'avoir l'air pauvre au milieu de femmes riches.»

Mais son mari s'écria:

«Que tu es bête! Va trouver ton amie Mme Forestier et demande-lui de te prêter des bijoux. Tu es bien assez liée avec elle pour faire cela.»

Elle poussa un cri de joie:

«C'est vrai. Je n'y avais point pensé.»

Le lendemain,° elle se rendit chez son amie et lui conta sa détresse.

Mme Forestier alla vers son armoire à glace, prit un large coffret, l'apporta, l'ouvrit, et dit à Mme Loisel:

to stutter
What's wrong?
to subdue
dressed
thrifty
rifle or shotgun / hunting parties / larks
to try
that bothers me
to look poor
the next day

Sortie du Bal de l'Opéra

E. La Grange

«Choisis, ma chère.»

Elle vit d'abord des bracelets, puis un collier de perles, puis une croix vénitienne, or et pierreries, d'un admirable travail. Elle essayait les parures devant la glace, hésitait, ne pouvait se décider à les quitter, à les rendre. Elle demandait toujours:

«Tu n'as plus rien d'autre?

—Mais si. Cherche. Je ne sais pas ce qui peut te plaire.»

Tout à coup elle découvrit, dans une boîte de satin noir, une superbe rivière de diamants; et son cœur se mit à battre d'un désir immodéré. Ses mains tremblaient en la prenant. Elle l'attacha autour de sa gorge, sur sa robe montante, et demeura en extase devant elle-même.

Puis, elle demanda, hésitante, pleine d'angoisse:

«Peux-tu me prêter cela, rien que cela?

—Mais oui, certainement.»

Elle sauta au cou de son amie, l'embrassa avec emportement,° puis s'enfuit avec son trésor.

transport (being carried away)

Le jour de la fête arriva. Mme Loisel eut un succès. Elle était plus jolie que toutes, élégante, gracieuse, souriante et folle de joie. Tous les hommes la regardaient, demandaient son nom, cherchaient à être présentés. Tous les attachés du cabinet voulaient valser° avec elle. Le ministre la remarqua.

to waltz

Elle dansait avec ivresse,° avec emportement, grisée par le plaisir, ne pensant plus à rien, dans le triomphe de sa beauté, dans la gloire de son succès, dans une sorte de nuage de bonheur fait de tous ces hommages, de toutes ces admirations, de tous ces désirs éveillés, de cette victoire si

intoxication, rapture

complète et si douce au cœur des femmes.

Elle partit vers quatre heures du matin. Son mari, depuis minuit, dormait dans un petit salon désert avec trois autres messieurs dont les femmes s'amusaient beaucoup.

Il lui jeta sur les épaules les vêtements qu'il avait apportés pour la sortie, modestes vêtements de la vie ordinaire, dont la pauvreté jurait° avec l'élégance de la toilette de bal. Elle le sentit et voulut s'enfuir, pour ne pas être remarquée par les autres femmes qui s'enveloppaient de riches fourrures.°

to clash

furs

Loisel la retenait:

«Attends donc. Tu vas attraper froid dehors. Je vais appeler un fiacre.°»

hackney-carriage

Mais elle ne l'écoutait point et descendait rapidement l'escalier. Lorsqu'ils furent dans la rue, ils ne trouvèrent pas de voiture; et ils se mirent à chercher, criant après les cochers qu'ils voyaient passer de loin.

Ils descendaient vers la Seine, désespérés, grelottants.° Enfin ils trouvèrent sur le quai un de ces vieux coupés noctambules qu'on ne voit dans Paris que la nuit venue, comme s'ils eussent été honteux de leur misère pendant le jour.

shivering

Il les ramena jusqu'à leur porte, rue des Martyrs, et ils remontèrent tristement chez eux. C'était fini, pour elle. Et il songeait, lui, qu'il lui faudrait être au ministère à dix heures.

Elle ôta les vêtements dont elle s'était enveloppé les épaules, devant la glace, afin de se voir encore une fois dans sa gloire. Mais soudain elle poussa un cri. Elle n'avait plus sa rivière autour du cou!

Son mari, à moitié dévêtu déjà, demanda:

«Qu'est-ce que tu as?»

Elle se tourna vers lui, affolée:

«J'ai... j'ai... je n'ai plus la rivière de Mme Forestier.»

Il se dressa, éperdu:

«Quoi!... comment!... Ce n'est pas possible!»

Et ils cherchèrent dans les plis° de la robe, dans les plis du manteau, dans les poches, partout. Ils ne la trouvèrent point.

folds

Il demandait:

«Tu es sûre que tu l'avais encore en quittant le bal?

—Oui, je l'ai touchée dans le vestibule du ministère.

—Mais si tu l'avais perdue dans la rue, nous l'aurions entendu tomber. Elle doit être dans le fiacre.

—Oui. C'est probable. As-tu pris le numéro?

—Non. Et toi, tu ne l'as pas regardé?

—Non.»

Ils se contemplaient atterrés. Enfin Loisel se rhabilla.

«Je vais, dit-il, refaire tout le trajet° que nous avons fait à pied, pour voir si je ne la retrouverai pas.»

journey

Et il sortit. Elle demeura en toilette de soirée, sans force pour se coucher, abattue° sur une chaise, sans feu, sans pensée.

exhausted, despondent

Son mari rentra vers sept heures. Il n'avait rien trouvé.

Il se rendit à la préfecture de Police, aux journaux, pour faire promettre une récompense,° aux compagnies de petites voitures, partout enfin où un soupçon° d'espoir le poussait.

reward
touch, hint

Elle attendit tout le jour, dans le même état d'effarement devant cet affreux désastre.

Loisel revint le soir, avec la figure creusée, pâlie; il n'avait rien découvert.

«Il faut, dit-il, écrire à ton amie que tu as brisé la fermeture° de sa rivière et que tu la fais réparer. Cela nous donnera le temps de nous retourner.»

to break the clasp

Elle écrivit sous sa dictée.

Au bout d'une semaine, ils avaient perdu toute espérance.

Et Loisel, vieilli de cinq ans, déclara:

«Il faut aviser° à remplacer ce bijou.»

to see about

Ils prirent, le lendemain, la boîte qui l'avait renfermé, et se rendirent chez le joaillier,° dont le nom se trouvait dedans. Il consulta ses livres:

jeweler

«Ce n'est pas moi, Madame, qui ai vendu cette rivière; j'ai dû seulement fournir l'écrin.°»

jewelcase

Alors ils allèrent de bijoutier en bijoutier, cherchant une parure pareille à° l'autre, consultant leurs souvenirs, malades tous deux de chagrin et d'angoisse.

similar to

Ils trouvèrent, dans une boutique du Palais-Royal, un chapelet de diamants° qui leur parut entièrement semblable à celui qu'ils cherchaient. Il valait quarante mille francs. On le leur laisserait à trente-six mille.

string of diamonds

Ils prièrent donc le joaillier de ne pas le vendre avant trois jours. Et ils firent condition qu'on le reprendrait, pour trente-quatre mille francs, si le premier était retrouvé avant la fin de février.

Loisel possédait dix-huit mille francs que lui avait laissés son père. Il emprunterait° le reste.

to borrow

Il emprunta, demandant mille francs à l'un, cinq cents à l'autre, cinq louis° par-ci, trois louis par-là. Il fit des billets, prit des engagements ruineux, eut affaire aux usuriers,° à toutes les races de prêteurs. Il compromit toute la fin de son existence, risqua sa signature sans savoir même s'il pourrait y faire honneur, et, épouvanté par les angoisses de l'avenir, par la noire misère qui allait s'abattre sur lui, par la perspective de toutes les privations physiques et de toutes les tortures morales, il alla chercher la rivière nouvelle, en déposant sur le comptoir du marchand trente-six mille francs.

basic coin in 19th century France / money lenders

Quand Mme Loisel reporta la parure à Mme Forestier, celle-ci lui dit, d'un air froissé:°

hurt (feelings)

«Tu aurais dû me la rendre plus tôt, car je pouvais en avoir besoin.»

Elle n'ouvrit pas l'écrin, ce que redoutait° son amie. Si elle s'était aperçue de la substitution, qu'aurait-elle pensé? qu'aurait-elle dit? Ne l'aurait-elle pas prise pour une voleuse°?

to dread
thief

Mme Loisel connut la vie horrible des nécessiteux.° Elle prit son parti,°

the needy, the destitute / to make up one's mind

d'ailleurs, tout d'un coup, héroïquement. Il fallait payer cette dette effroyable. Elle payerait. On renvoya° la bonne;° on changea de logement; on loua sous les toits une mansarde.°

to let go, to dismiss / a maid / an attic apartment

Elle connut les gros travaux du ménage, les odieuses besognes de la cuisine. Elle lava la vaisselle, usant ses ongles° roses sur les poteries grasses° et le fond des casseroles. Elle savonna le linge° sale, les chemises et les torchons°, qu'elle faisait sécher sur une corde; elle descendit à la rue, chaque matin, les ordures,° et monta l'eau, s'arrêtant à chaque étage pour souffler. Et, vêtue comme une femme du peuple, elle alla chez le fruitier, chez l'épicier, chez le boucher, le panier au bras, marchandant,° injuriée,° défendant sou à sou° son misérable argent.

fingernails
greasy / laundry
cleaning rags
rubbish
to haggle and bargain
abused, insulted / cent by cent

Il fallait chaque mois payer des billets, en renouveler d'autres, obtenir du temps.

Le mari travaillait, le soir, à mettre au net les comptes d'un commerçant, et la nuit, souvent, il faisait de la copie à cinq sous la page.

Et cette vie dura dix ans.

Au bout de dix ans, ils avaient tout restitué, tout, avec le taux° de l'usure, et l'accumulation des intérêts superposés.

interest rates

Mme Loisel semblait vieille, maintenant. Elle était devenue la femme forte, et dure, et rude, des ménages pauvres. Mal peignée, avec les jupes de travers et les mains rouges, elle parlait haut, lavait à grande eau les planchers. Mais parfois, lorsque son mari était au bureau, elle s'asseyait auprès de la fenêtre, et elle songeait à cette soirée d'autrefois, à ce bal où elle avait été si belle et si fêtée.

Que serait-il arrivé si elle n'avait point perdu cette parure? Qui sait? qui sait? Comme la vie est singulière, changeante! Comme il faut peu de chose pour vous perdre ou vous sauver!

Or, un dimanche, comme elle était allée faire un tour aux Champs-Elysées pour se délasser° des besognes° de la semaine, elle aperçut tout à coup une femme qui promenait un enfant. C'était Mme Forestier, toujours jeune, toujours belle, toujours séduisante.

to relax / work

Mme Loisel se sentit émue. Allait-elle lui parler? Oui, certes. Et maintenant qu'elle avait payé, elle lui dirait tout. Pourquoi pas?

Elle s'approcha.

«Bonjour, Jeanne.»

L'autre ne la reconnaissait point, s'étonnant d'être appelée ainsi familièrement par cette bourgeoise. Elle balbutia:

«Mais... Madame!... Je ne sais... Vous devez vous tromper.°

to make a mistake

—Non. Je suis Mathilde Loisel.»

Son amie poussa un cri:

«Oh!... ma pauvre Mathilde, comme tu es changée!...

—Oui, j'ai eu des jours bien durs, depuis que je ne t'ai vue; et bien des misères... et cela à cause de toi!...

—De moi... Comment ça?

—Tu te rappelles bien cette rivière de diamants que tu m'as prêtée pour aller à la fête du ministère.

—Oui. Eh bien?

—Eh bien, je l'ai perdue.

—Comment! puisque tu me l'as rapportée.

—Je t'en ai rapporté une autre toute pareille. Et voilà dix ans que nous la payons. Tu comprends que ça n'était pas aisé pour nous, qui n'avions rien... Enfin c'est fini, et je suis rudement contente.

—Tu dis que tu as acheté une rivière de diamants pour remplacer la mienne?

—Oui. Tu ne t'en étais pas aperçue, hein? Elles étaient bien pareilles.»

Et elle souriait d'une joie orgueilleuse° et naïve. Mme Forestier, fort émue, lui prit les deux mains.

«Oh! ma pauvre Mathilde! Mais la mienne était fausse. Elle valait° au plus cinq cents francs!...»

proud

to be worth

Questions sur le texte

C. On peut dire que la vie de Mme Loisel est faite de rêves et de réalités. Faites deux listes; incorporez dans l'une les éléments de ses rêves et dans l'autre les éléments de sa réalité.

REVES	REALITE
un mari riche et distingué	un petit commis

D. On peut dire aussi que la vie de Mme Loisel se compose de deux réalités—avant et après le bal. Reprenez votre liste de l'exercice C et comparez cette réalité (d'avant le bal) à la réalité d'après le bal.

AVANT LE BAL	APRES LE BAL
Mathilde a une Bretonne qui fait le ménage.	Elle n'a plus de bonne (elle l'a renvoyée).

E. Les rapports entre M. et Mme Loisel sont révélés par leurs actions et surtout par leurs réactions.

1. Faites une liste des actions de chaque personnage et des réactions de son époux(-se), puis tirez-en une conclusion.

ACTION	REACTION
M. Loisel obtient une invitation au bal.	Mathilde la jette sur la table.

CONCLUSION Il veut faire plaisir à sa femme; elle ne pense qu'à elle-même.

2. Les rapports entre les deux époux changent-ils au cours de l'histoire? Justifiez votre réponse.

3. Quels sont vos sentiments à l'égard de chaque personnage? Ces sentiments changent-ils au cours de l'histoire? Expliquez.

Post-lecture

F. M. et Mme Loisel n'envisagent jamais la possibilité de dire la vérité à Mme Forestier. Imaginez les pensées de Mme Loisel ou de M. Loisel au moment où ils s'aperçoivent de la perte. Ecrivez sous forme d'un monologue intérieur les histoires que chacun pourrait raconter à Mme Forestier pour lui cacher la vérité.

G. Mathilde s'arrête un moment au cours des dix années de travail pour se demander: «Que serait-il arrivé si je n'avais point perdu cette parure? Qui sait? qui sait? Comme la vie est singulière, changeante! Comme il faut peu de chose pour vous perdre ou vous sauver.» Décrivez la vie d'une Mathilde qui n'aurait pas perdu la parure.

H. Ce conte est surtout ironique. (Ironie: on dit le contraire de ce qu'on veut dire; les événements sont contraires aux espérances, aux pensées, aux rêves; il existe une opposition fondamentale entre ses perceptions et la réalité.) Démontrez l'ironie (ou les ironies) de ce conte.

Pique-nique en campagne

Fernando Arrabal

Fernando Arrabal (1932–   ) est un dramaturge espagnol qui habite en France et qui écrit en français. Ses pièces offrent un mélange d'humour et de violence. On associe souvent son œuvre au théâtre de l'absurde, non seulement à cause du mélange de tons, mais surtout à cause de sa vision du monde moderne comme absurde et sans moralité. Profondément touché par la guerre civile en Espagne (1936–1938) quand il était enfant, Arrabal cherche à recréer par ses pièces les mêmes sortes de réactions chez le spectateur.

Pré-lecture

A. Un pique-nique. Regardez la photo d'un pique-nique à la page 177. En quoi ce pique-nique français ressemble-t-il aux pique-niques dont vous avez l'habitude aux Etats-Unis? Quelles différences remarquez-vous?

Vocabulaire utile

une valise • un bol • des saucisses • un gril • faire cuire • une salade de légumes • mélanger

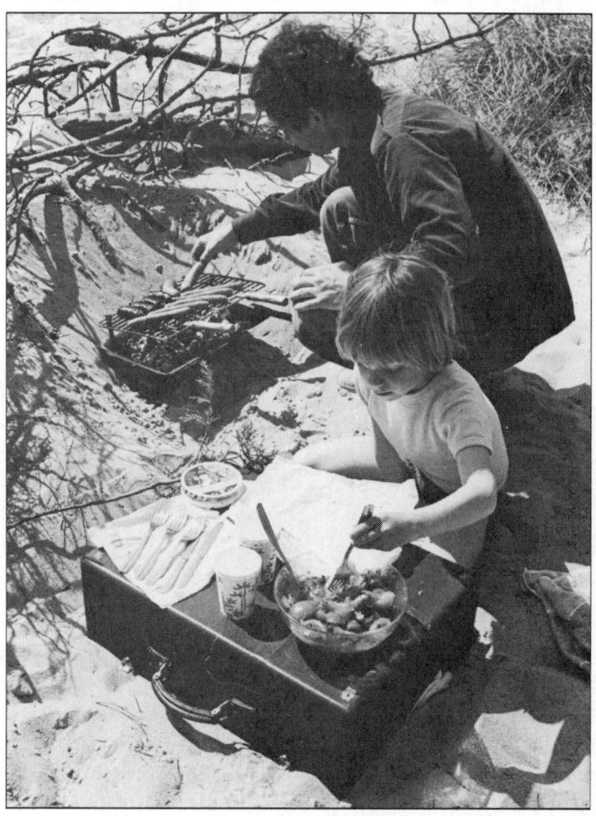

B. Un dîner en famille. Les parents surveillent souvent les manières de leurs enfants quand ils sont à table. Imaginez le monologue d'un père ou d'une mère qui s'adressent à des enfants typiques.

Vocabulaire utile

C'est mal élevé de... à table • Montre tes mains • Il faut... comme ton père • C'est comme ça que je t'ai élevé(e)? • Combien de fois est-ce que je t'ai répété qu'il faut • Je crois que toi et... vous pourriez

C. Des invités pour le dîner. Quand on est invité à dîner chez des gens distingués ou importants, on a tendance à être très poli. Imaginez un dialogue entre hôtes et invités où tout le monde fait preuve d'une extrême politesse.

Vocabulaire utile

Faites comme chez vous • Mettez-vous à votre aise • Si vous voulez qu'on... vous n'avez qu'à le dire • Ça ne va pas vous gêner? • Merci beaucoup • De rien. C'est la moindre des choses • J'espère que... vous a plu

D. Un sujet de conversation. A table, on parle souvent de sujets d'intérêt général—par exemple, de la politique, de l'économie ou de la situation internationale. Imaginez une conversation à table sur le sujet de la guerre. Chacun des participants choisit un des adjectifs suivants pour caractériser la guerre; ensuite il défend son choix en l'expliquant.

Adjectifs: absurde • belle • cruelle • inévitable • nécessaire

Lecture

Fernando Arrabal

Pique-nique en campagne

PERSONNAGES

Zapo
Monsieur Tépan
Madame Tépan
Zépo
Premier infirmier° — *medical orderly*
Deuxième infirmier

DECOR

Un champ de bataille.

Fils de fer barbelés° d'un bout à l'autre de la scène. Tout près des fils, on voit des sacs de sable. — *barbed wire*

La bataille fait rage. On entend des coups de fusil,° des bombes éclatent,° des mitrailleuses.° Zapo est seul en scène, à plat ventre,° caché entre les sacs. Il a très peur. Le combat cesse. Silence. Zapo sort d'un sac à ouvrage en toile° une pelote de laine,° des aiguilles° et il se met à tricoter un pullover déjà assez avancé. Le téléphone de campagne, qui se trouve à côté de lui, sonne tout à coup.

rifle shots / to burst
machine guns / flat on his stomach
cloth bag with embroidery (canvas workbag) / ball of yarn / knitting needles

ZAPO Allô... Allô... à vos ordres, mon capitaine... Oui, je suis la sentinelle du secteur 47... Rien de nouveau, mon capitaine... Excusez-moi, mon capitaine, quand va-t-on reprendre le combat?... Et les grenades, qu'est-ce que j'en fais? Je dois les envoyer en avant ou en arrière? Ne le prenez pas en mauvaise part,° je ne disais pas ça pour vous ennuyer°... Mon capitaine, je me sens vraiment très seul, vous ne pourriez pas m'envoyer un camarade?... Ne serait-ce que la chèvre.° *(Le capitaine sans doute le réprimande vertement.°)* A vos ordres, à vos ordres, mon capitaine. *(Zapo raccroche. On l'entend grommeler° entre ses dents.)*

don't take it wrong / to annoy
goat
roundly
to mutter

Silence. Entrent M. et Mme Tépan qui portent des paniers comme pour aller à un pique-nique. Ils s'adressent à leur fils qui, le dos tourné, ne voit pas les arrivants.

M. TEPAN, *cérémonieusement.* Mon fils, lève-toi et embrasse ta mère sur le front. *(Zapo surpris se lève et embrasse sa mère sur le front avec beaucoup de respect. Il veut parler, son père lui coupe la parole.)* Et maintenant, embrasse-moi.

ZAPO Mais, chers petit père et petite mère, comment avez-vous osé° venir jusqu'ici, dans un endroit aussi dangereux? Partez tout de suite.

to dare

M. TEPAN Tu veux peut-être en remontrer à° ton père en fait de° guerre et de danger? Pour moi, tout ceci n'est qu'un jeu. Combien de fois, sans aller plus loin, ai-je descendu du métro en marche.°

to get the better of / in matters of
still running

MME TEPAN On a pensé que tu devais t'ennuyer, alors on est venu te faire une petite visite. A la fin, cette guerre, ça doit être lassant.°

tiring

ZAPO Ça dépend.

M. TEPAN Je sais très bien ce qui se passe. Au commencement, tout nouveau tout beau.° On aime bien tuer et lancer des grenades et porter un casque,° ça fait chic, mais on finit par s'emmerder.° De mon temps, tu en aurais vu bien d'autres.° Les guerres étaient beaucoup plus mouvementées, plus hautes en couleur.° Et puis, surtout, il y avait des chevaux, beaucoup de chevaux. C'était un vrai plaisir: si le capitaine disait: «A l'attaque!», aussitôt, nous étions tous là, à cheval, en uniforme rouge. Ça valait le coup d'œil.° Et après, c'était des charges au galop, l'épée° à la main, et tout à coup on se trouvait face à l'ennemi, qui lui aussi se trouvait à la hauteur des circonstances, avec ses chevaux—il y avait toujours des chevaux, des tas de° chevaux, la croupe° bien ronde—et ses bottes vernies,° et son uniforme vert.

spic and span
helmet / to be bored out of one's mind / to really see something / colorful
to be worth looking at / sword
loads of / rump / polished boots

MME TÉPAN Mais non, l'uniforme ennemi n'était pas vert. Il était bleu. Je me rappelle très bien qu'il était bleu.

M. TEPAN Je te dis qu'il était vert.

MME TEPAN Combien de fois, quand j'étais petite, je me suis mise au balcon pour regarder la bataille, et je disais au petit du voisin: «Je te parie une boule de gomme que ce sont les bleus qui gagnent.» Et les bleus c'étaient nos ennemis.

M. TEPAN C'est bon, à toi le pompon.°

you win

MME TEPAN J'ai toujours aimé les batailles. Quand j'étais petite, je disais toujours que plus tard je voulais être colonel de dragons.° Mais maman n'a pas voulu, tu sais comme elle est à cheval sur° les principes.

dragoon (mounted soldier) / to be a stickler for

M. TEPAN Ta mère est une vraie buse.°

blockhead

ZAPO Excusez-moi, il faut que vous partiez. On ne peut pas entrer à la guerre quand on n'est pas soldat.

M. TEPAN Je m'en fous.° On est ici pour pique-niquer avec toi à la campagne et profiter de notre dimanche.

I don't give a damn

MME TEPAN J'ai même préparé un excellent repas. Du saucisson, des œufs durs, tu aimes tellement ça! des sandwiches au jambon, du vin rouge, de la salade et des gâteaux.

ZAPO C'est bon, ça sera comme vous voulez. Mais si le capitaine vient, il va se mettre dans une de ces rognes.° Avec ça qu'il n'est pas très chaud pour° les visites au front. Il ne cesse de nous répéter: «A la guerre, il faut de la discipline et des grenades, mais pas de visites.»

to get really mad / to be keen on

M. TEPAN Ne t'en fais pas,° je lui dirai deux mots à ton capitaine.

don't worry

ZAPO Et s'il faut reprendre le combat?

M. TEPAN Est-ce que tu crois que ça me fait peur? J'en ai vu d'autres. Si encore c'était des batailles à cheval! Les temps ont changé, tu ne comprends pas ça? *(Un temps.)* On est venu à moto.° Personne ne nous a rien dit.

motorcycle

ZAPO Ils ont dû croire que vous serviez d'arbitres.°

referees

M. TEPAN On a pourtant eu des ennuis° pour avancer. Avec tous ces tanks et ces jeeps.

problems

MME TEPAN Et au moment d'arriver, tu te rappelles cet embouteillage° à cause d'un canon?

traffic jam

M. TEPAN En période de guerre il faut s'attendre à tout, c'est bien connu.

MME TEPAN C'est bon, on va commencer à manger.

M. TEPAN Tu as raison, je me sens un appétit d'ogre. C'est l'odeur de la poudre.°

gunpowder

MME TEPAN On va manger assis sur la couverture.°

blanket

ZAPO Je vais manger avec mon fusil?

MME TEPAN Laisse ton fusil tranquille. C'est mal élevé de tenir son fusil à table. *(Un temps.)* Mais tu es sale comme un goret,° mon enfant. Comment as-tu pu te mettre dans cet état? Montre tes mains.

little pig

ZAPO, *honteux, les lui montre.* J'ai dû me traîner par terre° à cause des manœuvres.

to crawl on the ground

MME TEPAN Et tes oreilles?

ZAPO Je les ai lavées ce matin.

kiss

MME TEPAN Enfin, ça peut passer. Et les dents? *(Il les montre.)* Très bien. Qui est-ce qui va faire une grosse bise° à son petit garçon qui s'est bien lavé les dents? *(A son mari.)* Eh bien, embrasse ton fils qui s'est bien lavé les dents. *(M. Tépan embrasse son fils.)* Parce que tu sais, une chose que je ne peux pas admettre, c'est que, sous prétexte de faire la guerre, tu ne te laves pas.

ZAPO Oui, maman. *(Ils mangent.)*

target (for shooting practice)

M. TEPAN Alors, mon fils, tu as fait un beau carton°?

ZAPO Quand?

M. TEPAN Mais ces jours-ci.

ZAPO Où?

M. TEPAN En ce moment, puisque tu fais la guerre.

bull's-eye

ZAPO Non, pas grand-chose. Je n'ai pas fait un beau carton. Presque jamais mouche.°

M. TEPAN Et qu'est-ce que tu as le mieux descendu: les chevaux ennemis ou les soldats?

ZAPO Non, pas de chevaux, il n'y a plus de chevaux.

M. TEPAN Alors, des soldats?

it's possible

ZAPO Ça se peut.°

M. TEPAN Ça se peut? Tu n'en es pas sûr?

to aim
The Lord's Prayer / guy

ZAPO C'est que... je tire sans viser° *(Un temps)*, en récitant un *Notre Père°* pour le type° que j'ai descendu.

M. TEPAN Il faut te montrer plus courageux. Comme ton père.

MME TEPAN Je vais passer un disque sur le phono.

traditional Spanish dance

Elle met un disque: un pasodoble.° Tous trois assis par terre écoutent.

M. TEPAN Ça, c'est de la musique. Mais oui, madame, ollé!

La musique continue. Entre un soldat ennemi: Zépo. Il est habillé comme Zapo. Il n'y a que la couleur qui change. Zépo est en vert et Zapo en gris. Zépo écoute bouche bée° la musique. Il se trouve derrière la famille qui ne peut pas le voir. Le disque finit. Zapo en se levant découvre Zépo. Tous deux lèvent les mains en l'air. M. et Mme Tépan les regardent d'un air surpris.

mouth wide open

M. Tepan Que se passe-t-il?

Zapo réagit, il hésite. Enfin, l'air décidé, il vise Zépo avec son fusil.

Zapo Haut les mains!

Zépo lève les bras encore plus haut, l'air encore plus terrifié. Zapo ne sait que faire. Tout à coup il se dirige rapidement vers Zépo et lui touche doucement l'épaule, en disant:

Zapo Chat!° *(A son père, tout content.)* Ça y est! Un prisonnier!

Got you! (tag)

M. Tepan C'est bon, et maintenant, qu'est-ce que tu vas en faire?

Zapo Je ne sais pas, mais si ça se trouve on me nommera peut-être caporal.

M. Tepan En attendant, attache-le!

Zapo L'attacher? Pourquoi?

M. Tepan Un prisonnier, ça s'attache!

Zapo Comment?

M. Tepan Par les mains.

Mme Tepan Oui, c'est sûr, il faut lui attacher les mains. J'ai toujours vu faire comme ça.

Zapo Bon. *(Au prisonnier.)* Joignez les mains, s'il vous plaît.

Zepo Ne me faites pas trop de mal.

Zapo Non.

Zepo Aïe! Vous me faites mal.

M. Tepan Allons, ne maltraite pas ton prisonnier.

Mme Tepan C'est comme ça que je t'ai élevé? Combien de fois t'ai-je répété qu'il faut être prévenant° envers son prochain.

thoughtful

on purpose

ZAPO Je ne l'ai pas fait exprès.° (*A Zépo.*) Et comme ça, vous avez mal?

ZEPO Non, comme ça, non.

don't stand on ceremony

M. TEPAN Mais dites-le franchement, en toute confiance, ne vous gênez pas° pour nous.

ZEPO Comme ça, ça va.

M. TEPAN Maintenant, les pieds.

ZAPO Les pieds aussi, on n'en finit pas!

M. TEPAN Mais on ne t'a pas appris les règles?

ZAPO Si.

M. TEPAN Eh bien!

to be kind enough to

ZAPO, *à Zépo, très poli.* Voudriez-vous avoir l'obligeance de° vous asseoir par terre, s'il vous plaît?

ZEPO Oui, mais ne me faites pas de mal.

to take a dislike to

MME TEPAN Tu vois, il va te prendre en grippe.°

ZAPO Mais non, mais non. Je ne vous fais pas mal?

ZEPO Non, c'est parfait.

ZAPO, *subitement.* Papa, si tu prenais une photo avec le prisonnier par terre et moi, un pied sur son ventre?

style, distinction

M. TEPAN Tiens, oui, ça aura de l'allure.°

ZEPO Ah! non, ça non.

stubborn

MME TEPAN Dites oui, ne soyez pas têtu.°

ZEPO Non. J'ai dit non et c'est non.

life-saving certificate

MME TEPAN Mais c'est une petite photo de rien du tout, qu'est-ce que ça peut vous faire? Et on pourrait la mettre dans la salle à manger, à côté du brevet de sauvetage° qu'a gagné mon mari il y a treize ans.

ZEPO Non, vous n'arriverez pas à me convaincre.

ZAPO Mais pourquoi refusez-vous?

ZEPO Je suis fiancé, moi. Et si elle voit un jour la photo, elle dira que je ne sais pas faire la guerre.

ZAPO Mais non, vous n'aurez qu'à dire que ce n'est pas vous, que c'est une panthère.

MME TEPAN Allez, dites oui.

ZEPO C'est bon. Mais c'est seulement pour vous faire plaisir.

ZAPO Allongez-vous° complètement.

to stretch out

Zépo s'allonge tout à fait. Zapo pose un pied sur son ventre et saisit son fusil d'un air martial.

MME TEPAN Bombe davantage le torse.°

to stick one's chest out further

ZAPO Comme ça?

MME TEPAN Oui, comme ça, sans respirer.

M. TEPAN Prends l'air d'un héros.

ZAPO Comment ça, l'air d'un héros?

M. TEPAN C'est simple: prends l'air du boucher quand il racontait ses bonnes fortunes.°

amorous conquests

ZAPO Comme ça?

M. TEPAN Oui, comme ça.

MME TEPAN Surtout, gonfle bien la poitrine° et ne respire pas.

to swell one's chest

ZEPO Est-ce que ça va être bientôt fini?

M. TEPAN Un peu de patience. Un... deux... trois.

ZAPO J'espère que je serai bien.

MME TEPAN Oui, tu avais l'air très martial.

M. TEPAN Tu étais très bien.

MME TEPAN Ça me donne envie d'avoir une photo avec toi.

M. TEPAN En voilà une bonne idée.

ZAPO C'est bon. Si vous voulez, je vous la prends.

MME TEPAN Donne-moi ton casque pour que j'aie l'air d'un soldat.

ZEPO Je ne veux pas d'autres photos. Une, c'est déjà beaucoup trop.

ZAPO Ne le prenez pas comme ça. Au fond, qu'est-ce que ça peut vous faire?

ZEPO C'est mon dernier mot.

M. TEPAN, *à sa femme*. N'insistez pas, les prisonniers sont toujours très susceptibles. Si on continue, il va se fâcher et nous gâcher° la fête.

to ruin

ZAPO Bon, alors qu'est-ce qu'on va en faire?

MME TEPAN On peut l'inviter à déjeuner. Qu'en penses-tu?

M. TEPAN Je n'y vois aucun inconvénient.°

inconvenience

ZAPO, *à Zépo*. Alors, vous déjeunerez bien avec nous?

ZEPO Euh...

M. TEPAN On a apporté une bonne bouteille.

ZEPO Alors, c'est d'accord.

MME TEPAN Faites comme chez vous, n'hésitez pas à réclamer.°

to ask (for seconds)

ZEPO C'est bon.

M. TEPAN Alors, et vous, vous avez fait un beau carton?

ZEPO Quand?

M. TEPAN Mais, ces jours-ci...

ZEPO Où?

M. TEPAN En ce moment, puisque vous faites la guerre.

ZEPO Non, pas grand-chose, je n'ai pas fait un beau carton, presque jamais mouche.

M. Tepan Et qu'est-ce que vous avez le mieux descendu? Les chevaux ennemis ou les soldats?

Zepo Non, pas de chevaux, il n'y a plus de chevaux.

M. Tepan Alors, des soldats?

Zepo Ça se peut.

M. Tepan Ça se peut? Vous n'en êtes pas sûr?

Zepo C'est que… Je tire sans viser (*Un temps*), en récitant un *Je vous salue Marie*° pour le type que j'ai descendu.

° Hail Mary

Zapo Un *Je vous salue Marie*? J'aurais cru que vous récitiez un *Notre Père*.

Zepo Non, toujours un *Je vous salue Marie*. *(Un temps.)* C'est plus court.

M. Tepan Allons, mon vieux, il faut avoir du courage.

Mme Tepan, *à Zépo.* Si vous voulez, on peut vous détacher.

Zepo Non, laissez, ça n'a pas d'importance.

M. Tepan Vous n'allez pas commencer à faire des manières° avec nous. Si vous voulez qu'on vous détache, dites-le.

° to put on airs

Mme Tepan Mettez-vous à votre aise.

Zepo Alors, si c'est comme ça, détachez-moi les pieds, mais c'est bien pour vous faire plaisir.

M. Tepan Détache-le. *(Zapo le détache.)*

Mme Tepan Alors, vous vous sentez mieux?

Zepo Oui, bien sûr. Si ça se trouve, je vous dérange° vraiment.

° to disturb

M. Tepan Mais pas du tout, faites comme chez vous. Et si vous voulez qu'on vous détache les mains, vous n'avez qu'à le dire.

Zepo Non, pas les mains, je ne veux pas abuser.°

° to take advantage

M. Tepan Mais non, mon vieux, mais non, puisque je vous dis que ça ne nous dérange pas du tout.

Zepo Bon… Alors, détachez-moi les mains aussi. Mais pour déjeuner seulement, hein? Je ne veux pas que vous pensiez qu'on m'en donne grand comme le petit doigt et que j'en prends long comme le bras.

M. TEPAN Petit, détache-lui les mains.

MME TEPAN Eh bien, puisque monsieur le prisonnier est si sympathique on va passer une excellente journée à la campagne.

ZEPO Ne m'appelez pas monsieur le prisonnier. Dites prisonnier tout court.°

simply and nothing else

MME TEPAN Ça ne va pas vous gêner?

ZEPO Mais non, pas du tout.

M. TEPAN Eh bien, on peut dire que vous êtes modeste.

Bruits d'avions.

ZAPO Les avions. Ils vont sûrement nous bombarder.

Zapo et Zépo se jettent sur les sacs et se cachent.

ZAPO, *à ses parents.* Mettez-vous à l'abri.° Les bombes vont vous tomber dessus.°

shelter
on top of

Le bruit des avions domine tous les autres. Aussitôt les bombes commencent à tomber. Les obus° tombent tout près de la scène mais ne l'atteignent° pas. Vacarme assourdissant.° Zapo et Zépo sont blottis° entre les sacs. M. Tépan parle calmement à sa femme qui lui répond du même ton tranquille. On n'entend pas le dialogue à cause du bombardement. Mme Tépan se dirige vers l'un des paniers. Elle en sort un parapluie.° Elle l'ouvre. Le ménage Tépan s'abrite sous le parapluie comme s'il pleuvait. Ils sont debout. Ils se dandinent° d'un pied sur l'autre en cadence et parlent de leurs affaires personnelles. Le bombardement continue. Les avions s'éloignent enfin. Silence. M. Tépan étend un bras hors du parapluie pour s'assurer qu'il ne tombe plus rien du ciel.

gun shells / to reach
deafening din / snuggled
umbrella
to hop back and forth

M. TEPAN, *à sa femme.* Tu peux fermer ton parapluie.

Mme Tépan s'exécute.° Tous deux s'approchent de leur fils et lui donnent quelques coups légers sur le derrière avec le parapluie.

to do so

M. TEPAN Allez, sortez. Le bombardement est fini.

Zapo et Zépo sortent de leur cachette.

ZAPO Vous n'avez rien eu?

M. TEPAN Qu'est-ce que tu voulais qu'il arrive à ton père? *(Avec fierté.)* Des petites bombes comme ça? Laisse-moi rire!

Entre à gauche un couple de soldats de la Croix rouge. Ils portent une civière.°

stretcher

PREMIER INFIRMIER Il y a des morts?

ZAPO Non, personne par ici.

PREMIER INFIRMIER Vous êtes sûrs d'avoir bien regardé?

ZAPO Sûr.

PREMIER INFIRMIER Et il n'y a pas un seul mort?

ZAPO Puisque je vous dis que non.

PREMIER INFIRMIER Même pas un blessé°?

wounded man

ZAPO Même pas.

DEUXIEME INFIRMIER, *au premier.* Eh bien, nous voilà frais°! *(A Zépo d'un ton persuasif.)* Regardez bien par-ci, par-là, si vous ne trouvez pas un macchabée.°

we've had it

corpse (medical slang)

PREMIER INFIRMIER N'insiste pas, ils t'ont bien dit qu'il n'y en a pas.

DEUXIEME INFIRMIER Quelle vacherie°!

lousy trick

ZAPO Je suis désolé. Je vous assure que je ne l'ai pas fait exprès.

DEUXIEME INFIRMIER C'est ce que dit tout le monde. Qu'il n' y a pas de morts et qu'on ne l'a pas fait exprès.

PREMIER INFIRMIER Laisse donc monsieur tranquille!

M. TEPAN, *serviable.* Si nous pouvons vous aider ce sera avec plaisir. A votre service.

DEUXIEME INFIRMIER Eh bien voilà, si on continue comme ça je ne sais pas ce que le capitaine va nous dire.

M. TEPAN Mais de quoi s'agit-il?

wrists
by dint of
for lack of

PREMIER INFIRMIER Tout simplement que les autres ont mal aux poignets° à force de° transporter des cadavres et des blessés, et que nous n'avons encore rien trouvé. Et ce n'est pas faute d'avoir° cherché!

M. TEPAN Ah! oui, c'est vraiment ennuyeux. *(A Zapo.)* Tu es bien sûr qu'il n'y a pas de morts?

ZAPO Evidemment, papa.

M. TEPAN Tu as bien regardé sous les sacs?

ZAPO Oui, papa.

M. TEPAN, *en colère.* Alors, dis-le tout de suite que tu ne veux rien faire pour aider ces messieurs qui sont si gentils!

to scold
trench

PREMIER INFIRMIER Ne l'attrapez° pas comme ça! Laissez-le. Il faut espérer qu'on aura plus de chance dans une tranchée,° qu'ils seront tous morts.

M. TEPAN J'en serais ravi.

MME TEPAN Moi aussi. Il n'y a rien qui me fasse autant plaisir que les gens qui prennent leur métier à cœur.

to speak "aside"

M. TEPAN, *indigné, à la cantonade.*° Alors, on ne va rien faire pour ces messieurs?

ZAPO Si ça ne dépendait que de moi, ce serait déjà fait.

as much

ZEPO Je peux en dire autant.°

M. TEPAN Mais, voyons, aucun de vous n'est seulement blessé?

ZAPO, *honteux.* Non, moi, non.

M. TEPAN, *à Zépo.* Et vous?

luck

ZEPO, *honteux.* Moi non plus. Je n'ai jamais eu de veine°!

to peel

MME TEPAN, *contente.* Ça me revient! Ce matin en épluchant° des oignons je me suis coupé le doigt. Ça vous va?

M. TEPAN Mais bien sûr! *(Enthousiaste.)* Ils vont te transporter immédiatement!

PREMIER INFIRMIER Non, ça ne marche pas. Avec les dames, ça ne marche pas.

M. TEPAN Nous ne sommes pas plus avancés.

PREMIER INFIRMIER Ça ne fait rien.

DEUXIEME INFIRMIER On va peut-être se refaire° dans les autres tranchées.

to recoup

Ils se remettent en marche.

M. TEPAN Ne vous en faites pas! Si nous trouvons un mort, nous vous le gardons°! Pas de danger qu'on le donne à quelqu'un d'autre!

to keep

DEUXIEME INFIRMIER Merci beaucoup, monsieur.

M. TEPAN De rien, mon vieux, c'est la moindre des choses.

Les infirmiers leur disent au revoir. Tous les quatre leur répondent. Les infirmiers sortent.

MME TEPAN C'est ça qui est agréable quand on passe un dimanche à la campagne. On rencontre toujours des gens sympathiques. *(Un temps.)* Mais pourquoi est-ce que vous êtes ennemi?

ZEPO Je ne sais pas, je n'ai pas beaucoup d'instruction.

MME TEPAN Est-ce que c'est de naissance ou est-ce que vous êtes devenu ennemi par la suite?

ZEPO Je ne sais pas, je n'en sais rien.

M. TEPAN Alors, comment est-ce que vous êtes venu à la guerre?

ZEPO Un jour, à la maison, j'étais en train d'arranger le fer à repasser° de ma mère et il est venu un monsieur qui m'a dit: «C'est vous Zépo?—Oui.—Bon, il faut que tu viennes à la guerre.» Alors moi je lui ai demandé: «Mais à quelle guerre?» et il m'a dit: «Tu ne lis donc pas les journaux? Quel péquenot°!» Je lui ai répondu que si, mais pas les histoires de guerre…

iron

country bumpkin

ZAPO Comme moi, exactement comme moi.

M. TEPAN Oui, ils sont venus te chercher aussi.

MME TEPAN Non, ce n'est pas pareil, ce jour-là tu n'étais pas en train d'arranger un fer à repasser, tu réparais la voiture.

M. TEPAN Je parlais du reste. *(A Zépo.)* Continuez: après, qu'est-ce qui s'est passé?

to take
to be bored

ZEPO Alors je lui ai dit que j'avais une fiancée et que si je ne l'emmenais° pas au cinéma le dimanche, elle allait s'embêter.° Il m'a dit que ça n'avait aucune importance.

ZAPO Comme à moi, exactement comme à moi.

ZEPO Alors mon père est descendu et il a dit que je ne pouvais pas aller à la guerre parce que je n'avais pas de cheval.

ZAPO Comme mon père a dit.

ZEPO Le monsieur a répondu qu'on n'avait plus besoin de cheval et je lui ai demandé si je pouvais emmener ma fiancée. Il a dit non. Alors, si je pouvais emmener ma tante pour qu'elle fasse de la crème le jeudi; j'aime bien ça.

MME TEPAN, *s'apercevant qu'elle l'a oubliée.* Oh! la crème!

ZEPO Il m'a encore dit non.

ZAPO Comme à moi.

ZEPO Et depuis ce temps-là, me voilà presque toujours seul dans la tranchée.

MME TEPAN Je crois que toi et monsieur le prisonnier, puisque vous êtes si près l'un de l'autre et que vous vous ennuyez tellement, vous pourriez jouer l'après-midi ensemble.

ZAPO Ah! non, maman, j'ai trop peur, c'est un ennemi.

M. TEPAN Allons, n'aie pas peur.

ZAPO Si tu savais ce que le général a raconté sur les ennemis!

MME TEPAN Qu'est-ce qu'il a dit?

pebbles

ZAPO Il a dit que les ennemis sont des gens très méchants. Quand ils font des prisonniers, ils leur mettent des petits cailloux° dans les chaussures pour qu'ils aient mal en marchant.

MME TEPAN Quelle horreur! Quels sauvages!

M. TEPAN, *à Zépo, indigné.* Et vous n'avez pas honte de faire partie d'une armée de criminels?

to be on bad terms

ZEPO Je n'ai rien fait, moi. Je ne suis mal° avec personne.

Mme Tepan Il voulait nous avoir avec ses airs de petit saint!

M. Tepan On n'aurait pas dû le détacher. Si ça se trouve, il suffira qu'on ait le dos tourné pour qu'il nous mette un caillou dans nos chaussures.

Zepo Ne soyez pas si méchants avec moi.

M. Tepan Mais comment voulez-vous qu'on soit? Je suis indigné. Je sais ce que je vais faire: je vais aller trouver le capitaine et lui demander qu'il me laisse faire la guerre.

Zapo Il n'acceptera pas: tu es trop vieux.

M. Tepan Alors je m'achèterai un cheval et une épée et je viendrai faire la guerre à mon compte.° (*on my own*)

Mme Tepan Bravo! Si j'étais un homme je ferais pareil.

Zepo Madame, ne me traitez pas comme ça. D'ailleurs, je vais vous dire: notre général nous a dit la même chose sur vous.

Mme Tepan Comment a-t-il osé faire un mensonge pareil?

Zapo Mais, vraiment, la même chose?

Zepo Oui, la même chose.

M. Tepan C'est peut-être le même qui vous a parlé à tous les deux.

Mme Tepan Mais si c'est le même, il pourrait au moins changer de discours. En voilà une façon de dire la même chose à tout le monde.

M. Tepan, *à Zépo, changeant de ton.* Encore un petit verre?

Mme Tepan J'espère que notre déjeuner vous a plu°? (*to please*)

M. Tepan En tout cas, c'était mieux que dimanche dernier!

Zepo Que s'est-il passé?

M. Tepan Eh bien, on est allé à la campagne et on a posé les provisions sur la couverture. Pendant qu'on avait le dos tourné une vache a mangé tout le déjeuner, et même les serviettes.

Zepo Quel goinfre,° cette vache! (*"pig"*)

M. Tepan Oui, mais après, pour compenser, on a mangé la vache. *(Ils rient.)*

Zapo, *à Zépo.* Ils ne devaient plus avoir faim!

cheers!

M. Tepan A la vôtre!° *(Tous boivent.)*

to have fun

Mme Tepan, *à Zépo.* Et dans la tranchée, qu'est-ce que vous faites pour vous distraire°?

rag

Zepo Pour me distraire, je passe mon temps à faire des fleurs en chiffon.° Je m'embête beaucoup.

Mme Tepan Et qu'est-ce que vous faites de ces fleurs?

greenhouse

Zepo Au début, je les envoyais à ma fiancée, mais un jour elle m'a dit que la serre° et la cave en étaient déjà remplies, qu'elle ne savait plus quoi en faire et que, si ça ne me dérangeait pas, je lui envoie autre chose.

Mme Tepan Et qu'est-ce que vous avez fait?

Zepo J'ai essayé d'apprendre à faire autre chose mais je n'ai pas pu. Alors je continue à faire des fleurs en chiffon pour passer le temps.

Mme Tepan Et après, vous les jetez?

Zepo Non, maintenant j'ai trouvé le moyen de les utiliser: je donne une fleur pour chaque copain qui meurt. Comme ça je sais que même si j'en fais beaucoup il n'y en aura jamais assez.

M. Tepan Vous avez trouvé une bonne solution.

Zepo, *timide.* Oui.

knitting

Zapo Eh bien, moi, je fais du tricot,° pour ne pas m'ennuyer.

Mme Tepan Mais, dites-moi, est-ce que tous les soldats s'embêtent comme vous?

Zepo Ça dépend de ce qu'ils font pour se distraire.

Zapo De ce côté-ci, c'est la même chose.

M. Tepan Alors, arrêtons la guerre.

Zepo Et comment?

M. Tepan Très simple: toi tu dis à tes copains que les ennemis ne veulent pas faire la guerre, et vous, vous dites la même chose à vos collègues. Et tout le monde rentre chez soi.

ZAPO Formidable!

MME TEPAN Comme ça vous pourrez finir d'arranger le fer à repasser.

ZAPO Comment se fait-il qu'on n'ait pas eu plus tôt cette bonne idée?

MME TEPAN Seul, ton père peut avoir de ces idées-là: n'oublie pas qu'il est ancien élève de l'école normale,° et philatéliste.

prestigious school for university studies

ZEPO Mais que feront les maréchaux° et les caporaux?

generals

M. TEPAN On leur donnera des guitares et des castagnettes pour être tranquilles!

ZEPO Très bonne idée.

M. TEPAN Vous voyez comme c'est facile. Tout est arrangé.

ZEPO On aura un succès fou.

ZAPO Mes copains vont être rudement° contents.

really

MME TEPAN Qu'est-ce que vous diriez si on mettait le pasodoble de tout à l'heure pour fêter ça?

ZEPO Parfait!

ZAPO Oui, mets le disque, maman.

Mme Tepan met un disque. Elle tourne la manivelle.° Elle attend. On n'entend rien.

crank

M. TEPAN On n'entend rien.

MME TEPAN, *elle se rapproche du phono.* Ah! je me suis trompée! Au lieu de mettre un disque j'avais mis un béret.

Elle met le disque. On entend un joyeux pasodoble. Zapo danse avec Zépo et Mme Tépan avec son mari. Ils sont tous très joyeux. On entend le téléphone de campagne. Aucun des quatre personnages ne l'entend. Ils continuent, très affairés, à danser. Le téléphone sonne encore une fois. La danse continue. Le combat reprend avec grand fracas de bombes, de coups de feu, et de crépitements° de mitraillettes. Tous les quatre n'ont rien vu et ils continuent à danser joyeusement. Une rafale° de mitraillette les fauche° tous les quatre. Ils tombent à terre, raides° morts. Une balle a dû érafler° le phono: le disque répète toujours la même chose comme un disque rayé.° On entend la

crackling
burst / to cut down (as with a scythe) / stiff / to graze / scratched

musique du disque rayé jusqu'à la fin de la pièce. Entrent à gauche les deux infirmiers. Ils portent la civière vide. Immédiatement.

Rideau

Questions sur le texte

E. Les personnages principaux de la pièce représentent deux générations. Quelles différences voyez-vous entre M. et Mme Tépan, d'un côté, et Zapo et Zépo, de l'autre?

F. Zapo et Zépo ont tous les deux des noms de clown.

1. De quelles autres façons se ressemblent-ils?

2. En quoi sont-ils différents l'un de l'autre?

3. Qu'est-ce qui est plus marqué—la ressemblance ou la différence? Expliquez.

G. Par deux fois il arrive sur scène deux infirmiers.

1. Quel est leur rôle dans la guerre?

2. Pour nous, quel contraste créent-ils?

H. Cette pièce montre plusieurs visions de la guerre.

1. Relevez dans le texte des exemples de chacune des attitudes suivantes à l'égard de la guerre.

a. La guerre est un jeu.

b. La guerre est quelque chose de beau et d'héroïque.

c. La guerre est une absurdité.

d. La guerre est quelque chose d'horrible.

2. Laquelle (lesquelles) de ces images domine(nt), à votre avis?

I. *Pique-nique en campagne* comprend une variété de tons.

1. Relevez dans le texte des exemples des tons suivants:

a. ton de la farce (comique de gestes, jeu de mots)

b. ton de la comédie (comique de situation ou d'idées)

c. ton de la tragédie

2. Lequel (lesquels) de ces tons domine(nt), à votre avis?

Post-lecture

J. D'habitude on lit *Pique-nique en campagne* exclusivement comme une pièce contre la guerre. Montrez que la pièce, tout en plaidant la cause du pacifisme, aborde d'autres sujets—par exemple, le conflit entre les générations, les valeurs bourgeoises, etc.

K. L'ironie est fondée sur l'opposition entre ce à quoi on se serait attendu et la réalité, entre ce que pensent les personnages et ce que comprennent les spectateurs. Analysez *Pique-nique en campagne* pour montrer en quoi la pièce est ironique.

L. Arrabal a écrit cette pièce en 1958—c'est-à-dire il y a une quarantaine d'années. Ecrivez un scénario qui soit une courte version contemporaine de la pièce.

L'Os

Birago Diop

Birago Diop (1906–1989) est le maître incontesté du conte africain. Diop est né au Sénégal, mais c'est au cours d'un voyage au Soudan qu'il a rencontré le vieux griot *(minstrel)* Amadou Koumba N'Gorou. Diop a entrepris de restaurer sous forme écrite les récits oraux du conteur traditionnel *(Les Contes d'Amadou Koumba)*. Ces contes, ayant pour sujets tantôt les hommes, tantôt les animaux, révèlent le don de l'observation et le sens de l'humour du vieux griot et de son traducteur.

Pré-lecture

A. La viande. A cause d'une crise économique, les gens d'un certain village n'ont pas mangé de viande depuis plusieurs années. Enfin, la situation s'améliore et on a un peu de viande. Ecrivez un paragraphe où vous décrivez comment les différents membres du village vont réagir.

Vocabulaire utile

les uns • les autres • certains • d'autres gens

diviser en parts égales • donner la plus grande (la meilleure) part à • prendre tout ce qu'on peut pour sa famille • partager selon l'âge (la santé, le rang social, etc.) • organiser une loterie

B. Un bouillon. On veut faire un bouillon en utilisant l'os d'un bœuf qu'on a mangé. Ecrivez un paragraphe pour décrire comment on s'y prend.

Vocabulaire utile

une marmite • un feu • un os • de la viande

poser sur • faire cuire doucement (longuement, lentement) • poser, lever, remettre (le couvercle) • piquer • attendre qu'il s'amollisse • goûter à • sentir l'odeur de la fumée

C. L'enterrement. Ecrivez un paragraphe sur la façon d'enterrer un mort.

Vocabulaire utile

mettre dans un cercueil • porter au cimetière • descendre dans la tombe • combler la tombe

D. Deux proverbes. Voici deux proverbes africains qui parlent des gourmands—c'est-à-dire des gens qui aiment manger de bonnes choses et qui en mangent beaucoup. Cherchez les mots que vous ne comprenez pas, ensuite expliquez le sens de chaque proverbe.

1. S'il avait le ventre derrière lui, ce ventre le mettrait dans un trou.

2. Si la cupidité ne t'a pas entièrement dépouillé, c'est que tu n'es vraiment pas cupide.

Note grammaticale

La conjonction *Que* suivie d'un verbe au subjonctif sert à exprimer un ordre (un impératif) à la troisième personne.

Qu'il attende!	*Let him wait!*
Qu'elle nous écrive!	*Let her write us!*
Que personne n'entre!	*Don't let anyone come in!*

Lecture

Birago Diop

L'Os

«S'il avait le ventre derrière lui, ce ventre le mettrait dans un trou.» Ainsi dit-on d'un gourmand impénitent.°

A propos de Mor Lame l'on ajouta: *«Si la cupidité ne t'a pas entièrement dépouillé, c'est que tu n'es vraiment pas cupide!»*

unrepentant

Dans nombre de villages du pays, le bétail,° ravagé par la plus meurtrière° des pestes° dont on eut jamais entendu parler de mémoire de vieillard, s'était lentement reconstitué. Mais, dans Lamène, aucun homme de vingt ans ne savait encore comment était faite une bête à cornes.°

Lamène était certes beaucoup moins vieux que le village de Niangal, où le passant, jadis,° n'avait trouvé, comme il le chanta plus tard, que:

cattle
murderous / plague
horns
in the past

Le poisson frais des uns
Le poisson sec des autres
Le poulet n'était pas encore à la mode°!

in style

Le chaume° de toutes ses cases° avait été renouvelé moins de fois et ses champs moins de fois labourés que ceux de Niangal. Mais, si le poulet y était à la mode depuis longtemps, le bœuf y était inconnu de deux générations d'hommes.

thatch / cabins

Cette année-là, les pluies avaient été abondantes, la terre généreuse, les criquets absents. Les enfants n'avaient pas été, plus qu'il ne faut, entraînés° par leurs jeux et ils avaient veillé° raisonnablement aux épis° contre ses ravageurs impudents que sont les mange-mil.

Force° gourdins° avaient contraint° Golo-le-Singe et sa tribu à respecter les arachides.°

carried away / to watch over / ears of grain / many / blows with a club / to force / peanuts

Quelques membres de sa famille ayant laissé plus d'une patte° aux pièges° posés par les Lamène-Lamène, Thile-le-Chacal avait jugé plus sage d'aller ailleurs chercher d'autres melons sinon plus succulents que ceux de Lamène, du moins de récolte° plus facile et à moindres risques.

Bref! La récolte avait été magnifique, inespérée pour ceux de Lamène.

On avait donc décidé d'envoyer des ânes chargés de mil,° de maïs,° d'arachides là-bas, au Ferlo, où paissaient° les immenses troupeaux de ces Peulhs qui ne mangent presque jamais de viande, tant il est vrai que l'abondance dégoûte et que «quand ramasser° devient trop aisé, se baisser° devient difficile». Le Peulh ne vit cependant pas que de lait et se trouve fort aisé, lui qui ne touche, de sa vie, ni *gop* ni *daba* (ni hilaire, ni hoyau°), d'avoir du mil. Pour faire de ce mil un couscous,° qu'il mélangera au lait de ses vaches: lait frais, lait endormi, lait caillé° ou lait aigre.°

Depuis trois lunes, les ânes étaient donc partis, guidés, sur les sentiers° menant vers le Ferlo, par les plus forts des jeunes gens de Lamène, qui avaient reçu ordre de revenir avec, devant eux, un beau taureau de sept ans.

Le partage° de cet animal, le *Tong-Tong*, entre les chefs de familles réapprendrait, au plus vieux du village, aux vieux et aux gens mûrs,° la plupart hélas, maintenant sans dent, la saveur de la viande rouge. Aux jeunes et aux plus jeunes qui n'auraient peut-être, en fin de compte, que des os à ronger,° il ferait connaître à tous, sinon le goût, du moins l'odeur de la chair° bouillie à point° et de la grillade.°

Le jour même du départ des ânes et de leurs convoyeurs, Mor Lame avait choisi, dans sa tête, le morceau qu'il prendrait lors du *Tong-Tong*: un os, un jarret° bien fourni en chair et bourré de moelle onctueuse°!

—Tu le feras cuire doucement, lentement, longuement, avait-il depuis ce jour et chaque jour recommandé à sa femme, Awa, jusqu'à ce qu'il s'amollisse et fonde comme du beurre dans la bouche. Et que, ce jour-là, personne n'approche de ma demeure°!

Le jour arriva où les jeunes gens de Lamène, partis pour le Ferlo, revinrent au village avec au milieu d'eux, une corde à la patte postérieure droite, un splendide taureau aux cornes immenses, au poil fauve,° brillant au soleil couchant. De son cou massif, comme une souche de baobab,° son fanon° balayait° la terre.

Au risque de recevoir un coup de pied, qu'il évita de justesse,° Mor Lame était venu tâter° l'os de son jarret. Et, après avoir rappelé à ceux qui allaient tuer et partager la bête au premier chant du coq que c'était bien là la part qu'il avait choisie et qu'il voulait, il s'en était allé recommander à sa femme de le faire cuire doucement, lentement, longuement.

Le partage s'était fait aussitôt dit le *assaloumou Aleykoum* de la prière de Fidjir.

Les enfants n'avaient pas encore commencé à racler° les lambeaux° de chair adhérant à la dépouille° que Mor Lame était déjà dans la case, après

paw
trap
harvest
millet / corn
to graze
to pick up / to bend down
neither a pickaxe nor a hoe / Arab dish made of wheat, meat, and vegetables / curdled / sour / paths
sharing
mature
to gnaw on
flesh / boiled perfectly / grilled meat
hock (ankle) / crammed full of oily marrow
dwelling
tawny skin
stump of a baobab tree / dewlap (skin hanging under chin) / to sweep / to just miss / to feel
to scrape / shreds
hide

avoir fermé et barricadé sa porte, et donnait sa part à sa femme:

—Fais-le cuire doucement, lentement, longuement!

Awa mit, dans la marmite, tout ce qu'un jarret réclame° pour, une fois cuit à point, fondre° délicieusement dans la bouche. Pour qu'il puisse donner un bouillon gras et moelleux, qui mouillera° onctueusement une calebasse° de couscous. Un couscous étuvé° comme il faut et malaxé° avec la quantité juste nécessaire de poudre de baobab, de *lalo*, qui l'aide si bien à descendre de la bouche au ventre.

to call for / *to melt* / *to soak / gourd* / *stewed / mixed*

Elle posa la marmite sur le feu et le couvercle sur la marmite.

Mor Lame était étendu° sur son *tara*, son lit de branches et de fibres d'écorce. Awa était accroupie° auprès du feu qui enfumait le haut de la case. Le fumet° du bouillon montait lentement et, peu à peu, chassait l'odeur de la fumée et remplissait toute la case, chatouillant° les narines de Mor Lame.

stretched out / *kneeling down* / *aroma* / *tickling*

Mor Lame se releva légèrement, s'appuya sur le coude et demanda à sa femme:

—Où est l'os?

—L'os est là, répondit Awa après avoir soulevé le couvercle et piqué le jarret.

—S'amollit-il?

—Il s'amollit.

—Remets le couvercle et attise° le feu! ordonna Mor Lame.

to stir up (with a poker)

A Lamène, tout le monde était fervent croyant° et aucun adulte n'y manquait aucune prière. Aussi Moussa s'étonna-t-il de ne point voir, ce jour-là, à la prière de yor-yor, Mor Lame, son frère de case, son *'bok-m'bar*.

religious believer

Moussa, se jurant° qu'il mangerait de cette viande, s'en fut à la demeure de celui qui était plus que son frère.

swearing to himself

Plus forte que l'amour fraternel, plus tyrannique que l'amour paternel, la fraternité de «case» soumet l'homme digne de ce nom à des règles, à des obligations, à des lois qu'il ne peut transgresser sans déchoir° aux yeux de tous.

to decline

Avoir mêlé,° à l'âge de douze ans, le sang de votre sexe au sang d'un autre garçon sur un vieux mortier° couché sur le sol, par une aube fraîche, avoir chanté avec lui les mêmes chants initiatiques, avoir reçu les mêmes coups, avoir mangé, dans les mêmes calebasses que lui, les mêmes mets° délicieux ou infects; bref! avoir été fait homme en même temps que lui dans la même case, dans la même m'bar, cela fait de vous, toute votre vie durant, l'esclave de ses désirs, le serviteur de ses besoins, le captif de ses soucis,° envers et contre tout et tous: père et mère, oncles et frères.

to mix / *mixing bowl* / *food* / *worries*

De ce droit, que coutumes et traditions lui octroyaient° sur Mor Lame, Moussa entendait user et même abuser en ce jour du *Tong-Tong*.

to grant

—Il ne mangera pas tout seul cet os! Il ne le mangera pas sans moi! se disait-il en heurtant,° de plus en plus fort, la tapate de Mor Lame et en appelant son frère de case:

—C'est moi, Mor! C'est moi, Moussa, ton plus-que-frère, ton 'bok-m'bar! Ouvre-moi!

Entendant frapper et appeler, Mor Lame s'était levé brusquement et avait demandé:

—Où est l'os?

—L'os est là.

—S'amollit-il?

Awa avait levé le couvercle, piqué le jarret:

—Il s'amollit.

—Remets le couvercle, attise le feu, sors et ferme la porte! ordonna le mari en prenant une natte.°

Il alla étendre la natte à l'ombre° du flamboyant,° au milieu de la cour et s'en fut ouvrir à Moussa.

Salutations cordiales et joyeuses d'une part, de l'autre, des grognements° et un visage renfrogné,° comme une fesse° découverte à l'air frais du matin.

L'on ne ferme pas sa porte au nez de qui y frappe et encore moins à un frère-de-case. Moussa entra donc et s'étendit à côté de Mor Lame, dont la tête reposait sur une cuisse° d'Awa.

On eût peut-être entendu° davantage que le bavardage° des oiseaux, surtout la voix rauque° et hargneuse° des perroquets, si Moussa, intarissable, ne faisait, à lui tout seul, les frais de la conversation.°

Il parlait du pays, des uns, des autres, du bon temps de leur jeunesse! ressuscitant les souvenirs de leur case d'hommes pour rappeler discrètement Mor Lame à ses devoirs et obligations, si d'aventure celui-ci les avait oubliés ou inclinait à les négliger.

Mor Lame, n'étant pas d'humeur loquace, sans doute, ce jour-là, ne répondait que par des oui, des non, des peut-être, des *inch Allah*, quelquefois et le plus souvent, par les mêmes grognements qui avaient constitué le gros° de ses salutations.

L'ombre du flamboyant se rétrécissait° de plus en plus et livrait,° déjà, les pieds des deux frères-de-case aux ardeurs du soleil.

Mor Lame fit signe à sa femme, qui se pencha° vers lui et, dans le creux° de l'oreille, il lui murmura:

—Où est l'os?

—Il est là-bas!

—S'est-il amolli?

Awa se leva, entra dans la case. Elle souleva le couvercle de la marmite, piqua le jarret, referma la marmite et revint s'asseoir, puis confia à son mari:

—Il s'est amolli.

Le soleil, après avoir hésité au zénith° pour savoir s'il reviendrait sur

to bang

straw mat
in the shade / tree with bright red leaves
grunts / scowling / buttock

thigh
would have heard / chatting / hoarse / surly / to do most of the talking

main part

to narrow / to give over
to lean over
hollow

high point

ses pas ou s'il continuerait son chemin, commença à descendre vers l'Occident.

L'ombre du flamboyant s'étendit vers le levant.

Le Muezzin appela à la prière de Tésbar. Mor Lame et Moussa, Awa loin derrière eux, firent leurs dévotions, saluèrent leurs anges gardiens, demandèrent au Seigneur pardon et rémission de leurs péchés° puis s'étendirent à nouveau à l'ombre du flamboyant, qui s'étendait toujours vers le levant.

sins

Encore une prière. Puis la prière de l'izan, après que le soleil, las° de sa journée, se fut couché.

tired

Mor Lame, immédiatement après la dernière génuflexion, demanda, à l'écart,° à sa femme:

off to the side

—Où est l'os?

—L'os est là-bas.

—S'est-il amolli?

Awa s'en fut dans la case et revint:

—Il s'est amolli.

—Ce Moussa! fit le mari tout bas, mais la rage au cœur, ce chien ne veut pas s'en aller; Awa, je vais tomber malade.

Ainsi, dit-il, ainsi, fit-il.

Et tremblant, raide,° il se mit à transpirer° comme une gargoulette° remplie d'eau et pendue à l'ombre d'un tamarinier,° et à frissonner° comme le lait qui va bouillir.

stiff / to perspire / jug
tamarind tree / to shiver

Aidée de Moussa, qui, en vrai frère-de-case, compatissait° grandement aux douleurs° de Mor Lame, Awa transporta son époux dans une autre case que celle où bouillait la marmite.

to sympathize with
pains

Sa femme à son chevet,° son frère-de-case à ses pieds, Mor Lame geignait,° frissonnant et transpirant. Il écouta passer le temps jusqu'au milieu de la nuit.

head of the bed
to moan

Faiblement, il demanda à Awa:

—Où est l'os?

—L'os est là-bas!

—S'est-il amolli?

—Il s'est amolli.

—Laisse-le là-bas. Ce chien ne veut pas partir. Femme, je vais mourir. Il sera bien forcé de s'en aller.

Ayant dit, il fit le mort; un cadavre déjà tout raide, tout sec!

Sa femme, poussant des hurlements, se griffant le visage, dit alors à Moussa:

Moussa, ton frère-de-case est mort. Va chercher Serigne-le-Marabout et les gens du village.

—Jamais de la vie, affirma Moussa. Jamais, je n'abandonnerai, à cette heure-ci, mon plus-que-frère, ni toi toute seule devant son cadavre. La terre n'est pas encore froide, le premier coq n'a pas encore chanté. Je ne vais pas ameuter° tout le village. Nous allons le veiller, tous les deux seuls, comme nous le devons, nous qui sommes, nous qui fûmes les êtres qui lui furent les plus chers. Quand le soleil se lèvera, les femmes

to stir up

well / *to inform*

passeront bien par ici pour aller au puits,° elles se chargeront toutes seules de prévenir° les gens du village.

Et Moussa se rassit aux pieds du cadavre et Awa à son chevet.

La terre se refroidit, le premier coq chanta. Le soleil, sortit de sa demeure.

death

Des femmes, allant au puits, passèrent devant la maison de Mor Lame. Le silence inaccoutumé les intrigua. Elles entrèrent et furent mises au courant du décès° de Mor Lame.

tornado / to spread / *to invade*

Comme un tourbillon,° la nouvelle se répandit° dans Lamène.

Serigne-le-Marabout et les notables et les hommes envahirent° la maison.

Awa se pencha sur l'oreille de son mari et murmura:

—Mor, la chose devient trop sérieuse. Voici, dans la maison, tout le village venu pour te laver, t'ensevelir et t'enterrer.

whisper

—Où est Moussa? demanda, dans un souffle,° le cadavre de Mor Lame.

—Moussa est là.

—Où est l'os?

—Il est là-bas.

—S'est-il amolli?

—Il s'est amolli.

—Que l'on me lave! décréta Mor Lame.

prayers for the dead

Selon les rites et récitant des sourates,° on lava le cadavre de Mor Lame.

cubits

Au moment où Serigne-le-Marabout allait l'ensevelir dans le linceul blanc, long de sept coudées,° Awa s'avança:

—Serigne, dit-elle, mon mari m'avait recommandé de réciter sur son cadavre une sourate qu'il m'avait apprise pour que Dieu ait pitié de lui.

Le Marabout et sa suite se retirèrent. Alors Awa, se penchant sur l'oreille de son époux:

—Mor! Lève-toi! On va t'ensevelir et t'enterrer si tu continues à faire le mort.

to inquire

—Où est l'os? s'enquit° le cadavre de Mor Lame.

—Il est là-bas.

—S'est-il amolli?

—Il s'est amolli.

—Et Moussa, où est-il?

—Il est toujours là.

—Que l'on m'ensevelisse! décida Mor Lame.

Ainsi fut fait.

board

Et, son corps posé sur la planche° et recouvert du cercueil qui servait pour tous les morts, on dit les paroles sacrées et on le porta au cimetière.

Pas plus qu'à la Mosquée, les femmes ne vont au cimetière les jours d'enterrement.

to move aside

Mais Awa s'était souvenue, soudain, qu'elle avait encore une sourate à dire sur le corps de son époux au bord de la tombe. Elle accourut donc. Et tout le monde s'étant écarté,° à genoux près de la tête du cadavre, elle supplia:

—Mor Lame, lève-toi! Tu dépasses les bornes.° On va t'enterrer maintenant.

limits

—Où est l'os? interrogea Mor Lame à travers son linceul.

—L'os est là-bas.

—S'est-il amolli? S'est-il bien amolli?

—Il s'est bien amolli.

—Et Moussa?

—Moussa est toujours là.

—Laisse que l'on m'enterre. J'espère qu'il s'en ira enfin.

On dit les dernières prières et l'on descendit au fond de la tombe le corps de Mor Lame, couché sur le côté droit.

Les premières mottes de terre° couvraient déjà la moitié du défunt° quand Awa demanda encore à dire une dernière prière, une dernière sourate.

clods of dirt / deceased

—Mor Lame, souffla-t-elle dans la tombe. Mor, lève-toi, on comble la tombe!

—Où est l'os? s'informa Mor Lame à travers son linceul et le sable.°

sand

—Il est là-bas, répondit Awa dans ses larmes.

—S'est-il amolli?

—Il s'est amolli.

—Où est Moussa?

—Il est toujours là.

—Laisse combler ma tombe!

Et on combla la tombe.

Et Mor Lame, le gourmand, Mor-le-Cupide n'avait pas fini de s'expliquer avec l'Ange de la Mort venu le quérir° et à qui il voulait faire comprendre:

to fetch

—Eh! je ne suis pas mort, hein! C'est un os qui m'a amené ici!

Que Serigne-le-Marabout, approuvé par tous les vieux du village, toujours de bon conseil, décidait:

—Moussa, tu fus le frère-de-case, le plus-que-frère de feu° Mor Lame. Awa ne peut passer en de meilleures mains que les tiennes. Son veuvage° terminé, tu la prendras pour femme. Elle sera pour toi une bonne épouse.

the late / widowhood (period of mourning)

Et tout le monde s'en fut après force *inch Allah!*

Alors Moussa, régnant° déjà en maître dans la maison de feu Mor Lame, demanda à Awa:

ruling

—Où est l'os?

—Il est là, fit la veuve docile.

—Apporte-le et qu'on en finisse.

Questions sur le texte

E. Le déroulement des contes est souvent motivé par les désirs des personnages.

1. Précisez pour chaque personnage l'objet de son désir:

les villageois de Lamène

Mor Lame

Moussa

2. Ces désirs peuvent-ils logiquement se réaliser pour les villageois? pour Mor Lame? pour Moussa? (Regardez ce qu'ils veulent au commencement de l'histoire, puis à la fin.)

F. *L'Os* est organisé comme une pièce en plusieurs actes.

1. Il y a d'abord l'exposition:

a. Pourquoi le taureau est-il important?

b. Pourquoi les gens de Lamène ont-ils la possibilité d'en avoir un?

2. Ensuite la situation dramatique se prépare:

a. De quoi rêve Mor Lame?

b. Comment se fait-il que Moussa s'y intéresse aussi?

3. Les désirs établis, la situation préparée, l'action se déroule très logiquement.

a. Montrez la chaîne d'actions et de réactions qui mène au dénouement.

MODELE: Moussa frappe à la porte. (action) → Mor Lame ordonne qu'on ferme la porte et s'installe dans la cour. (réaction)

b. Mor Lame et Moussa se servent souvent d'un prétexte pour cacher leurs vrais motifs. Donnez des exemples de ce que chacun dit (son prétexte) et de ce que chacun veut vraiment (le vrai motif de ses actions).

4. Enfin il y a le dénouement:

a. Comment la répétition et la variation marquent-elles le dénouement?

b. Quelle est la solution?

c. En quoi est-elle ironique?

Un griot, Zaïre, 1870

Post-lecture

G. Les contes et les fables servent souvent à illustrer un principe de morale. Cette morale dépend souvent du contexte culturel du conteur et de son public. Par exemple, les cultures africaines donnent beaucoup de valeur à la communauté. Discutez de la morale de *L'Os* en comparant les personnages de Mor Lame et de Moussa et en tenant compte de deux contextes culturels—celui du narrateur et le vôtre.

H. Enterré, Mor Lame se retrouve en train de s'expliquer avec l'Ange de la Mort. Inventez le dialogue—c'est-à-dire les explications que Mor Lame propose et les réponses que donne l'Ange de la Mort.

I. Imaginez une version française de ce conte.

Le Pont Mirabeau

Guillaume Apollinaire

Guillaume Apollinaire (1880-1918) est né à Rome, fils naturel d'un officier italien et d'une jeune fille de la société romaine. Elevé dans le Sud de la France, il est arrivé à Paris en 1891, où il a lié amitié avec de nombreux peintres—Picasso, Derain, Vlaminck et surtout Marie Laurencin, avec qui il a eu une liaison de plusieurs années. Amateur de peinture et de poésie, Apollinaire est connu surtout pour deux recueils de poésie—*Alcools* (1913), d'où est tiré *Le Pont Mirabeau,* et *Calligrammes* (1918), dont les poèmes sont disposés de façon à former des dessins illustrant leur sujet. Apollinaire a été blessé à la tempe pendant la Première Guerre mondiale et, affaibli par sa blessure, est mort à l'âge de 38 ans dans l'épidémie de grippe espagnole qui ravageait la France.

Pré-lecture

A. La fin d'une relation amoureuse. Imaginez que vous êtes amoureux(-se) de quelqu'un depuis un certain temps et que votre relation commence progressivement à se détériorer. Que faites-vous? Comment vous sentez-vous?

Vocabulaire utile

passer de longues heures dans votre chambre • pleurer • relire les lettres qu'il (elle) vous a écrites • revisiter les endroits que vous fréquentiez avec lui (elle) • chercher à l'oublier

triste • seul • abandonné • fâché • mélancolique • découragé • désespéré

Vocabulaire utile

fluidité • solidité • permanence • instabilité • stabilité • changement • communication • séparation

B. Les ponts. Faites une liste de caractéristiques que vous associez:

1. aux ponts

2. aux fleuves ou aux rivières

C. L'amour. En vous inspirant de vos réponses aux exercices A et B, rédigez un petit poème en prose au sujet de l'amour et de sa disparition.

Vocabulaire utile

comme • ainsi que • pareil • contraire à ressembler à • différer de

Note grammaticale

Il n'existe pas de formes de l'impératif à la troisième personne. Il faut donc utiliser un équivalent: on emploie la personne correspondante du présent du subjonctif avec *que* et le pronom sujet. Par exemple,

Qu'elle fasse ce qu'elle veut.	*Let her do what she wants.*
Qu'ils attendent ici.	*Have them wait here.*

Dans certains cas, on n'utilise pas *que* et le verbe précède le sujet. Par exemple,

Vive le roi!	*Long live the king!*

Lecture

Guillaume Apollinaire

Le Pont Mirabeau

Sous le pont Mirabeau coule° la Seine
Et nos amours
Faut-il qu'il m'en souvienne°
La joie venait toujours après la peine°

Vienne la nuit sonne l'heure
Les jours s'en vont° je demeure°

Les mains dans les mains restons face à face
Tandis que sous
Le pont de nos bras passe
Des éternels regards l'onde° si lasse°

Vienne la nuit sonne l'heure
Les jours s'en vont je demeure

L'amour s'en va comme cette eau courante
L'amour s'en va
Comme la vie est lente°
Et comme l'Espérance est violente

Vienne la nuit sonne l'heure
Les jours s'en vont je demeure

Passent les jours et passent les semaines
Ni° temps passé
Ni° les amours reviennent
Sous le pont Mirabeau coule la Seine

Vienne la nuit sonne l'heure
Les jours s'en vont je demeure

flows
I recall, remember
suffering
go away / stay, remain
wave, waters / weary, tired
slow
neither . . . nor . . .

Questions sur le texte

D. Trouvez dans le poème tous les mots et toutes les expressions associés:

1. au temps

2. au mouvement, à ce qui change

3. à la solidité, à ce qui ne change pas

E. Le poème est divisé en quatre strophes et chaque strophe est suivie d'un refrain. Par ailleurs, le poète a supprimé toute ponctuation.

1. Quels aspects de la structure du poème renforcent l'idée de solidité, de permanence?

2. Quels aspects de la structure du poème renforcent l'idée de changement, d'instabilité?

3. Comment le poète utilise-t-il la comparaison, la métaphore et l'opposition pour relier son amour et la présence réelle du pont et du fleuve?

PREMIERE STROPHE

DEUXIEME STROPHE

Troisieme strophe

Quatrieme strophe

F. Le pont Mirabeau traverse la Seine vers le quartier d'Auteuil, où Apollinaire habitait avec le peintre Marie Laurencin. Quels semblent être les rapports entre le poète et la femme au moment où il écrit le poème? A quel point en est leur relation—au début? au milieu? juste avant la fin? juste après la fin? Qu'est-ce qui dans le poème justifie vos réponses à ces questions?

Post-lecture

G. Rédigez le scénario d'un court métrage *(short film)* inspiré par ce poème.

H. Le premier vers du poème est construit de la façon suivante: préposition + nom objet de la préposition + verbe + nom sujet. En vous inspirant de cette structure syntaxique, écrivez un petit poème en prose sur un sujet de votre choix.

Publicités:

L'homme et la femme

Voici deux publicités—pour des cigarettes et pour un parfum—qui font appel à certaines images stéréotypées de l'homme et de la femme.

Vocabulaire utile

un voyage • la fin (le but) du voyage • un feu • des flammes • un miroir • un bateau à voile • les vagues • le vent • des arbres • de la neige • des montagnes • des rochers • des nuages • des vallées

rouge, jaune, vert, blanc, noir, violet, orange, rose, bleu, marron • vivifiant • calme • agité • lumineux • impressionnant • terrifiant

se reposer • dormir • travailler • se détendre • s'exercer • voyager • grimper • regarder de loin

Pré-lecture

A. Jeux d'associations. Utilisez les mots suggérés pour parler de la mer, des couchers de soleil et de la montagne.

1. Quand on vous parle de la mer, quels mots vous viennent à l'esprit (couleurs, sensations, émotions, etc.)?

2. Imaginez une personne devant un coucher de soleil sur la mer.

3. Quand on vous parle de la montagne, quels mots vous viennent à l'esprit (couleurs, sensations, émotions, etc.)?

B. Pour communiquer ses messages, la publicité française (et américaine…) s'appuie souvent sur des stéréotypes, des lieux communs et des banalités. L'importance des stéréotypes est très nette dans les publicités qui traitent directement des hommes et des femmes ou qui concernent un produit pour des hommes ou des femmes.

Le vocabulaire à droite est composé de mots stéréotypés associés aux deux sexes. D'après ces mots et d'après des idées tirées de votre propre expérience, faites la description d'un homme, puis d'une femme.

Vocabulaire utile

la force • la faiblesse • des muscles • la chair et la peau • l'essence • la décoration • une robe • un chemisier • un pantalon • une chemise • un veston

faible • fort • allongé • couché • debout • droit • actif • passif • dur • doux • vrai • faux • habillé • déshabillé • naturel • déguisé

rose pâle • rouge • mauve • blanc • marron • orange • vert • noir • • jaune

agir • se reposer • s'allonger • travailler • attirer • se préparer • décorer • se laisser aller

C. Composez une publicité en couleurs pour un produit (un vêtement, une boisson, une voiture, par exemple) destiné aux femmes. Puis refaites cette publicité à destination des hommes.

La publicité Calèche

Note culturelle

Une calèche est une ancienne voiture à cheval découverte. Les passagers sont assis sur un siège à l'arrière, d'où ils peuvent voir et être vus. Le cocher est installé sur un banc surélevé à l'avant. On peut dire que les passagers sont dans une calèche, bien qu'ils soient à l'air libre. Avant l'apparition de l'automobile, la calèche était associée à une vie élégante et aisée.

D. Imaginez une promenade en calèche à Paris pendant la Belle Epoque (les premières années du 20ème siècle). Considérez la saison; les sensations que vous éprouvez; les gens et le paysage que vous apercevez.

Vocabulaire utile

ensoleillé • beau • chaud • froid • humide • orageux • couvert • nuageux

une brise • la chaleur • la fraîcheur • l'humidité

le plaisir • le jeu • l'ennui • la curiosité • l'esprit d'aventure

femmes et hommes: élégant • beau • riche • pauvre • laid • bien habillé • curieux • ouvrier • aristocratique

décor et vêtements: sombre • gai • éclatant • jaune • orange • vert • rouge • bleu • noir • gris • marron

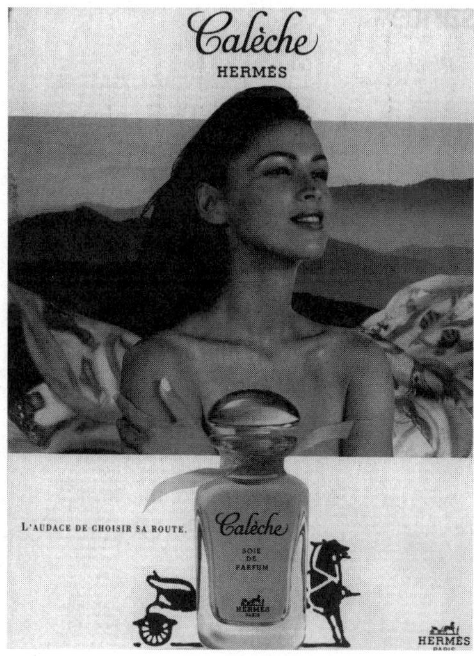

Questions sur la publicité Calèche

E. Le paysage dans la publicité Calèche:

1. Que voit-on à l'arrière-plan? Quel est l'effet recherché? (Quelle sensation la vue d'un tel paysage crée-t-elle?)

2. Qu'y a-t-il juste derrière la femme? D'où vient cette étoffe, d'habitude, et quelles sensations évoque-t-elle?

3. Rattachez vos trois dernières réponses au nom complet du parfum.

4. La femme semble nue, mais d'après vos réponses précédentes, est-ce que cela serait « naturel »? Comment peut-on expliquer ce rapport entre le fond de la photo, la femme et le nom du parfum?

5. Après avoir vu la publicité en couleur: Quelle couleur domine et à quoi associez-vous cette couleur?

F. La femme.

1. Nous voyons ici le regard de la femme. Où semble-t-elle regarder? Qu'est-ce que son regard semble projeter vers le spectateur?

2. Pour vous, quel sentiment ou quelle sensation la position de la main gauche suggère-t-elle?

3. Nous avons dit plus haut que la femme semblait nue. En fait, elle est entourée d'objets, qu'elle « porte » d'une certaine façon. Quels sont ces objets et quelle est leur signification pour la compréhension de la publicité?

4. A ce point de votre analyse de cette publicité, quel rapport pouvez-vous établir entre l'image de la femme qu'elle suggère et le travail sur les stéréotypes que vous avez effectué au commencement de cette section?

5. A la gauche de la femme, la publicité annonce « L'audace de choisir sa route ». Comparez le sens de ce slogan, aussi bien que les mots « soie de parfum », avec votre réponse précédente afin de créer une image globale de la femme. (N'oubliez pas qu'elle est « dans » une calèche.)

G. En psychologie, la synesthésie est l'association spontanée de deux sensations appartenant à des domaines différents. Certains procédés littéraires créent de tels rapprochements: on parle ainsi de couleurs « chaudes » ou de parfums « frais », par exemple. La publicité Calèche fait appel à plusieurs sens pour évoquer le pouvoir du parfum. Notez lesquels et ce qui est suggéré:

1. le visuel (la femme et l'arrière-plan)

2. le toucher

3. le son (une calèche en route)

H. Hermès était une divinité grecque, le guide des voyageurs aussi bien que le messager des dieux. Quelles sortes de voyages imaginez-vous pour les femmes qui portent « Calèche », parfum créé par la société moderne « Hermès »? Quel rapport est ainsi suggéré entre homme-dieu et femme?

La publicité Royale

Note culturelle

Dans la publicité française il est interdit de montrer directement les gens en train de fumer une cigarette et on n'a pas le droit de mettre une cigarette ou un paquet de cigarettes dans une photo ou image où se trouve une personne. Ainsi dans la publicité Royale on peut voir «allumettes» au lieu de «cigarettes» sur le paquet.

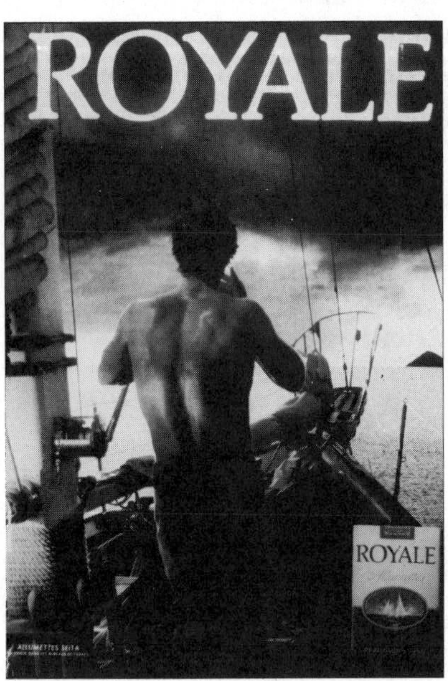

Questions sur la publicité Royale

I. Après avoir vu la publicité en couleur, répondez aux questions sur la publicité pour la marque de cigarettes et d'allumettes Royale.

1. Comment est-ce que vous savez que l'homme fume une cigarette? (Quelles couleurs, quelles positions du corps, quelles formes vous le suggèrent?)

2. Quand est-ce qu'on est supposé fumer une cigarette? (pendant le travail? après? etc.)

3. L'homme fait une croisière.

   a. Où en est-il de son voyage? au commencement, au milieu, ou à la fin?

   b. On est à quel moment de la journée?

4. De quelle manière est-ce que la publicité nous indique qu'elle vend des allumettes?

J. La page de publicité Royale vend des cigarettes aux hommes.

1. A quelles sortes d'hommes (physiquement, socialement et économiquement)? Dans votre réponse n'oubliez pas que les cigarettes s'appellent «Royale» (royal = digne d'un roi).

2. Comment le choix et la répétition des couleurs renforcent-ils l'idée de fumer (les allumettes, les cigarettes, etc.)?

Questions sur les deux publicités

K. Reprenez les stéréotypes que vous avez trouvés dans l'exercice B de la ***Pré-lecture.***

1. Qu'est-ce qu'il y a de particulièrement «masculin» ou «féminin» dans la position et l'habillement de l'homme et de la femme respectivement?

2. Et dans les couleurs et les formes (les cercles, les triangles, les carrés, etc.)?

3. Et dans la représentation du paysage?

Post-lecture

L. D'après ce que vous avez appris sur la publicité, refaites votre page de publicité de la ***Pré-lecture*** et justifiez votre travail.

M. Vous êtes une femme et vous venez d'acheter Calèche. Vous allez sortir pour la première fois en portant ce parfum. Avant de sortir vous fantasmez sur l'effet de votre nouveau parfum. Décrivez votre fantasme. (Ou bien vous êtes un homme et vous mettez une eau de Cologne très connue.)

N. On peut lire la publicité Royale comme une petite histoire avec un commencement et une fin, mais le commencement et la fin ne sont pas directement dans la photo. D'après les détails de la photo, racontez cette histoire. Réfléchissez par exemple aux faits que:

L'homme ne porte pas de chemise. Pourquoi? (Quel temps fait-il? Que vient-il de faire?) Où va-t-il? Quand va-t-il arriver? Qu'est-ce que l'image sur le paquet de cigarettes-allumettes nous suggère de sa journée? (Quelle est la progression temporelle entre l'image sur le paquet et la grande photo?)

O. Peut-on aussi lire la publicité Calèche comme une petite histoire? D'après les détails de l'image, racontez cette histoire. Réfléchissez par exemple aux points suivants:

La femme ne porte pas de chemisier. Pourquoi? Où va-t-elle? Savons-nous quand elle va arriver? Quelle sorte de voyage un parfum suggère-t-il? Et la calèche? Le voyage sera-t-il réel ou imaginaire?

Le Retour de Mamzelle Annette

Joseph Zobel

Joseph Zobel (1915–) est un des écrivains antillais d'expression française les plus appréciés. Né en Martinique, il écrit sur l'expérience des Antillais sous la domination des Blancs d'Europe. Son premier roman, *La Rue Cases-Nègres*, raconte la jeunesse de l'auteur, élevé par sa grand-mère qui travaillait aux champs de canne à sucre. *Le Retour de Mamzelle Annette* fait partie d'un recueil de contes intitulé *Si la mer n'était pas bleue...*

Pré-lecture

A. Les missionnaires. Ecrivez un paragraphe sur ce que vous savez au sujet des missionnaires. *Suggestions:* Qui sont les missionnaires? Où vont-ils? Quel est leur but dans la vie? Quelles sont les attitudes des autres à leur égard?

Vocabulaire utile

un religieux (une religieuse) • les indigènes • les pays sous-développés

avoir mission de • prêcher l'Evangile • propager la foi • convertir quelqu'un à une religion • se convertir • se soumettre à • s'opposer à

B. Un coiffeur. Décrivez le travail d'un coiffeur.

Vocabulaire utile

les cheveux • la barbe • une paire de ciseaux • un rasoir • une tondeuse • le menton • la mousse à raser • l'eau de Cologne • un gros fauteuil • la glace • la nuque • les tempes • un peigne

tailler • barbouiller • frictionner • faire pivoter • couper • faire voir

C. Une domestique. Décrivez le travail d'une domestique.

Vocabulaire utile

la vaisselle • les torchons • la poussière • les verres

laver • balayer • rendre de petits services • nettoyer • faire le ménage • ranger • essuyer • frotter

D. Les sept ans. Ecrivez un paragraphe sur les enfants de sept ans. *Suggestions:* Comment passent-ils le temps? Quelle est leur attitude à l'égard des parents? à l'égard des autres grandes personnes?

Vocabulaire utile

s'amuser à • prendre plaisir à • jouer • grimper aux arbres • se salir • se bagarrer • obéir à • désobéir à • rendre des services à • faire des courses pour • se fâcher contre • avoir du respect pour • avoir de la curiosité à l'égard de • avoir peur de

Lecture

Joseph Zobel

Le Retour de Mamzelle Annette

Monsieur Ernest n'avait pas de femme. Il était des rares que la Mission n'avait pas décidés à se marier. Moi, je n'allais pas encore à l'école, et ma mère disait qu'elle aimait mieux me voir passer mes journées à faire la petite bonne° chez Monsieur Ernest, que de me laisser gambader° par tout le bourg,° pendant qu'elle et mon père étaient au travail sur la plantation, ou libre de suivre les garçons à travers toutes les savanes° du pays environnant° et, avec eux, patauger° dans les ruisseaux, grimper aux arbres et me batailler comme une galvaudeuse.°

Au demeurant,° faisait-elle remarquer, mes robes s'usaient° beaucoup moins et je ne me retrouvais plus chaque soir, sale, écorchée° et à demi-nue dans des vêtements crottés° et réduits en charpie°—lesquels pourtant avaient été bien raccommodés° et propres, le matin. Et puis, que c'était une vraie tranquillité d'esprit pour elle de penser, tout le temps qu'elle était à désherber les cannes° du béké,° que je devais être en train de laver

maid / to leap about
small village
tropical grasslands
surrounding / to flounder about / tramp
after all / to wear out
scratched
muddied / reduced to shreds / mended
to weed the sugar cane / Caribbean slang for the white owners

la vaisselle ou les torchons ou de balayer le pas de porte de Monsieur Ernest, au lieu de me livrer à° des extravagances qui ne lui rapporteraient que désagrément le soir. Elle estimait que c'était beaucoup mieux ainsi pour une petite fille, et tout à son honneur, à elle, qui m'avait inculqué le savoir-faire. Mon père ne partageait pas cette façon de voir, mais de beaucoup, je me plaisais mieux° à rendre de petits services à Monsieur Ernest qu'à passer tout mon temps à jouer.

to indulge in

to get more enjoyment

Mon père, lui, faisait valoir° que la maison de Monsieur Ernest était, en fait, un lieu de réunion° et que les clients y tenaient des propos° qui n'étaient pas toujours adaptés aux oreilles d'une petite fille de sept ans, et puis…

to assert

meeting place / talked about things

—Et puis, répétait mon père sur un ton de défiance, faudrait pas que Ernest, parce qu'il est mulâtre,° faudrait pas qu'il croie que c'est tout naturel que notre enfant, qui a la peau noire, lui serve de petite bonne.

mulatto

Et encore:

—Pourquoi ne s'est-il pas marié avec Annette? Parce que, en réalité, il considérait Annette comme sa bonne, ni plus. Tu comprends bien que si le mulâtre renie° la négresse qui est sa mère, ce n'est pas une négresse qu'il prendra pour femme. Et moi, si j'étais une femme, jamais un mulâtre ne me…

to deny, reject

—Assez! vociférait ma mère, ne va pas dire des insanités devant cette enfant. Si tu étais une femme, tu serais bien fière de faire pour un mulâtre, un enfant qui n'ait pas les cheveux crépus.° Tu sais qu'il n'y a rien qu'une négresse aime tant qu'un homme et un enfant à cheveux soyeux°! Le ton de la dispute montait de plus en plus, et soudain ma mère partait d'un éclat de rire, de ce rire qu'opposent les femmes° à tel argument qu'elles trouvent des plus absurdes. Et elle ajoutait:

frizzy

silky

that women bring against

—Eh bien, pendant que tu y es, dis simplement que tu regrettes de m'avoir épousée.

Alors mon père se levait brusquement, prenait son lourd chapeau de fibres et sortait.

Pourtant, lui, cela lui plaisait autant qu'à° ma mère, d'entendre dire que j'étais une petite fille remarquablement propre, et diligente, et qui, tout en jouant, avait transformé la maison de Monsieur Ernest à ce point qu'on ne dirait jamais que c'est le travail d'une enfant.

La maison de Monsieur Ernest était une vieille baraque en planches° qui n'avait jamais été peinte et avait pris, de ce fait, l'aspect de tout ce qui est abandonné à la pluie et au soleil dans la touffeur° du climat. D'ailleurs, elle n'appartenait même pas à Monsieur Ernest. Elle faisait partie de quatre ou cinq autres que Madame Achi, une des grandes propriétaires du bourg, louait° à une dizaine de familles.

Ce qui la distinguait des autres baraques alignées du même côté de la rue, c'est que, au lieu d'être plus ou moins penchée° d'un côté, elle partait à la renverse,° gardant cependant sa toiture de tuiles moussues° comme Siméon qui, même lorsqu'il était saoul,° titubait et culbutait,° sans que son vieux képi crasseux° décollât de sa nuque.°

Il y avait, au-dessus de l'entrée, un panneau encadré sur lequel on avait peint des lettres, que les craquelures° de la peinture et la poussière dont elles étaient imprégnées, avaient affritées° jusqu'à les rendre illisibles, mais les mots se devinaient° aisément; la porte restant toujours ouverte, tout le monde pouvait voir que c'était là que Monsieur Ernest taillait les cheveux et la barbe des hommes du bourg et des environs—du moins ceux qui ne trouvaient pas que ses tarifs étaient trop élevés. Car il y avait dans chaque quartier un homme, ouvrier à l'usine ou tâcheron° des plantations, qui possédait une paire de ciseaux, un rasoir, parfois même une tondeuse, et qui, le dimanche matin, avant la messe de préférence, remplissait l'office° de coiffeur, moyennant une rétribution modique°—la clientèle se composant d'ailleurs presque exclusivement de voisins et d'amis.

Mais, Monsieur Ernest était le coiffeur du bourg, comme Monsieur Edouard était le cordonnier, Mamzelle Elodie, la couturière, ou Madame Almatise, la pâtissière. Chez lui, il y avait des glaces qui reflétaient presque toute la pièce, et dans lesquelles plusieurs personnes à la fois pouvaient se voir presque en entier. Monsieur Ernest barbouillait le menton et les joues de ses clients, de mousse de savon de toilette et les frictionnait avec de l'eau de Cologne qui sentait bon jusque dans la rue; de plus, il possédait cet appareil prestigieux au moyen duquel, en manière de touche suprême, quand il avait fini de lui tailler les cheveux, il enveloppait la tête du client d'un nuage de parfum.

Est-ce que je me rappelle à quelle occasion j'entrai pour la première fois chez Monsieur Ernest?

Il me semble que c'était pendant cette période où il restait tous les après-midi assis sur une chaise devant sa porte, un bras enveloppé et suspendu à son cou par un madras. Il avait fait une chute de cheval,° alors qu'il se rendait à Desmarinières, voir son vieux père. Ce devait être à cette époque-là, en effet, que Monsieur Ernest m'a appelée la première fois, pour me demander de lui faire une petite commission. Il ne pouvait

as much as

shanty made of boards

suffocating heat

to rent

leaning / to tilt backwards roof of moss-covered tiles / drunk / to stagger and topple over / his filthy (military-style) hat / fall off the nape of his neck / chipping / to cause to crumble / to be guessed

worker

to fill the role

in exchange for a modest payment

fall from a horse

to chat
his thighs astride
to require
bent to form a right angle

steamboat
poultry
huts

to have recourse to
to fall upon / thankless tasks / to ask for
to not lend oneself to

sullen

called on
at every turn
Mrs. or Mr. So and So

strap

back-room (of shop)
to lead into
lizards / cockroaches
beams and boards / damaged / damages to the base / hinges / floor, which was missing entire floor boards / to frighten / to swarm / to search around / broken boxes / scrap material / dust / mildew / garbage / dump
spankings
filth

pas tailler les cheveux ni raser les mâchoires, puisqu'il s'était cassé le bras. Il restait toute la fin de l'après-midi assis devant sa porte, sur une chaise, comme se mettent souvent les hommes lorsqu'ils causent° dehors: les cuisses chevauchant° le siège, et la poitrine tournée contre le dossier, à la place où les bonnes manières exigent°—aux enfants surtout—que s'appuie le dos. Son bras, cassé et replié en équerre° dans le madras, reposant sur le haut du dossier. Monsieur Ernest regardait passer les gens dans la rue, ceux qui s'en retournaient de leur travail et ceux que le petit bateau à vapeur,° que nous appelions le yacht, venait de ramener de la ville où ils étaient allés vendre leurs fruits, leurs légumes, de la volaille,° des œufs, et qui se hâtaient de regagner à pied leurs cases° dans les hauteurs des environs. Un beau spectacle auquel tout le bourg prenait plaisir chaque soir.

C'était probablement pendant qu'il avait son bras cassé; et un après-midi, comme je passais, il avait dû m'appeler:

—Hé petite! Qui est ton père?... Eh bien, viens me rendre un petit service.

Etre serviable faisait partie des premiers devoirs des enfants envers les grandes personnes. Celles qui avaient des enfants assez grands pour faire les courses ne recouraient° guère aux enfants des autres; en revanche, nous incombaient° les courses et les corvées° de toutes celles, qui, n'ayant pas d'enfants, nous requéraient° à chaque occasion.

Certes, il y avait quelques-uns d'entre nous qui ne se prêtaient° pas de gaîté de cœur à cette manière de servitude. Ils étaient réputés «malhonnêtes», car ils prenaient des airs maussades° ou, faisant semblant de n'avoir pas entendu, s'enfuyaient.

Moi non plus, du reste, je n'aimais pas être interpellée° à tout bout de champ,° et être propulsée d'une maison à une autre pour demander ceci ou dire cela de la part de Madame Une telle ou de Monsieur Machin.°

Mais Monsieur Ernest avait un bras cassé qui pendait sur sa poitrine par une courroie° faite d'un madras passé autour du cou; et il n'avait ni femme ni enfant.

Rien d'étonnant donc que sa maison fût dans un tel désordre, lorsque j'y entrai pour la première fois.

Le salon de coiffure communiquait par le fond avec une arrière-boutique,° et, sur un côté, avec la chambre. L'arrière-boutique elle-même donnait sur° une autre pièce que Monsieur Ernest avait dû abandonner aux petits lézards° verts, aux araignées et aux cancrelats° qui y pullulaient; les poutres et les planches° avaient été minées° par l'humidité et les termites, et ce sont ces atteintes à la base° qui faisaient pencher la maison. La fenêtre était sortie de ses gonds°; le parquet, auquel manquaient des lames entières,° m'épouvantait° à cause des bêtes que j'y voyais grouiller° ou que j'imaginais dans les trous noirs, bien que j'eusse aimé fouiller° dans l'amas de chiffons, d'ustensiles hors d'usage, de caisses démolies,° et dans tout le rebut° couvert de poussière° et de moisissure°: un vrai dépotoir.°

Lorsque j'entrai pour la première fois chez Monsieur Ernest, l'état du salon de coiffure, et de l'arrière-boutique surtout, me fit songer aux cris de ma mère et à la fessée° que j'aurais reçue si j'avais été à l'origine d'un tel désordre et avais accumulé tant de saleté.°

Pourtant, ce désordre, cette saleté n'étaient pas dénués° de séduction puisque d'emblée,° ils m'offraient l'occasion d'exercer un talent que je tenais de ma mère, et dont je n'avais jamais pu apprécier l'étendue et la valeur. Ma mère étant très exigeante° sur la tenue de la maison et la propreté de corps, me faisait plus souvent des critiques et des reproches que des compliments.

Alors, je fis comme si c'était quelque maison abandonnée que je venais de découvrir par la grâce du merveilleux, et que j'entreprenais de nettoyer avec toute l'application et la coquetterie que je pouvais déployer° pour épater° mes camarades.

Tout ce que la poussière, la crasse° ou la rouille° avait recouvert et enlaidi°—les outils, les ustensiles, les meubles, le parquet et les lames des persiennes°—avait retrouvé un tel aspect de propreté que lorsque Monsieur Ernest expliquait que j'étais l'artisane de cette métamorphose, certains pensaient tout haut:

—C'est une enfant comme ça qu'il m'aurait fallu; j'en ai une qui est même un peu plus âgée, mais y a que le jeu qui l'intéresse.°

Depuis, c'était chaque jour que ma mère recevait des compliments sur la façon dont, pour m'amuser, je faisais le ménage de Monsieur Ernest.

Encore une qui ne manquait jamais l'occasion de vanter° mes talents: Léonor!

C'était elle qui préparait, chez elle, les repas de Monsieur Ernest, et les apportait, midi et soir, dans un plateau recouvert d'une serviette blanche.

Or, non seulement je lavais pour elle la vaisselle, après chaque repas de Monsieur Ernest, mais je lui rapportais le tout bien propre, rangé° dans le plateau, jusque chez elle, au bas du bourg.

Elle faisait mon éloge avec tant de conviction, qu'il ne se passait pas de jour qu'une femme ne s'arrêtât devant la porte pour allonger le cou à l'intérieur et s'exclamer:

—Oh! Oh! Oh! Voyez comme la petite fille a embelli° cette maison!

—Et toute seule, sans qu'on lui ait rien demandé, rien expliqué, ajoutait Monsieur Ernest d'un air détaché.

—Toute seule! Et aussi bien qu'une grande personne.

Son bras cassé maintenant guéri,° Monsieur Ernest paraissait aussi content de s'en servir qu'il prenait plaisir à montrer, à tous ceux qui venaient, le gonflement° que laissait encore la fracture.

Sa clientèle était composée surtout des notables du bourg et des environs qui avaient besoin de se faire tailler les cheveux et la barbe, pour assister à un enterrement° ou à un baptême. Ils arrivaient, certains sur leur mulet qu'ils accrochaient à un fer à cheval° fixé sur le bord du toit, à l'entrée du passage étroit qui séparait la maison de Monsieur Ernest de celle d'à côté, et ils s'installaient avec leurs bottes, dans le gros fauteuil—semblable à un jouet pour grands enfants—que Monsieur Ernest faisait pivoter pour leur couper les cheveux tout autour, sur la nuque et les tempes.

lacking in
from the start
exacting
to display
to shock and impress
filth / rust
made ugly
slats of venetian blinds
the only thing that interests her is playing
to praise
arranged
to make beautiful
healed
swelling
burial
horseshoe

Le soir surtout, il y avait beaucoup de monde: ceux qui attendaient leur tour, ceux qui avaient fini et restaient là pour continuer à parler et à rire, et ceux qui étaient venus, avec une mandoline, une guitare ou un banjo, faire de la musique et chanter les chansons à la mode: le succès du dernier carnaval, nouvellement arrivé de la ville, ou quelque romance venue de France, on ne savait comment, sur quel alizé° ou roulée dans quelle vague.° Malheureusement, à ces moments, je ne pouvais guère être là; je n'avais aucune raison d'y être (une enfant ne doit pas se trouver là où plusieurs grandes personnes sont assemblées!) sauf, si l'un d'entre eux m'avait appelée pour m'envoyer acheter une roquille° ou une chopine° de rhum pour offrir une tournée.°

Je prenais un tel plaisir à tout laver, essuyer, frotter, ranger, que j'aurais voulu que Monsieur Ernest manifestât sa satisfaction en gardant chaque chose, ou plutôt, en remettant scrupuleusement chaque chose, à sa place que je lui avais assignée.

Mais Monsieur Ernest était si désordonné, que chaque matin en rentrant chez lui, j'aurais cru que, mécontent de ce que j'avais fait la veille,° il avait rageusement tout déplacé, tout éparpillé,° tout sali.°

Pourtant chaque matin, sans qu'il prêtât la moindre attention à ce que je faisais, je recommençais; et, pour finir, après que le salon de coiffure et l'arrière-boutique eurent été balayés, les outils essuyés et rangés sur la console en mahogani derrière laquelle se dressait un grand miroir, les assiettes et les verres lavés et alignés sur la table, je poussais le raffinement jusqu'à disposer dans un vieux plateau de bois de Guyane, quatre verres, une petite cuiller et un citron vert que j'avais été cueillir° dans la cour de Mademoiselle Mayotte (je ne lui demandais même plus la permission) afin que tout fût prêt pour le premier punch de midi.

Après quoi, j'emportais° la vaisselle du déjeuner chez Léonor, puis j'allais rejoindre mes camarades. Et quand nos jeux n'étaient pas trop animés, je profitais d'un moment de relâche° pour retourner voir si Monsieur Ernest n'avait pas besoin de mes services.

Tous les après-midi, Monsieur Ernest faisait la sieste. Le salon de coiffure n'en restait pas moins ouvert, mais personne n'y venait: pour tous ceux qui ne travaillaient pas à l'usine ou dans les plantations, c'était aussi l'heure de la sieste. Ayant ce privilège d'y entrer à n'importe quel moment de la journée, cela me plaisait de rester là et de vaquer à° quelques petits rangements, par exemple, sans faire le moindre bruit, de façon que Monsieur Ernest, à son réveil, eut l'impression que tous les objets qu'il avait déplacés, s'étaient d'eux-mêmes remis à leur place.

J'en profitais aussi pour me regarder longuement dans les miroirs—surtout dans le grand panneau de glace qui surmontait la console sur laquelle s'alignaient les outils. En face, un autre, un peu plus étroit, vous faisait voir si vos cheveux étaient bien arrangés derrière votre tête, ou si votre robe n'était pas déchirée° dans le dos. J'étais drôle, jolie, admirable. Non, jamais ne me venait la tentation d'utiliser les accessoires que je rangeais: ni la poudre de talc, ni l'eau de Cologne. Et ce n'était pas par la seule crainte

trade wind / wave
orange marmalade / bottle / round of drinks
day before
to scatter about / to get dirty
to pick
to take
respite
to attend to
torn

que Monsieur Ernest s'en aperçût! J'étais tout simplement persuadée que j'avais à faire à des attributs de grandes personnes, et m'en servir m'eût peut-être porté préjudice.°

J'étais souvent assise dans l'arrière-boutique à feuilleter° de ces catalogues que Monsieur Ernest recevait de France, et qui étaient illustrés de peignes, de tondeuses, de flacons de lotion, de têtes de femmes et d'hommes blancs, avec de beaux cheveux lisses° ou ondulés° et luisants,° encore plus beaux que ceux des mulâtres et des mulâtresses. Je m'arrêtais de tourner les pages pour écouter ronfler° Monsieur Ernest. Je n'étais jamais entrée dans la chambre de Monsieur Ernest, d'ailleurs toujours fermée. Une fois qu'elle était restée entr'ouverte, juste le temps pour Monsieur Ernest d'aller y prendre quelque argent pour m'envoyer faire une course, j'aperçus le montant° d'un lit en fer, garni d'anneaux et de boules de cuivre, et le dossier d'une chaise chargée de linge.°

La bonne éducation interdisant formellement aux enfants de pénétrer dans les pièces où les grandes personnes se mettent nues pour se laver, s'habiller et faire tout ce que les enfants ne doivent pas voir, je n'avais jamais mis les pieds dans la chambre de Monsieur Ernest, et je concevais naturellement que je ne pouvais pas y entrer.

Je restais donc là, et j'écoutais ronfler Monsieur Ernest.

Mon père aussi ronflait lorsqu'il dormait, et on aurait dit un bonhomme qui prend sa grosse voix pour faire peur aux enfants. Monsieur Ernest, lui, émettait un sifflement assourdi,° je pensais à une grosse pompe à air que je me serais amusée à actionner à vide, en essayant d'empêcher l'échappement d'air. Mais alors que certainement je me fusse lassée° assez vite d'entendre une pompe aspirer et refouler l'air, le bruit du souffle de Monsieur Ernest me retenait là, immobile, attentive, jusqu'à la fin de la sieste.

Je l'entends alors s'ébrouer,° bâiller° et s'étirer° en même temps. J'entends, au cliquetis° de la boucle de sa ceinture, qu'il remet son pantalon. Voilà la porte qui s'ouvre; il est devant moi, les cheveux en désordre, les yeux tout rapetissés°; en me voyant, il dit:

—Oh! Tu es là?

Il se penche aussitôt sur la grande cuvette de faïence° encastrée° dans la petite table peinte en blanc, au-dessus de laquelle il lave la tête de ses clients. Il se mouille le visage, puis il peigne et brosse ses cheveux dont les mèches° noires s'enroulent sur elles-mêmes à chaque coup de brosse.

Il était parfois de fort belle humeur, et après s'être bien regardé dans les glaces, il enfouissait° la main dans la poche de son pantalon, faisant bruire° de cette monnaie qui semblait ne jamais tarir° dans la poche des hommes, et la retirait en me disant:

—Tiens, c'est pour toi.

Une pièce de deux sous que je me hâtais d'aller dépenser chez Mamzelle Pauline qui plaçait sur le rebord° de sa fenêtre, un tray garni de friandises à la noix de coco, dont la séduction ne permettait à aucun de nous de garder, pendant plus d'une heure ou deux, la pièce de cinq centimes que la chance avait pu lui mettre dans la main.

to harm
to leaf through
smooth / wavy / shiny
to snore
post
loaded with laundry
muffled whistle
to get tired
to shake himself / to yawn / to stretch / click
shrunken
earthenware wash-bowl / embedded
locks
to bury
to make noise / to dry up
sill

Souvent aussi, quand il avait fini de faire la sieste, et que le premier client de l'après-midi n'était pas encore arrivé, Monsieur Ernest m'envoyait lui acheter un papier à lettre et une enveloppe chez Madame Formosanthe—si celle-ci venait de vendre de la graisse° et de débiter de la viande salée,° il lui fallait le temps de se savonner° les mains et de les essuyer avant de me servir—, et il s'asseyait à la table qui se trouvait dans l'arrière-boutique pour écrire longuement une lettre qui me valait tout un programme de plaisirs: la porter au bureau de poste, au bas du bourg, de façon que chacun me voie avec une lettre à la main; acheter un timbre et me délecter° à le lécher° pour le coller° ensuite soigneusement sur l'enveloppe; enfin la livrer,° en la glissant dans la boîte aux lettres, au mystère que même le passage quotidien de la «postale» n'était parvenu à éclaircir dans mon esprit, qui l'emportait, sans manquer son but, quel que fût le pays et l'endroit, jusqu'à la personne dont le nom était écrit dessus.

fat
salted / to wash with soap
to take pleasure in / to lick / to stick / to deliver

Je ne m'étais jamais souciée de° savoir à qui Monsieur Ernest écrivait aussi souvent, si c'était chaque fois à la même personne, pas plus que, lorsque le matin, Testilla, la factrice,° lui remettait une lettre, j'aurais cherché à savoir d'où et de qui elle pouvait venir.

to worry about
mail-carrier

Pourtant lorsqu'un matin je trouvai Mamzelle Annette là, comme si elle y avait toujours été, comme une femme qui est chez elle, je me rappelai aussitôt la dernière lettre qu'avait reçue Monsieur Ernest, et combien il avait été visiblement transfiguré pendant toute la journée. Au demeurant, personne dans le bourg n'avait eu vent° que Mamzelle Annette arriverait, sinon° ma mère et mon père l'auraient su et m'en auraient parlé d'une façon ou d'une autre.

to get wind of
otherwise

Or, ce matin-là, je la trouvai... Non, ce fut beaucoup plus surprenant que cela!

Monsieur Ernest était en train de se raser, debout devant la grande glace dans laquelle on voyait tout ce qu'il y avait dans la pièce; moi j'avais balayé l'arrière-boutique, et je finissais de bien laver les verres avec des feuilles de haricot écrasées°—c'est ainsi que je voyais faire par toutes les femmes lorsqu'elles manquaient de° savon, ou qui prétendaient que c'était encore mieux qu'avec du savon, car les feuilles de haricot conjurent° le mauvais esprit qui pousse à boire du rhum—et, tout à coup, juste au moment où je posais le plateau de bois de Guyane avec les verres propres au milieu de la table, j'entends une voix de femme qui dit:

crushed leaves of bean plants / to lack
to ward off, exorcise

—Je m'étais si profondément rendormie que je n'ai même pas senti à quel moment tu t'es levé.

Je sursaute, fais un pas, me penche,° et je vois une grande femme, les cheveux roulés avec des papillotes,° tout enveloppée dans un peignoir° à larges fleurs. Elle, aussi, paraît un peu surprise de me voir; mais moi, j'étais si troublée, que j'en oubliai de lui dire bonjour. Monsieur Ernest qui s'en aperçut, lui dit:

to bend over
curlers (made of paper) / dressing gown

—C'est la petite à Stéphanise. Tu sais? Stéphanise qui s'est mariée avec le grand Léon. Elle vient, comme ça, me rendre de petits services; elle ne va pas encore à l'école.

Et à moi:

—C'est Mamzelle Annette… Dis bonjour à Mamzelle Annette.

—C'est gentil, ça! dit-elle, avec un sourire aimable.

D'une main, elle serrait le pan° de son peignoir sur ses cuisses, et de l'autre, refermait le col° sur le volume que dessinait le contenu du peignoir sur sa poitrine.

flap
neck

Elle me demanda mon nom. Je n'étais pas encore revenue de ma stupéfaction; Monsieur Ernest ajouta:

—Mamzelle Annette était en ville. Elle est arrivée hier soir.

Il se versa° de l'eau de Cologne dans une main, et tapota° vivement ses joues en faisant la grimace.

to pour out for himself / to tap

Je pris le balai et me mis à balayer l'arrière-boutique pendant que Mamzelle Annette, derrière moi, promenait son regard sur chaque chose en disant:

—Très bien, très bien.

Mais je ne savais si c'était un compliment qui s'adressait à moi ou une réflexion qu'elle se faisait à elle-même.

Quand j'eus fini de balayer, Monsieur Ernest qui, toujours devant la glace, brossait maintenant ses cheveux qu'il avait enduits° de vaseline, dit à Mamzelle Annette:

to coat with

—Si tu as quelques courses à faire, tu peux disposer d'elle. Elle est vive comme une puce.°

lively as a flea

—Je n'ai pas encore réfléchi, dit Mamzelle Annette, je ne sais pas encore ce que je vais faire aujourd'hui.

Tout en parlant, elle s'était approchée de lui. Sa bouche et ses yeux, à elle, étaient tout près de son visage, à lui, dont la peau était claire, car il venait tout juste de la lisser° avec de l'eau, du savon de toilette, du parfum. J'étais dans l'arrière-boutique, mais la glace du mur, derrière le fauteuil tournant, me renvoyait toute la partie du salon de coiffure où ils étaient debout. Lui la fixait d'un regard de plus en plus tendu, qui semblait l'attirer et la transpercer lentement.

to smooth out

Alors, tout d'un coup, j'entrai dans le salon de coiffure.

Ce n'est pas moi qui appris à ma mère que Mamzelle Annette était chez Monsieur Ernest. Elle et mon père l'avaient su aussitôt.

Tout le monde le savait déjà. Tout le monde en parlait:

—Elle a été en ménage avec° lui longtemps.

to live with (unmarried)

Tout le monde, y compris les enfants. Les grands, bien sûr; pas ceux de mon âge.

—C'est depuis la Mission qu'elle l'avait quitté.

D'ailleurs, moi, j'étais beaucoup trop jeune, et mes parents n'habitaient certainement pas encore cette maison de la Cour Bambou. Peut-être même, étions-nous encore jusqu'à Féral, avant l'incendie qui avait brûlé notre case.

Je me souvenais pourtant de la Mission.

C'étaient deux prêtres,° tous deux en soutane° blanche; mais l'un était grand avec une longue barbe grise et des cheveux blancs, et l'autre était plutôt court et gros, noir de cheveux, sans barbe ni moustache. Ils

priest / cassock

étaient venus de France, je crois, et avaient déjà été dans presque toutes les communes° du Nord—car il y a longtemps qu'on en avait entendu parler—et ils allaient dans toutes les paroisses,° dans toutes les églises. Ils prêchaient.

Cela se passait le soir, à peu près comme durant les vendredis de Carême.° On allait écouter; tout le monde: les grandes personnes, les vieillards et même nous, les enfants, que toute cette foule et toute cette éloquence impressionnaient et excitaient.

Des fois, il y avait tant de monde, que l'église était comme un soulier trop court dans lequel un grand pied s'efforce en vain d'entrer. Il y avait des soirs réservés aux hommes, des soirs pour les femmes seulement et des soirs pour tout le monde. Un soir ici, un soir à Grand-Bourg qui est à trois kms, un soir à Saint-Esprit, à quatre kms d'ici. De sorte que beaucoup de gens—et nous avec eux—assistaient aux trois prêches,° faisaient la route à pied, un soir jusqu'à Saint-Esprit, le surlendemain à Grand-Bourg; parce que ce n'était jamais exactement le même prêche. C'était tantôt le grand missionnaire à barbe blanche qui prêchait, tantôt celui aux cheveux noirs.

Cela dura je ne sais plus combien—peut-être un mois—et pendant ce temps, le pays fut pareil à un grand troupeau° que les deux prêtres attiraient° des moindres hameaux,° des plantations de derrière les mornes° les plus éloignés, vers les sacrements.

Nous étions tous chrétiens; il ne manquait à° certains que la communion, la confirmation et le mariage—et, à beaucoup le mariage seulement, car la plupart vivaient en concubinage.°

Or, la Mission était venue qui dénonçait le danger de rester sans baptême, de n'avoir pas fait sa première communion et de prendre femme en dehors du mariage—et en même temps, elle démontrait que point n'était besoin° de s'endetter,° voire de se ruiner, pour être sauvé: les beaux vêtements, les grands repas, les fêtes coûteuses étaient même réprouvés par Dieu. Tout cela, l'abbé Leroy l'avait déjà répété maintes et maintes fois, mais il y avait si longtemps qu'il était dans la paroisse, l'abbé Leroy, que ses conseils étaient le plus souvent écoutés d'une oreille distraite. Il était devenu rien de moins qu'un instrument commode à faire la messe, baptiser, confesser, donner la communion, administrer l'extrême onction et faire les enterrements, à ceux qui en voulaient, ou à la demande.

Mais eux, les deux missionnaires, étaient spécialement venus de France (c'était un peu comme s'ils avaient été envoyés par Dieu lui-même) pour donner la première communion et marier tous ceux qui étaient dans le péché,° et pour baptiser les malheureux enfants qui étaient nés du péché. D'ailleurs, même ceux qui avaient fait leur première communion et qui étaient mariés, découvraient alors qu'ils étaient aussi dans le péché, soit qu'ils ne fissent plus leurs Pâques,° ou qu'ils n'allassent même plus à la messe, le dimanche. Et ceux-là aussi se devaient de° profiter de l'occasion pour reprendre le chemin de l'église, et se mettre aux pieds du bon Dieu.

Bien sûr, il y eut d'abord des hésitations par timidité—par amour-propre° aussi—parce que tel et tel se demandaient si, en réalité, la

towns
parishes
Lent
sermon
flock (of animals) / to attract / from the tiniest hamlets / hillocks / to be missing
cohabitation
it wasn't necessary / to get into debt
sin
to do their Easter duties at church / to owe it to themselves to
self-esteem, self-respect

Mission n'était pas une entreprise de charité qui, tout compte fait, ne pouvait qu'humilier les pauvres nègres. Mais les missionnaires semblaient deviner tout ce que vous pouviez penser et y répondaient avant même que vous eussiez ouvert la bouche. La Mission était une action à la gloire de Dieu, et ce qui se fait pour la gloire de Dieu ne pouvait pas nuire aux° enfants de Dieu; c'était, du reste, pécher par orgueil° qu'entretenir° de telles pensées.

to harm
to sin out of pride / to entertain

Ainsi épiloguaient les grandes personnes au retour de chaque prêche pendant que, sur la route, nous, les enfants, ne pensant même plus au prêche dont la plus grande partie nous avait certainement échappé, nous ricanions° en nous amusant à répéter les expressions et les proverbes en créole dont usaient les missionnaires et qui produisaient sur l'assistance les effets les plus comiques.

to laugh

En tout cas, une grande peur de péché s'était mise dans tout le pays—une grande peur et une grande honte abolissant° jusqu'à la fierté° que les uns pouvaient affecter envers les autres.

to abolish / pride

Ce furent les plus belles fêtes dont le Bourg parle encore, ces premières communions de grandes et même de vieilles personnes parmi lesquelles certaines, étrennant° leurs vêtements de cérémonie, paraissaient transfigurées; ces grand-messes où presque tous les fidèles étaient des hommes et des femmes dans les ménages de qui Dieu allait désormais habiter—et qui déjà s'en trouvaient embellis. C'était comme s'ils avaient été sales à l'intérieur d'eux-mêmes, et que du jour où ils avaient reçu le sacrement, la saleté avait fait place à une pureté qui rayonnait en contentement sur leur visage, en aisance dans leur allure, en douceur et en gaîté dans leur parler, s'harmonisant avec leurs vêtements neufs—les missionnaires avaient eu beau° affirmer que Dieu nous aime mieux mal vêtus et nu-pieds, pourvu que notre cœur soit repentant et sincère, en vain!—que certains s'étaient procurés au prix de sacrifices extrêmes.

to wear for the first time
(to do something) in vain

Maintenant, nous étions tous baptisés et avions tous fait notre première communion—sauf ceux, dont j'étais, qui n'avaient pas encore l'âge—et il n'y avait plus de concubinage, car tous les ménages étaient maintenant inscrits sur les registres de la Mairie, au Grand-Bourg, et sur les registres du presbytère,° où même ceux qui ne savaient pas lire et écrire, avaient tracé des croix au lieu de signatures. Surtout, ils avaient reçu le sacrement, comme en témoignait° l'anneau° qu'ils portaient au doigt, l'homme et la femme, un anneau d'argent qu'avait offert la Mission à ceux qui, mon père et ma mère étaient du lot, n'avaient pas les moyens°; il y en avait beaucoup aussi qui avaient fait refondre° leur giletière,° leur «chaine de peau» en or, pour se faire fabriquer les alliances.

rectory of the church
to bear witness / wedding ring
to be unable to afford
to melt down / watch chain

C'était alors une grande victoire des femmes sur les hommes lesquels, n'eût été la Mission,° n'auraient jamais pris la décision de faire «bénir leur commerce°».

had it not been for the Mission / to bless their relationship

Mais Mamzelle Annette était la seule qui n'eût pas remporté la victoire.° Elle vivait avec Monsieur Ernest depuis des années. C'était lui, paraît-il, qui lui avait fait quitter la maison de ses parents à Trénelle, où il y a des savanes bordées de haies de goyaviers° presque toujours chargés de fruits

victory
hedges of guava-trees

avocados / to get ripe
to rot / to dare
oxen (Asiatic variety) / humps / horns

aussi gros que des poires d'avocat,° et qui mûrissaient,° tombaient et pourrissaient° dans l'herbe, sans que personne osât° les ramasser, car les zébus° qui y paissaient, avaient des bosses° et des cornes° terrifiantes.

Monsieur Ernest était le seul dans le bourg qui n'eût point voulu se marier. Même, il avait blasphémé, disant du mal et se moquant de la Mission, des missionnaires, des curés de l'Eglise—certains avaient peut-être ri avec lui, mais personne n'avait suivi son exemple—et Mamzelle Annette l'avait quitté. Elle n'avait pas voulu être la seule à rester dans le péché.

to warn

—C'est parce que tu es une négresse noire et qu'il est un mulâtre qu'il ne veut pas t'épouser, lui répétaient des amis. Certains l'avertissaient° des autres risques qu'elle encourait encore:

to become the subject of a song

—Si tu restes avec lui, c'est sûr qu'avant le prochain carnaval tu seras mise en chanson.°

—Chanson qui passera de génération en génération, même après ta mort, Annette. Telle Augustine, par exemple, à qui un certain Léopold, pas encore décidé à l'épouser, avait d'abord offert une seule boucle d'oreille, et, de peur qu'elle ne le quittât, lui avait donné l'autre faisant la paire… vingt ans après, dit la chanson. C'est depuis que le proverbe dit: Patiente comme Augustine.

to weigh
to extract, to eradicate

Mais ce fut surtout le sentiment d'être la seule par qui le péché serait maintenu dans le bourg, qui pesa° le plus à Mamzelle Annette et la détermina à quitter Monsieur Ernest, afin que le péché fût complètement extirpé° du bourg. Elle s'était repentie aux pieds de Dieu en reprenant la communion, et était partie à la ville, se mettre en condition chez les blancs.

Ainsi, elle avait quand même remporté la victoire, et Monsieur Ernest était resté sans femme.

Evidemment, il avait beaucoup perdu en estime; sans compter tout le regret que lui procurait la situation dans laquelle il se trouvait.

Les missionnaires avaient dit qu'ils prieraient pour que ceux qui avaient refusé de sortir du péché se sentent un beau jour un cœur tout neuf.

Comme ils étaient forts, ces missionnaires! Ils étaient repartis, mais un beau jour, longtemps après, le cœur de Monsieur Ernest avait changé.

lips
to be almost as bright as hers
to draw

… Tout d'un coup, j'entre dans le salon de coiffure. Les lèvres° de Mamzelle Annette étaient encore plus près du visage de Monsieur Ernest; ses yeux semblaient rivaliser d'éclat avec les siens.° D'éclat et de douceur.

—Monsieur Ernest, j'en ai fini, dis-je. S'il n'y a plus rien que je puisse faire pour vous, je m'en vais puiser° de l'eau pour remplir la jarre de ma maman.

to shudder
to turn away
from that day on

Mamzelle Annette tressaillit° comme si elle avait oublié que j'étais là; elle se détourna° et répondit vivement:

—Non, non… Plus besoin de rien, merci.

De ce jour,° je ne remis jamais plus le pied chez Monsieur Ernest.

Questions sur le texte

E. L'histoire de Monsieur Ernest et de Mamzelle Annette n'occupe qu'une assez petite partie du conte. Elle pose pourtant certains problèmes de compréhension. Donnez votre avis sur les questions suivantes et expliquez vos réponses.

1. Pourquoi Mamzelle Annette est-elle partie?

2. Pourquoi est-elle revenue?

3. Quelle était l'attitude de Mamzelle Annette envers la petite fille, d'après la manière dont elle la traitait?

F. Si l'histoire de M. Ernest et de Mamzelle Annette n'occupe que les dernières pages du conte, il faut essayer de découvrir l'importance de l'autre histoire—celle de M. Ernest et de la petite fille.

1. Pourquoi M. Ernest avait-il besoin de la petite fille?

2. Pourquoi la petite fille se plaisait-elle à travailler chez M. Ernest?

3. Pourquoi, après le retour de Mamzelle Annette, la petite fille n'a-t-elle «jamais plus remis le pied chez Monsieur Ernest»?

G. A première vue il semble que les deux histoires soient reliées surtout par un rapport de cause à effet: Mamzelle Annette revient, la petite fille s'en va. Il est pourtant possible qu'il y ait d'autres liens entre les deux histoires.

1. Les personnages. Comparez les personnages des deux histoires en considérant les éléments suggérés:

	COULEUR DE LA PEAU	FAÇON DE VIVRE	ATTITUDE ENVERS LA MISSION
Monsieur Ernest			
Mamzelle Annette			
la petite fille			
son père			
sa mère			

2. Les mots. Le conte comprend des descriptions très concrètes. Néanmoins certains mots abstraits reviennent: l'ordre, le désordre, la propreté, la saleté, la pureté, le péché.

a. Comment certains de ces mots s'appliquent-ils à l'histoire de Monsieur Ernest et de la petite fille? (Quel est le rôle de la petite fille dans la vie de Monsieur Ernest?)

b. Comment certains de ces mots s'appliquent-ils à l'histoire de Monsieur Ernest et de Mamzelle Annette? (Quelle personne joue en partie ici le rôle de la petite fille?)

c. Comment ces mots s'appliquent-ils à la fin du conte? (Qu'est-ce qui triomphe—l'ordre/la propreté/la pureté ou le désordre/la saleté/le péché? Comment?)

H. Les deux histoires sont racontées par un narrateur qui adopte la perspective d'un des personnages—la petite fille.

1. Quels problèmes ce procédé narratif pose-t-il pour le lecteur? (Dans quel sens peut-on dire que le lecteur ne reçoit qu'une version partiale et incomplète des deux histoires?)

2. Dans quelle mesure ces problèmes influent-ils sur la compréhension de la fin du conte?

Post-lecture

I. Après avoir trouvé Mamzelle Annette chez M. Ernest, la petite fille rentre chez elle. Imaginez la scène en montrant comment elle raconte à ses parents ce qu'elle a vu et comment ces derniers réagissent.

J. M. Ernest est un personnage qui a gardé une place très nette dans le souvenir du narrateur. Choisissez une personne que vous avez connue pendant votre jeunesse et composez un récit pour présenter cette personne.

K. Proposez une interprétation de cette histoire. Quelques questions pour vous aider: Quelle est l'attitude de l'auteur à l'égard de M. Ernest? à l'égard de la Mission? Comment peut-on savoir ce que l'auteur pense? (Considérez les personnages, les motifs et le procédé narratif.)

La Jetée

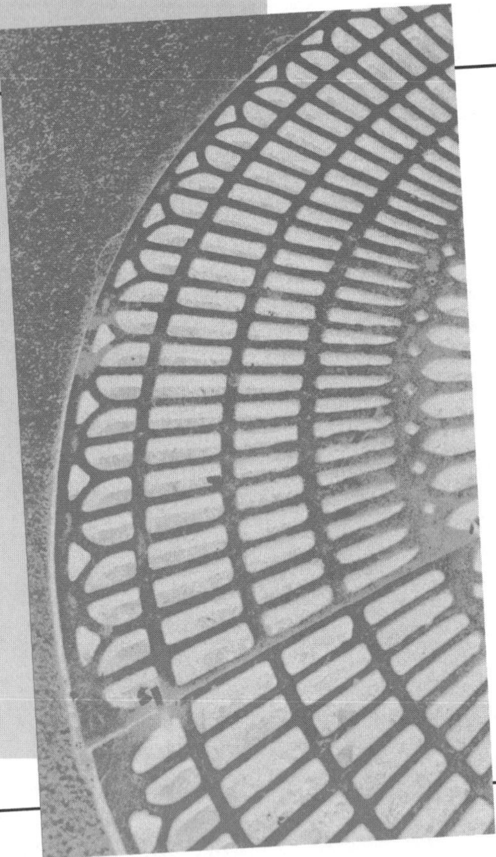

Chris Marker

Souvent associé à la Nouvelle Vague et à des cinéastes comme Godard et Chabrol, Chris Marker (1921–) pourrait être classé dans le mouvement du cinéma-vérité ou du documentaire. En fait, ses films échappent à toute définition et à toute école. *Lettre de Sibérie*, par exemple, se présente comme un documentaire qui est interrompu par des fausses publicités, des commentaires personnels, et même des dessins animés. Le film que vous allez étudier prend son inspiration dans la littérature et le photo-roman, un genre mélangé qui raconte une histoire, avec des photos et des paroles «collées» dessus, sous la forme d'une bande dessinée commerciale. Mais dans le film de Marker il n'y a rien de commercial ou de banal.

Pré-lecture

Vocabulaire utile

la bombe • une explosion • des éclairs • un aveuglement • la radioactivité • la poussière • les vivants / les morts • les vainqueurs / les prisonniers • des nuages atomiques

souterrain • pourri • sur terre / sous terre

détruire • mourir / vivre

A. Imaginez que vous soyez à Paris au moment où la guerre nucléaire est déclarée. Paris est totalement détruit, mais vous êtes parmi les survivants *(survivors)*. Trente ans après cette catastrophe, vous racontez ce que vous avez vécu les jours qui ont suivi la destruction de Paris.

B. Soudain votre esprit se fixe sur une image de votre enfance, une image plus forte qu'une photo, de quelque chose qui s'est passé quand vous aviez cinq ou six ans. Décrivez cette image «photographique» de votre enfance.

1. Qui apparaît dans cette photo mentale?

2. Que font les personnages?

3. Quelle émotion ou quel sentiment cette image vous inspire-t-elle?

C. Racontez une petite histoire d'amour à la troisième personne *(il, elle, ils).*

MODELE: Ils se sont rencontrés, ils se sont aimés, ils se sont séparés... Un jour il/elle...

D. Un médecin fou vous propose de vous faire faire un voyage dans le futur pour échapper au présent. Vous acceptez sa proposition. Décrivez ce voyage.

1. Quel est le mode de vie des gens quand vous arrivez à destination?

2. Comment sont les gens?

3. Est-ce que vous désirez rester dans ce pays du futur? Pourquoi (pas)?

Vocabulaire de la photographie

une image *(a visual image)* • une photographie, une photo *(a photograph)* • un(e) photographe *(photographer)* • faire une photo, photographier *(to take a picture)* • un photo-roman *(a story composed of written text and photos)* • le cadre *(the frame)* • le cadrage *(the framing of the image)* • une image fixe *(a still shot)*

Lecture

Chris Marker

La Jetée
(Ciné-roman)

Ceci est l'histoire d'un homme marqué par une image d'enfance.

La scène qui le troubla par sa violence, et dont il ne devait comprendre que beaucoup plus tard la signification, eut lieu sur la grande jetée d'Orly, quelques années avant le début de la Troisième Guerre mondiale.

marqué: *marked, branded*
troubler: *to disturb, upset*
une jetée: *jetty, observation deck (of an airport)*
Orly: *l'aéroport principal de Paris jusqu'à la construction de Roissy-Charles de Gaulle*

A Orly, le dimanche, les parents mènent leurs enfants voir les avions en partance. De ce dimanche, l'enfant dont nous racontons l'histoire devait revoir longtemps le soleil fixe, le décor planté au bout de la jetée, et un visage de femme.

en partance: *departing*

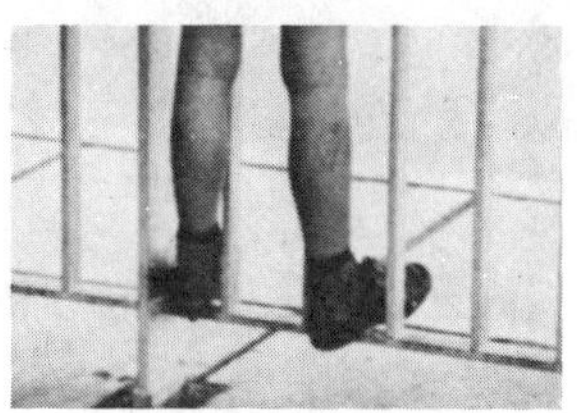

Rien ne distingue les souvenirs des autres moments: ce n'est que plus tard qu'ils se font reconnaître, à leurs cicatrices. Ce visage qui devait être la seule image du temps de paix à traverser le temps de guerre, il se demanda longtemps s'il l'avait vraiment vu, ou s'il avait créé ce moment de douceur pour étayer le moment de folie qui allait venir, avec ce bruit soudain, le geste de la femme, ce corps qui bascule, les clameurs des gens sur la jetée, brouillés par la peur. Plus tard, il comprit qu'il avait vu la mort d'un homme.

cicatrices: *scars*
étayer: *to prop up, support*
basculer: *to fall or tip over*
clameurs: *outcries*
brouillé: *muddled up*

Et quelque temps après, vint la destruction de Paris.

le réseau de souterrains: *the network of tunnels*
Chaillot: *le palais de Chaillot, ensemble de musées (dont un musée des monuments historiques français et le musée de l'Homme) et une salle de théâtre sur une butte juste en face de la tour Eiffel*
pourrie: *rotten*
soumis à: *subject to*
s'y livrer: *to devote to, indulge in*

Beaucoup moururent. Certains se crurent vainqueurs. D'autres furent prisonniers. Les survivants s'établirent dans le réseau des souterrains de Chaillot.

La surface de Paris, et sans doute de la plus grande partie du monde, était inhabitable, pourrie par la radioactivité. Les vainqueurs montaient la garde sur un empire de rats. Les prisonniers étaient soumis à des expériences qui semblaient fort préoccuper ceux qui s'y livraient. Au terme de l'expérience, les uns étaient déçus, les autres étaient morts, ou fous.

une salle d'expériences: *scientific laboratory*
le Savant fou: *Mad Scientist*
posément: *calmly*
une liaison: *contact or link*
la survie: *survival*
un trou: *a hole*
des vivres: *provisions, food*

C'est pour le conduire à la salle d'expériences qu'on vint chercher un jour, parmi les prisonniers, l'homme dont nous racontons l'histoire.

Il avait peur. Il avait entendu parler du chef des travaux. Il pensait se trouver en face du Savant fou, du docteur Frankenstein. Il vit un homme sans passion, qui lui expliqua posément que la race humaine était maintenant condamnée, que l'Espace lui était fermé, que la seule liaison possible avec les moyens de survie passait par le Temps. Un trou dans le Temps, et peut-être y ferait-on passer des vivres, des médicaments, des sources d'énergie.

Tel était le but des expériences : projeter dans le Temps des émissaires, appeler le passé et l'avenir au secours du présent.

achopper: *to stumble*
doués de: *endowed with*
rêver, un rêve: *to dream, a dream*

Mais l'esprit humain achoppait. Se réveiller dans un autre temps, c'était naître une seconde fois, adulte. Le choc était trop fort. Après avoir ainsi projeté dans différentes zones du Temps des corps sans vie ou sans conscience, les inventeurs se concentraient maintenant sur des sujets doués d'images mentales très fortes.

Capables d'imaginer ou de rêver un autre temps, ils seraient peut-être capables de s'y réintégrer.

La police du camp épiait jusqu'aux rêves. Cet homme fut choisi entre mille, pour sa fixation sur une image du passé.

épier: *to spy on*

Au début, rien d'autre que l'arrachement au temps présent, et ses chevalets. On recommence. Le sujet ne meurt pas, ne délire pas. Il souffre. On continue. Au dixième jour d'expérience, des images commencent à sourdre, comme des aveux. Un matin du temps de paix. Une chambre du temps de paix, une vraie chambre. De vrais enfants. De vrais oiseaux. De vrais chats. De vraies tombes. Le seizième jour, il est sur la jetée.

Vide. Quelquefois, il retrouve un jour de bonheur, mais différent, un visage de bonheur, mais différent. Des ruines. Une fille qui pourrait être celle qu'il cherche. Il la croise sur la jetée. D'une voiture, il la voit sourire. D'autres images se présentent, se mêlent, dans un musée qui est peut-être celui de sa mémoire.

l'arrachement (arracher): *tearing out*
des chevalets: *supports, easels*
sourdre: *to arise, well up*
des aveux: *confessions*
le temps de paix: *peacetime*
vide: *empty*
croiser: *to bump into, come across someone*

Le trentième jour, la rencontre a lieu.

bouleverser: *to overwhelm, distress, shatter*
des matériaux fabuleux: *fabulous materials*
le tissu-éponge: *terry cloth*

Cette fois, il est sûr de la reconnaître. C'est d'ailleurs la seule chose dont il est sûr, dans ce monde sans date qui le bouleverse d'abord par sa richesse. Autour de lui, des matériaux fabuleux : le verre, le plastique, le tissu-éponge. Lorsqu'il sort de sa fascination, la femme a disparu.

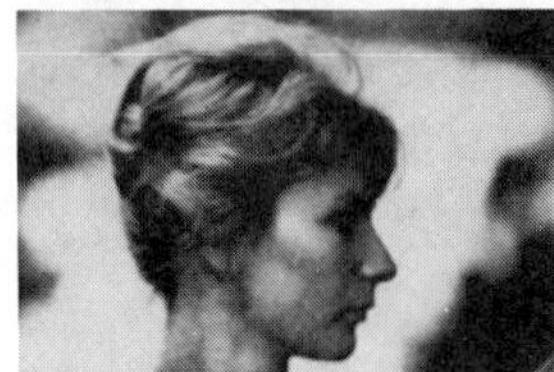

resserrer: *to tighten*
un contrôle: *supervision, control*
un piste: *trail or track (also runway)*
s'enrouler: *to wind up, roll up*
accueillir: *to welcome*
un repère: *a landmark*

Ceux qui mènent l'expérience resserrent leur contrôle, le relancent sur la piste. Le temps s'enroule à nouveau, l'instant repasse. Cette fois, il est près d'elle, il lui parle. Elle l'accueille sans étonnement. Ils sont sans souvenirs, sans projets. Leur temps se construit simplement autour d'eux, avec pour seuls repères le goût du moment qu'ils vivent, et les signes sur les murs.

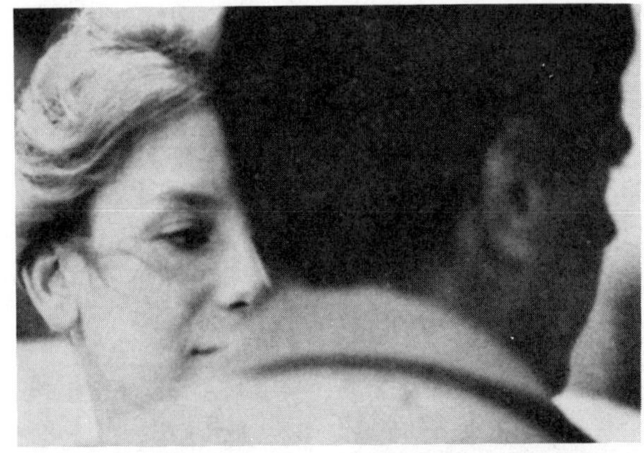

le collier de combattant: *military dogtags*
éclater: *to explode, break out*

Plus tard, ils sont dans un jardin. Il se souvient qu'il existait des jardins. Elle l'interroge sur son collier, le collier du combattant qu'il portait au début de cette guerre qui éclatera un jour. Il invente une explication.

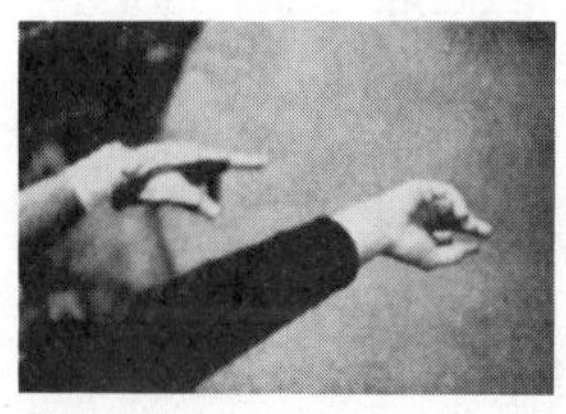

Ils marchent. Ils s'arrêtent devant une coupe de sequoia couverte de dates historiques. Elle prononce un nom étranger qu'il ne comprend pas. Comme en rêve, il lui montre un point hors de l'arbre. Il s'entend dire: «Je viens de là... »

une coupe de séquoia: *a slice or cut of a sequoia tree*
hors de l'arbre: *outside the tree*
à bout de forces: *to the limit of his forces, exhausted*

... et y retombe, à bout de forces. Puis une autre vague du Temps le soulève. Sans doute lui fait-on une nouvelle piqûre.

Maintenant, elle dort au soleil. Il pense que, dans le monde où il vient de reprendre pied, le temps d'être relancé vers elle, elle est morte.

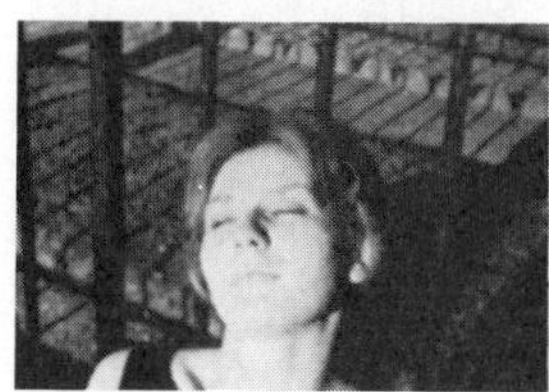

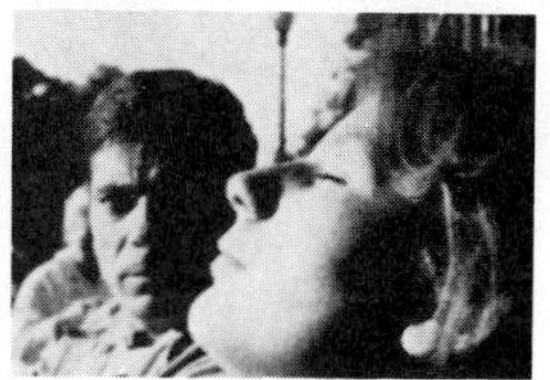

Réveillée, il lui parle encore. D'une vérité trop fantastique pour être reçue, il garde l'essentiel : un pays lointain, une longue distance à parcourir. Elle l'écoute sans se moquer.

parcourir: *to cover, travel*

Est-ce le même jour? Il ne sait plus. Ils vont faire comme cela une infinité de promenades semblables, où se creusera entre eux une confiance muette, une confiance à l'état pur. Sans souvenirs, sans projets. Jusqu'au moment où il sent, devant eux, une barrière.

creuser: *to dig out, deepen*

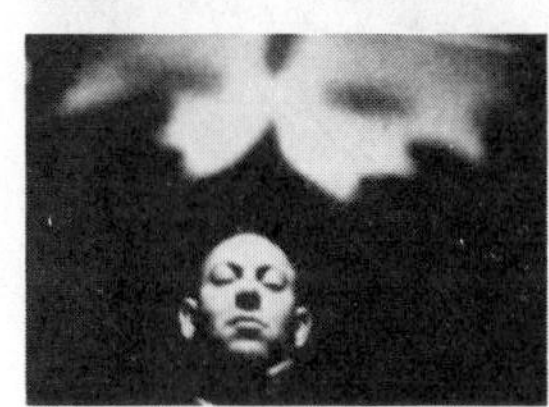

d'essais: *experiments, trials*
le Spectre: *ghost*
se pencher: *to lean on*
se diriger: *to make one's way toward*
être dirigé vers: *to be directed or pointed toward*

Ainsi se termina la première série d'expériences. C'était le début d'une période d'essais où il la retrouverait à des moments différents. Elle l'accueille simplement. Elle l'appelle son Spectre. Un jour, elle semble avoir peur. Un jour, elle se penche sur lui. Lui ne sait jamais s'il se dirige vers elle, s'il est dirigé, s'il invente ou s'il rêve.

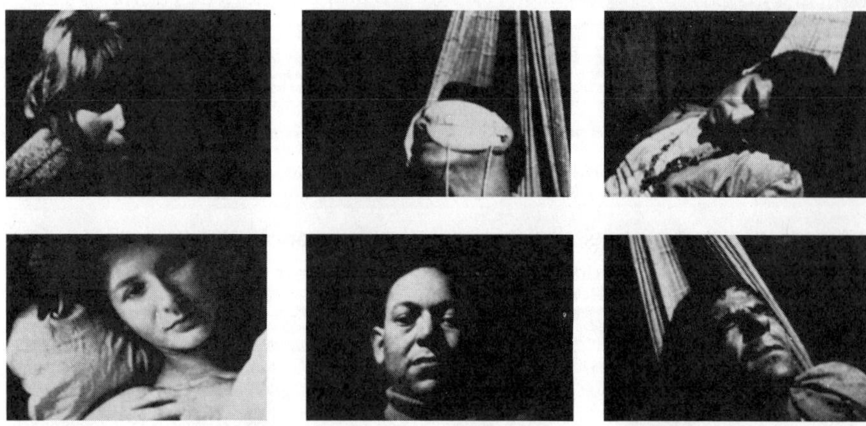

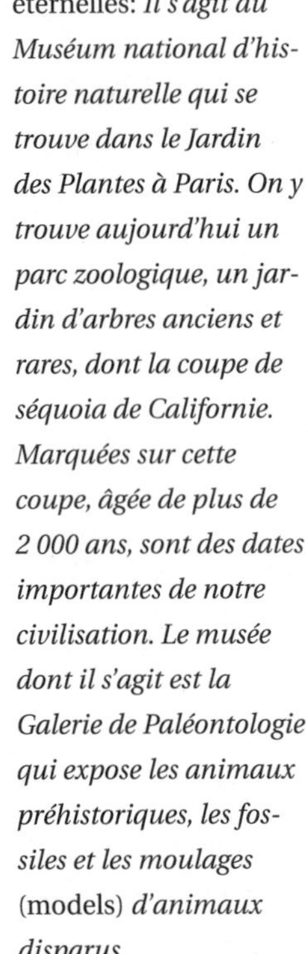

un musée plein de bêtes éternelles: *Il s'agit du Muséum national d'histoire naturelle qui se trouve dans le Jardin des Plantes à Paris. On y trouve aujourd'hui un parc zoologique, un jardin d'arbres anciens et rares, dont la coupe de séquoia de Californie. Marquées sur cette coupe, âgée de plus de 2 000 ans, sont des dates importantes de notre civilisation. Le musée dont il s'agit est la Galerie de Paléontologie qui expose les animaux préhistoriques, les fossiles et les moulages* (models) *d'animaux disparus.*
le tir: *the firing, the range*
se mouvoir: *to move around*
apprivoisé: *tamed*

Vers le cinquantième jour, ils se rencontrent dans un musée plein de bêtes éternelles.

Maintenant, le tir est parfaitement ajusté. Projeté sur l'instant choisi, il peut y demeurer et s'y mouvoir sans peine. Elle aussi semble apprivoisée. Elle accepte comme un phénomène naturel les passages de ce visiteur qui apparaît et disparaît, qui existe, parle, rit avec elle, se tait, l'écoute et s'en va.

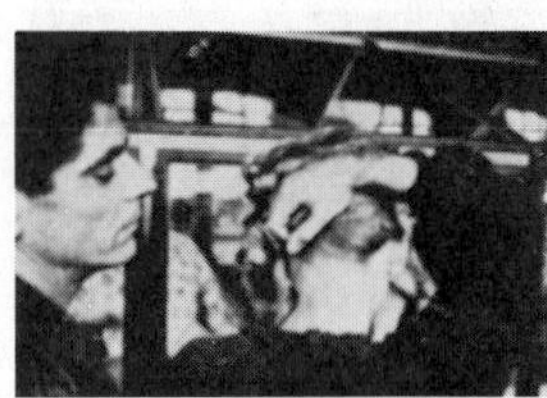

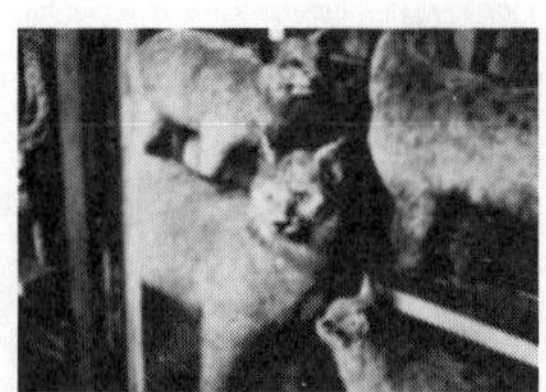

Lorsqu'il se retrouva dans la salle d'expériences, il sentit que quelque chose avait changé. Le chef du camp était là. Aux propos échangés autour de lui, il comprit que, devant le succès des expériences sur le passé, c'était dans l'avenir qu'on entendait maintenant le projeter. L'excitation d'une telle aventure lui cacha quelque temps l'idée que cette rencontre au Muséum avait été la dernière.

des propos échangés: *exchange of words*

L'avenir était mieux défendu que le passé. Au terme d'autres essais encore plus éprouvants pour lui, il finit par entrer en résonance avec le monde futur. Il traversa une planète transformée, Paris reconstruit, dix mille avenues incompréhensibles. D'autres hommes l'attendaient. La rencontre fut brève. Visiblement, ils rejetaient ces scories d'une autre époque. Il récita sa leçon. Puisque l'humanité avait survécu, elle ne pouvait pas refuser à son propre passé les moyens de sa survie. Ce sophisme fut accepté comme un déguisement du Destin. On lui donna une centrale d'énergie suffisante pour remettre en marche toute l'industrie humaine, et les portes de l'avenir furent refermées.

au terme de: *at the end of*
éprouvant: *trying, difficult*
des scories: *cinders, slag (volcanic)*
le Destin: *destiny*
une centrale d'énergie: *nuclear power plant*

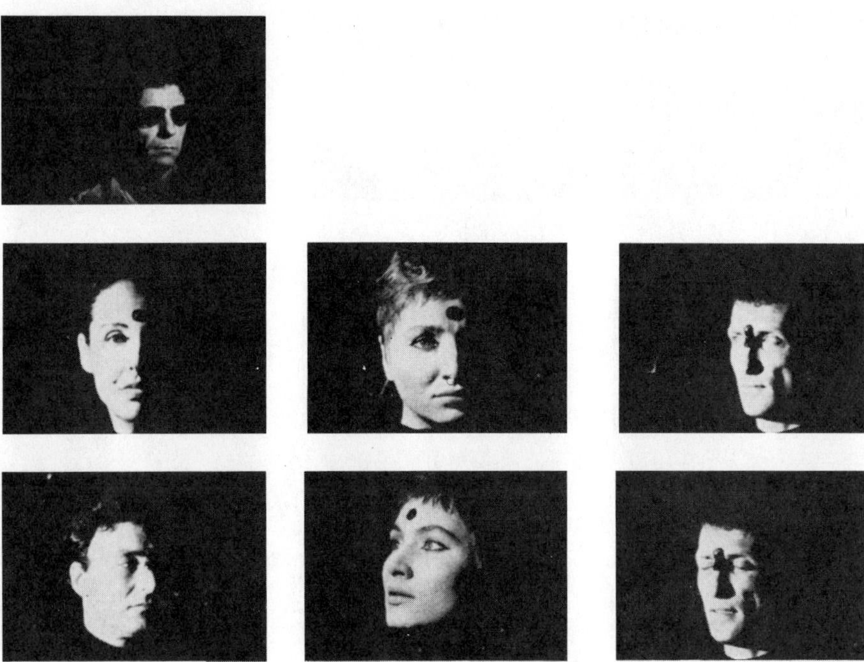

Peu de temps après son retour, il fut transféré dans une autre partie du camp.

Il savait que ses geôliers ne l'épargneraient pas. Il avait été un instrument entre leurs mains, son image d'enfance avait servi d'appât pour le mettre en condition, il avait répondu à leur attente et rempli son rôle. Il n'attendait plus que d'être liquidé, avec quelque part en lui le souvenir d'un temps deux fois vécu. C'est au fond de ces limbes qu'il reçut le message des hommes de l'avenir. Eux aussi voyageaient dans le Temps, et plus facilement. Maintenant ils étaient là et lui proposaient de l'accepter parmi eux. Mais sa requête fut différente : plutôt que cet avenir pacifié, il demandait qu'on lui rende le monde de son enfance, et cette femme qui l'attendait peut-être.

des geôliers: *jailers*
épargner: *to save or to spare*
un appât: *bait*
des limbes: *limbo*
une requête: *a request*

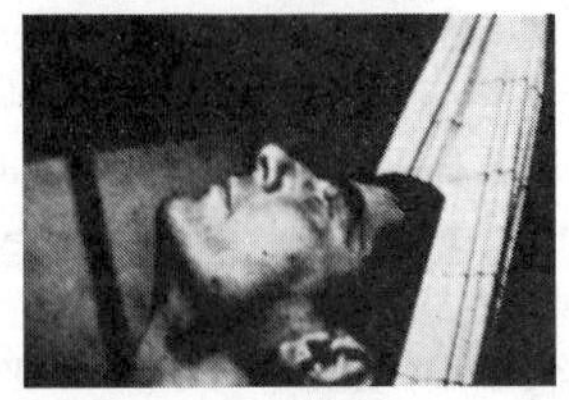

Une fois sur la grande jetée d'Orly, dans ce chaud dimanche d'avant-guerre où il allait pouvoir demeurer, il pensa avec un peu de vertige que l'enfant qu'il avait été devait se trouver là aussi, à regarder les avions. Mais il chercha d'abord le visage d'une femme, au bout de la jetée. Il courut vers elle. Et lorsqu'il reconnut l'homme qui l'avait suivi depuis le camp souterrain, il comprit qu'on ne s'évadait pas du Temps et que cet instant qu'il lui avait été donné de voir enfant, et qui n'avait pas cessé de l'obséder, c'était celui de sa propre mort.

générique

Un photo-roman de	CHRIS MARKER	Musique	TREVOR DUNCAN
Montage	JEAN RAVEL		ET LITURGIE RUSSE DU SAMEDI SAINT
Récitant	JEAN NEGRONI	Production	ARGOS FILMS
Distribution	HELENE CHATELAIN	Laboratoires	LTC SAINT CLOUD
	DAVOS HANICH	Procédé	NOIR ET BLANC
	JACQUES LEDOUX	Effets spéciaux	D S A (procédé Ledoux)
	ANDRE HEINRICH	Mixage	ANTOINE BONFANTI
	JACQUES BRANCHU	Durée	29 MINUTES
	PIERRE JOFFROY	Tournage	1962
	ETIENNE BECKER	Première publique	15 AVRIL 1964 AU CINEMA LA PAGODE
	PHILBERT VON LIFCHITZ	Prix Jean Vigo	1963
	LIGIA BOROWCZYK	Prix du Giff-Wiff	(Club des bandes dessinées 1963 première attribution)
	JANINE KLEIN		
	BILL KLEIN	Astronef d'Or	Festival de Trieste 1963
	GERMANO FACETTI		

Exercices sur le texte et sur les photogrammes

E. Ce film traite des effets d'une guerre nucléaire imaginaire et de la vie après cette guerre, mais le combat occupe très peu de place dans le film.

1. Qu'est-ce que vous voyez sur les trois photogrammes (photos tirées d'un film), à la page 246, de la guerre et de ses effets sur Paris?

2. Qu'est-ce que le texte vous dit sur la vie juste après la guerre?

F. Les Voyages dans le Temps I.

1. Récrivez la liste en mettant ces événements ou ces scènes dans l'ordre chronologique.

la Troisième Guerre mondiale • la Deuxième Guerre mondiale • la jetée d'Orly et une image d'enfance • les hommes de l'avenir • la date de parution de film (1964) • la date d'aujourd'hui • la coupe de séquoia • le Jardin des Plantes • les souterrains de Chaillot et les expériences scientifiques • le temps de paix • la rencontre avec une femme

2. Maintenant considérez ces événements du point de vue de l'homme. Si les événements dans les souterrains sont *au présent* pour lui, essayez de retracer ses voyages dans le passé et dans l'avenir.

PASSE	PRESENT	AVENIR
	les souterrains	

G. Les voyages dans le Temps II.

1. Pour quelle raison les vainqueurs essayaient-ils d'envoyer un homme dans le Temps?

2. Pourquoi est-ce que les vainqueurs ont choisi cet homme?

3. Quelles images du passé voit-il le premier jour?

4. Et le sixième jour? (Regardez les photos pour vos réponses.)

5. Qu'est-ce qui se passe le trentième jour des expériences?

6. Après les voyages dans le passé, l'homme va deux fois dans l'avenir. Décrivez ces deux voyages en regardant les photogrammes aussi bien que les textes.

H. Une histoire d'enfance et une histoire d'amour. Cherchez les photogrammes où vous voyez une image de la femme.

1. A quels moments de la vie de l'homme apparaissent ces photos?

2. Décrivez les photos qui sont directement liées à son enfance.

a. Quelles sont les personnes sur les photos?

b. Que font-elles?

c. Quelles sont les différentes émotions que l'on ressent?

3. Regardez les photos qui sont liées à la femme et racontez l'amour entre l'homme et la femme d'après ce que vous *voyez* sur les photos.

4. Reprenez la formule de la ***Pré-lecture*** (on se rencontre, on s'aime, on se sépare) et racontez l'amour entre l'homme et la femme d'après ce que vous lisez.

Projection du film

Chris Marker

La Jetée

Vocabulaire utile pour le cinéma

une prise de vue, un plan *(a shot [cinema])* • le cinéma, un film *(cinema, a film)* • le cinéma-vérité: même expression en anglais (lit. *"cinema of truth," documentary)* • un cinéaste *(filmmaker)* • le montage *(editing)* • le découpage *(cutting up into segments)* • en accéléré *(fast motion)* • au ralenti *(slow motion)* • l'écran *(the screen)* • une ellipse (*ellipsis:* quand l'image ou le texte littéraire ne montrent qu'une partie d'une action et coupent le reste) • le générique *(the credits)* • la bande sonore *(the sound track)* • le bruitage *(sound effects)*

Exercices sur le film

Avant de voir le film. (Lisez les questions suivantes avant de voir le film et ensuite répondez-y après la projection du film.)

I. Regardez le générique (à la page 253).

1. Quelle sorte de musique doit accompagner le film?

2. Quelle sorte d'effet cette musique pourrait-elle avoir sur l'histoire et l'action pendant le film?

3. En regardant le film, soyez attentifs à la musique. Cherchez à voir s'il comporte d'autres allusions religieuses.

J. Comme vous avez pu le remarquer en lisant le scénario, un narrateur raconte l'histoire. En regardant le film, soyez attentifs aux autres voix et aux bruits.

1. Qu'est-ce qu'ils ajoutent au sens de l'histoire?

2. En regardant les images, essayez de déterminer si certains objets fournissent des renseignements ou ajoutent des détails que le narrateur ne donne pas.

K. En général, les films décrivent des actions et des mouvements. Mais dans *La Jetée* presque tous les plans se composent de photos où rien ne bouge.

1. A un seul moment, un personnage témoigne d'une certaine activité. Essayez de trouver ce plan, et de comprendre la signification de ce mouvement.

2. Dans le reste du film, essayez de comprendre pourquoi Chris Marker (le metteur en scène) a fait un film où les photos ne sont pas animées, mais où la caméra bouge et où l'histoire voyage (bouge) dans le temps.

Post-lecture

L. Faites votre propre photo-roman sur le Temps: le passé, le présent et l'avenir.

M. Vous venez de retrouver dans votre grenier une boîte de vieilles photos de votre enfance et de l'époque d'avant votre naissance. Ecrivez une histoire où une ou deux de ces photos prennent vie et où les personnages de ce temps passé viennent occuper une place dans votre vie présente.

N. Voici quelques interprétations de *La Jetée.* D'après ces interprétations, développez la vôtre.

1. *La Jetée* est un film de science-fiction. Quels sont les éléments de ce film qui rappellent les films de science-fiction? Quels sont les éléments qu'on n'associe pas d'habitude à ce genre de films?

2. Le film est «psychanalytique»: le héros avance dans le temps tout en cherchant le Temps perdu de son enfance.

3. C'est un film religieux dans lequel le héros est un martyr et ses voyages dans le temps sont marqués par certains symboles religieux.

4. Le film est tout simplement une méditation sur le Temps: la relativité du temps et de la mémoire. Le temps ralentit et accélère et les souvenirs (comme les photos) restent immobiles.

Il n'y a pas d'exil

Assia Djebar

Assia Djebar (1936–) est une romancière et cinéaste algérienne. Ses romans (*L'Amour, la fantaisie; Ombre sultane)* et ses films (*La Nouba des femmes du mont Chenoua; La Zerda et les chants de l'oubli*) examinent les problèmes des colonisés et des femmes. *Il n'y a pas d'exil* est tiré d'un recueil de contes dont le titre (*Femmes d'Alger dans leur appartement)* s'inspire du célèbre tableau de Delacroix. Comme la narratrice de ce conte, Assia Djebar s'est réfugiée en Tunisie pendant la guerre d'Algérie, qui opposait colonisateurs (les Français) et colonisés (les Algériens) et à la suite de laquelle l'Algérie a gagné son indépendance (1962).

Vocabulaire utile

se sentir:
seul • triste • dépaysé • déprimé • aliéné • abandonné • incapable d'agir • victime

bâtir une nouvelle vie • se faire rapatrier (retourner dans son pays d'origine) • retrouver sa famille et ses amis • oublier le passé • mener dans son nouveau pays la vie qu'on menait avant

Pré-lecture

A. Imaginez qu'à cause d'une guerre vous vous trouviez exilé(e) dans un pays autre que le vôtre. Quels sont vos sentiments? Quels sont vos désirs?

B. Dans une société musulmane traditionnelle, quel est, d'après ce que vous savez, le rôle des femmes?

Elles peuvent...

Elles ne peuvent pas...

Vocabulaire utile

faire le ménage • faire le marché • se promener seules • sortir sans voile • avoir un travail en dehors de la maison • préparer les repas • s'instruire • pleurer les morts • enterrer les morts • choisir leur mari

C. Il y a des révolutions politiques (comme 1789 en France) et des révolutions sociales (comme la révolution industrielle).

1. Décrivez brièvement une révolution politique dont vous avez entendu parler.

2. Décrivez brièvement une révolution sociale qui a déjà eu lieu ou qui est en train de se dérouler.

Vocabulaire utile

se révolter (contre) • se libérer de:
l'injustice • l'oppression • l'intolérance • l'incompréhension

réclamer • demander • exiger:
le droit de • la liberté • la justice • l'égalité • une meilleure vie

Lecture

Assia Djebar

Il n'y a pas d'exil

Ce matin-là, j'avais fini le ménage un peu plus tôt, vers neuf heures. Mère avait mis son voile, pris le couffin°; sur le seuil° de la porte, elle avait répété comme tous les jours depuis trois ans:

straw basket / threshold

—Il a fallu que nous soyons chassés de notre pays pour que je sois obligée d'aller faire le marché comme un homme.

—Nos hommes ont aujourd'hui autre chose à faire! avais-je répondu comme tous les jours, depuis trois ans.

—Que Dieu nous préserve!

J'accompagnai Mère jusqu'aux escaliers, puis je la regardais descendre lourdement à cause de ses jambes:

—Que Dieu nous préserve! repris-je pour moi-même, en rentrant.

Les cris commencèrent vers dix heures, une heure après environ. Ils venaient de l'appartement voisin et se transformèrent bientôt en hurlements.° Toutes les trois, mes deux sœurs, Aïcha, Anissa et moi-même, la reconnûmes à la manière qu'avaient les femmes de l'accueillir°: c'était la mort.

wails
to greet, receive

Aïcha, l'ainée, se précipita à la porte, l'ouvrit pour mieux entendre:

—Que le malheur soit loin de nous! murmura-t-elle. La mort a rendu visite aux Smain.

A ce moment, Mère entra. Elle posa le couffin par terre, s'arrêta le visage bouleversé et se mit à frapper sa poitrine de ses mains, spasmodiquement. Elle poussait de petits cris étouffés° comme lorsqu'elle allait se trouver mal.

choked back

Anissa, bien qu'elle fût la plus jeune d'entre nous, ne perdait jamais son sang-froid.° Elle courut fermer la porte, enleva le voile de Mère, la prit par les épaules et la fit asseoir sur un matelas.°

composure
mattress

—Ne te mets donc pas dans cet état pour le malheur des autres! dit-elle. N'oublie pas que tu as le cœur malade! Que Dieu nous garde toujours à l'abri!

Tout en répétant la formule° plusieurs fois, elle allait chercher de l'eau, et en aspergeait° Mère, qui, maintenant, geignait,° étendue de tout son long sur le matelas. Puis Anissa lui lava entièrement le visage, sortit de l'armoire une bouteille d'eau de Cologne, la déboucha° et la lui mit sous les narines.°

ritual saying
splashed / was moaning
opened
nostrils

—Non! disait Mère. Apporte-moi du citron.

Et elle se remettait à geindre.

Anissa continuait à s'affairer.° Moi, je la regardais. J'ai toujours été lente à réagir. Je m'étais mise à écouter les pleurs du dehors qui n'avaient pas cessé, qui ne cesseraient sans doute pas, au moins jusqu'à la nuit. Il y avait

bustle about

cinq ou six femmes chez les Smain, et toutes se lamentaient en chœur, chacune s'installant pour toujours, semblait-il, dans cet éclatement confondu de leur douleur.° Après, bien sûr, elles auraient à préparer le repas, à s'occuper des pauvres, à laver le mort… Il y a tant de choses à faire, le jour d'un enterrement.°

Pour l'instant, les voix des pleureuses,° toutes pareilles, sans qu'on puisse même en distinguer une par un accent plus déchiré,° faisaient un seul chant long, hoquetant,° et je sus qu'il recouvrirait la journée entière comme un brouillard° d'hiver.

—Qui donc est mort chez eux? demandai-je à Mère qui s'était presque calmée.

—Leur jeune fils, dit-elle, en humant° fortement le citron. Une voiture l'a écrasé° juste devant la porte. Je rentrais, quand mes yeux l'ont vu se tordre° une dernière fois comme un ver.° L'ambulance l'a emmené à l'hôpital, mais il était déjà mort.

Puis elle se remit à soupirer.°

—Les pauvres gens! disait-elle. Ils l'ont vu sortir tout bondissant de vie et voici qu'on va le leur ramener dans un drap ensanglanté!°

Elle se souleva à demi, répéta: «tout bondissant de vie!» Puis elle retomba sur le matelas et ne prononça plus que les formules rituelles pour écarter° le malheur. Mais la voix basse qu'elle prenait toujours pour s'adresser à Dieu avait un accent un peu dur, véhément.

—C'est un jour qui sent mauvais! dis-je, toujours debout devant Mère, et immobile. Je l'avais deviné° dès ce matin, mais je n'avais pas compris que c'était l'odeur de la mort.

—Ajoute: Que Dieu nous préserve! dit Mère vivement. Puis elle leva les yeux sur moi. Dans la chambre, nous étions seules, Anissa et Aïcha étaient retournées aux cuisines.

—Qu'as-tu donc? dit-elle. Tu sembles pâle. Aurais-tu mal au cœur,° toi aussi?

—Que Dieu nous préserve! dis-je en quittant la chambre.

A midi, ce fut Omar qui rentra le premier. Les pleurs continuaient toujours. J'avais veillé au° repas en écoutant le thrène° et ses modulations. Je m'y habituais. Je pensais qu'Omar allait poser des questions. Mais non. On avait dû le renseigner dans la rue.

Il entraîna° Aïcha dans une chambre. Je les entendis ensuite chuchoter.° Ainsi, quand quelque événement important survenait, Omar en parlait à Aïcha d'abord, parce qu'elle était l'aînée, et la plus grave. Auparavant,° dehors, Père avait fait de même avec Omar, car il était le seul fils.

Il y avait donc quelque chose de nouveau; et cela n'avait rien à voir avec la mort qui avait rendu visite aux Smain. Je n'avais nulle curiosité. Aujourd'hui est le jour de la mort, tout le reste devient indifférent.

—N'est-ce pas? dis-je à Anissa qui sursauta.°

—Qu'y a-t-il donc?

—Rien, dis-je sans m'étendre car je connaissais ses réponses toujours interloquées,° lorsque je me mettais à penser haut.° Ce matin encore…

confused outbreaks of their pain (grief)
burial
crying women
torn, broken up
hiccuping
fog
inhaling
ran over
twist / worm
to sigh
bloody
to keep away
guessed
nausea
attended to the / funeral chant
dragged off / whisper
previously
jumped, started
taken aback / think out loud

Mais pourquoi soudain ce désir insolent de me fixer dans un miroir, d'affronter mon image longtemps, et de dire, tout en laissant couler° mes cheveux sur mes reins,° pour qu'Anissa les contemple?

—Regarde. A vingt-cinq ans, après avoir été mariée, après avoir perdu successivement mes deux enfants, après avoir divorcé, après cet exil et après cette guerre, me voici en train de m'admirer et de me sourire, comme une jeune fille, comme toi…

—Comme moi! disait Anissa; et elle haussait° les épaules.

Père rentra un peu tard, parce que c'était vendredi et qu'il allait faire la prière du «dhor» à la mosquée. Il demanda aussitôt la cause de ce deuil.°

—La mort a visité les Smain, dis-je en accourant vers lui pour lui baiser la main. Elle leur a pris leur jeune fils.

—Les pauvres gens! fit-il après un silence.

Je l'aidai à s'installer à sa place habituelle, sur le même matelas. Ensuite, en posant le repas devant lui et en veillant à ce que rien ne tarde, j'oubliai un peu les voisins. J'aimais servir Père; c'était, je crois, le seul travail domestique qui me plaisait. Maintenant surtout. Depuis notre départ, Père avait beaucoup vieilli. Il pensait trop aux absents, bien qu'il° n'en parlât jamais, à moins qu'une lettre n'arrivât d'Algérie et qu'il demandât à Omar de la lire.

Au milieu du repas, j'entendis Mère murmurer:

—Ils ne doivent guère° avoir envie de manger aujourd'hui!

—Le corps est resté à l'hôpital, dit quelqu'un.

Père ne disait rien. Il parlait rarement au cours des repas.

—Je n'ai guère faim, dis-je en me levant, pour m'excuser.

Les pleurs, au-dehors, semblaient plus étouffés, mais je distinguais quand même leur mélopée.° Leur douce mélopée. C'est le moment, me dis-je, où la douleur devient accoutumance,° et jouissance° et nostalgie. C'est le moment où l'on pleure avec presque de la volupté, car ce présent de larmes est un présent sans fin. C'était le moment où le corps de mes enfants se refroidissait° vite, si vite et où je le savais…

A la fin du repas, Aïcha vint dans la cuisine où je me trouvais seule. Elle alla auparavant fermer la fenêtre qui donnait sur les terrasses voisines, par où les pleurs me parvenaient.° Moi, je les entendais toujours. Et, c'est étrange, c'était cela qui me rendait si calme aujourd'hui, un peu morne.°

—Des femmes viennent cet après-midi pour te voir et te demander en mariage, commença-t-elle. Père dit que le prétendant° est convenable à tous égards.

Sans répondre, je lui tournai le dos et me dirigeai vers la fenêtre.

—Qu'as-tu donc? fit-elle un peu vivement.

—J'ai besoin d'air, dis-je en ouvrant toute grande la fenêtre, pour que le chant entre. Cela faisait déjà quelque temps que dans mon esprit la respiration de la mort était devenue «le chant».

Aïcha resta un moment sans répondre.

—Lorsque Père sortira, tu veilleras à soigner un peu ta toilette,° dit-elle enfin. Ces femmes savent bien que nous sommes des réfugiés parmi

flow
loins
shrugged
mourning
even though he
must hardly
monotonous chant
habituation / pleasure
was growing cold
reached
gloomy
suitor
outfit

tant d'autres, et qu'elles ne vont pas te trouver parée° comme une reine. Mais il faudrait quand même que tu sois à ton avantage.

decked out

—Elles se sont arrêtées de pleurer, constatai-je, ou peut-être sont-elles déjà fatiguées, dis-je en rêvant à cette fatigue étrange qui nous saisit au plus profond de la douleur.

—Occupe-toi donc des femmes qui vont venir! répliqua Aïcha d'une voix un peu plus haute.

Père était parti, ainsi qu'Omar, lorsque Hafça arriva. C'était une Algérienne comme nous, qu'on avait connue là, une jeune fille de vingt ans et qui était instruite.° Institutrice,° elle ne travaillait que depuis qu'elle et sa mère s'étaient, elles aussi, exilées. «Une femme honorable ne travaille pas hors de sa maison», disait sa mère autrefois. Elle le disait encore, mais avec un soupir d'impuissance.° Il fallait bien vivre, et chez elles, maintenant, il n'y avait pas d'homme.

educated / elementary school teacher

powerlessness

Hafça trouva Mère et Anissa en train de préparer les pâtisseries comme si celles-ci étaient nécessaires pour des réfugiés comme nous. Mais le sens du protocole, chez Mère, tenait de l'instinct; un héritage de sa vie passée qu'elle ne pourrait abandonner facilement.

—Ces femmes que vous attendez, demandai-je, qui sont-elles?

—Des réfugiées comme nous, s'écria Aïcha. T'imagines-tu peut-être que nous te donnerons en mariage à des étrangers?

Puis avec énergie:

—Rappelle-toi, dit-elle, le jour du retour dans notre patrie, nous rentrerons tous, tous, sans exception.

—Le jour du retour, s'exclama soudain Hafça dressée au milieu de la pièce, les yeux élargis de rêves. Le jour du retour dans notre pays! répéta-t-elle. Que je voudrais alors m'en revenir à pied, pour mieux fouler° la terre algérienne, pour mieux voir toutes nos femmes, les unes après les autres, toutes les veuves,° et tous les orphelins,° et tous les hommes enfin, épuisés,° peut-être tristes, mais libres—libres! Et je prendrai un peu de terre dans mes mains, oh! une toute petite poignée° de terre, et je leur dirai: «Voyez, mes frères, voyez ces gouttes de sang dans ces grains de terre, dans cette main, tant l'Algérie a saigné° de tout son corps, de tout son immense corps, tant l'Algérie a payé de toute sa terre pour notre liberté et pour ce retour. Mais son martyr parle maintenant en termes de grâce. Voyez donc, mes frères... »

tread upon

widows / orphans

worn out

fistful

has bled

—Le jour du retour, reprit doucement Mère dans le silence qui suivit... si Dieu le veut!

C'est alors que les cris avaient repris par la fenêtre ouverte. Comme un orchestre qui entame° brusquement un morceau.° Puis Hafça, sur un autre ton:

starts playing / musical piece

—Je suis venue pour la leçon, rappela-t-elle.

Aïcha l'entraîna dans la pièce voisine.

Pendant leur conciliabule,° je ne savais que faire. Les fenêtres de la cuisine et des deux autres chambres donnaient sur les terrasses. J'allais de l'une à l'autre, les ouvrais, les refermais, les rouvrais à nouveau. Tout cela sans

confab, consultation

me presser et comme si je n'écoutais pas le chant.

Anissa avait surpris mon manège.°

—Cela se voit que ce ne sont pas des Algériens, dit-elle. Ils ne sont guère habitués au deuil.

—Chez nous, à la montagne, répondit Mère, les morts n'ont personne pour les pleurer avant qu'ils ne refroidissent.

—Les pleurs ne servent à rien, fit Anissa stoïque, qu'on meure° dans son lit ou sur la terre nue pour sa patrie.

—Qu'en sais-tu? lui dis-je soudain. Tu es trop jeune pour le savoir.

—Ils vont bientôt l'enterrer, chuchota Mère.

Puis elle leva la tête et me regarda. J'avais fermé à nouveau la fenêtre derrière moi. Je n'entendais plus rien.

—On va l'enterrer aujourd'hui même, répéta Mère un peu plus haut. C'est notre coutume.

—On ne devrait pas, dis-je. C'est une détestable coutume que de livrer° ainsi à la terre un corps où s'allume encore la beauté! Une bien détestable coutume... Il me semble qu'on l'enterre encore tout frissonnant,° encore... (mais je ne fus plus maîtresse° de ma voix).

—Ne pense plus à tes enfants! dit Mère. La terre qu'on a jetée sur eux leur est une couverture d'or. Ma pauvre fille, ne pense plus à tes enfants! répéta Mère.

—Je ne pense à rien, dis-je. Non vraiment, je ne veux penser à rien. A rien!

Il était déjà quatre heures de l'après-midi quand elles entrèrent. De la cuisine où j'étais cachée, je les entendis après les habituelles formules de politesse, s'exclamer:

—Quels sont donc ces pleurs?

—Que le malheur soit loin de nous! Que Dieu nous préserve!

—J'ai la chair de poule,° disait la troisième. J'avais oublié ces temps-ci la mort et les larmes. Je les avais oubliées bien que notre cœur fût toujours endolori.°

—C'est la volonté de Dieu! reprenait la seconde.

Mère expliquait la cause de ce deuil d'une voix placide, tout en les faisant entrer dans la seule pièce que nous avions pu meubler décemment. Anissa, près de moi, faisait déjà les premières remarques sur la physionomie des femmes. Elle interrogeait Aïcha qui les avait accueillies avec Mère. Moi, j'avais rouvert la fenêtre, et je les regardais échanger leurs impressions.

—A quoi rêves-tu donc? disait Anissa toujours l'œil sur moi.

—A rien, dis-je mollement°; puis, après un arrêt: je pensais aux différents visages du destin.° Je pensais à la volonté° de Dieu. Derrière ce mur, il y a un mort et des femmes folles de douleur. Ici, chez nous, d'autres femmes parlent de mariage... Je pensais à cette différence.

—Arrête-toi de «penser», coupa vivement Aïcha. Puis à Hafça qui entrait: c'est à elle que tu devrais donner des cours, non à moi. Elle passe son temps à penser. A croire qu'elle a lu autant de livres que toi.

had walked in and discovered what I was doing

whether one dies

hand over

shivering

was no longer in control

goose bumps

aching

unenthusiastically

fate, destiny / will

—Et pourquoi ne voudrais-tu pas? demandait Hafça.

—Je n'ai pas besoin d'apprendre le français, répondis-je. A quoi cela pourrait-il me servir? Père nous a toutes instruites dans notre langue. «Cela seul est nécessaire», a-t-il coutume de dire.

—Il est utile de connaître d'autres langues que la sienne, dit Hafça lentement. C'est comme de connaître d'autres gens, d'autres pays.

Je ne répondis pas. Peut-être avait-elle raison. Peut-être qu'il fallait apprendre et ne pas perdre son temps à laisser son esprit° errer,° comme moi, dans les couloirs déserts du passé. Peut-être qu'il fallait prendre des leçons et étudier le français, ou n'importe quoi d'autre. Mais moi, je n'éprouvais jamais le besoin de secouer° mon corps ou mon esprit... Aïcha, elle, était différente. Comme un homme: dure et travailleuse. Elle avait trente ans. Elle n'avait pas vu depuis trois ans son mari, incarcéré° toujours à Barberousse° depuis les premiers jours de la guerre. Elle s'instruisait pourtant et ne se contentait pas° du travail du ménage. Maintenant, après seulement quelques mois des leçons d'Hafça, Omar ne lui lisait plus les rares lettres de son mari qui pouvaient parvenir. Elle réussissait à les déchiffrer° seule. Quelquefois je me prenais à° l'envier.

—Hafça, dit-elle, c'est l'heure pour ma sœur d'aller saluer ces dames. Entre donc avec elle.

Mais Hafça ne voulait pas. Aïcha insistait et je les regardais dans leur menu jeu de politesse.

—Est-ce qu'on sait si on est venu chercher le corps? demandai-je.

—Comment? Tu n'as pas entendu les récitants tout à l'heure? faisait Anissa.

—C'était donc pour cela que les pleurs avaient cessé un instant, dis-je. C'est étrange comment, dès qu'on récite quelque part des versets du Coran, aussitôt les femmes s'arrêtent de pleurer. Et pourtant, c'est le moment le plus pénible, je le sais. Tant que° le corps est là, devant vous, il semble que l'enfant n'est pas tout à fait mort, qu'il ne peut être mort, n'est-ce pas?... Puis arrive l'instant où les hommes se lèvent, et c'est pour le prendre dans un drap,° sur leurs épaules. C'est ainsi qu'il part, vite, comme le jour où il est venu... Pour moi, que Dieu me pardonne, ils ont beau alors réciter° des versets du Coran, la maison reste vide, après leur départ, toute vide...

Hafça écoutait, en penchant° la tête vers la fenêtre. Elle se retourna vers moi en frissonnant. Elle me parut alors plus jeune encore qu'Anissa.

—Mon Dieu, dit-elle d'une voix émue.° Je viens d'avoir vingt ans et pourtant je n'ai jamais rencontré la mort. Jamais de ma vie entière!

—Tu n'as perdu aucun des tiens° dans cette guerre? demandait Anissa.

—Si, dit-elle. Mais les nouvelles arrivent toujours par lettre. Et la mort par lettre, voyez-vous, je ne peux y croire. J'ai un cousin germain qui a été guillotiné parmi les premiers à Barberousse. Eh bien, je ne l'ai jamais pleuré parce que je ne peux croire qu'il est mort. Il était pourtant comme mon frère, je le jure. Mais je ne peux croire qu'il est mort, comprenez-vous? disait-elle avec une voix qu'enveloppaient déjà les larmes.

—Ceux qui sont morts pour la Cause ne sont pas vraiment morts!

mind / wander

shake

imprisoned

prison named for Turkish pirate who controlled Algeria in the early 16th century / didn't limit herself to / figure out / began to

as long as

sheet

even though they recite

leaning

full of emotion

none of your family

répondait Anissa avec un sursaut de fierté.°

—Pensons donc au présent! Pensons à aujourd'hui, disait Aïcha d'une voix sèche.° Le reste est dans la main de Dieu.

Elles étaient trois: une vieille qui devait être la mère du prétendant et qui, à mon arrivée, mit précipitamment ses lunettes; deux autres femmes, assises côte a côte, et qui se ressemblaient. Hafça, qui était entrée derrière moi, s'assit à mes côtés. Je baissais les yeux.

Je connaissais mon rôle pour l'avoir déjà joué; rester ainsi muette, paupières° baissées et me laisser examiner avec patience jusqu'à la fin: c'était simple. Tout est simple, avant, pour une fille qu'on va marier.

Mère parlait. J'écoutais à peine. Je savais trop les thèmes qu'on allait développer: Mère parlait de notre triste condition de réfugiés; ensuite, on échangerait les avis pour savoir quand sonnerait la fin: «... encore un ramadhan° à passer loin de son pays... peut-être était-ce le dernier... peut-être, si Dieu veut! Il est vrai que l'on disait de même l'an dernier, et l'an d'avant... Ne nous plaignons pas trop°... La victoire est de toute façon certaine, tous nos hommes le disent. Nous, nous savons que le jour du retour viendra... Il nous faut songer° à ceux qui sont restés... Il nous faut penser au peuple qui souffre... Le peuple algérien est un peuple aimé de Dieu... Et nos combattants sont comme du fer°... » Puis on reviendrait au récit de la fuite,° aux différents moyens que chacun avait empruntés pour quitter sa terre où le feu brûle... Puis on évoquerait la tristesse de l'exil, le cœur qui languit du pays°... Et la peur de mourir loin de sa terre natale... Puis... mais que Dieu soit loué° et qu'il soit exaucé°!

Cette fois, cela dura un peu plus longtemps; une heure peut-être ou plus. Jusqu'au moment où l'on apporta le café. J'écoutais alors à peine.° Je songeais, moi aussi, mais à ma manière, à cet exil et à ces jours sombres.

Je pensais que tout avait changé, que le jour de mes premières fiançailles, nous étions dans ce long salon clair de notre maison, sur les collines d'Alger; qu'il y avait alors prospérité pour nous, prospérité et paix; que Père riait, et qu'il remerciait Dieu de sa demeure° pleine... Et moi, je n'étais pas comme aujourd'hui, l'âme grise,° morne et cette idée de la mort palpitant° faiblement en moi depuis le matin... Oui, je songeais que tout avait changé et que, pourtant, d'une certaine façon, tout restait pareil. On se préoccupait encore de me marier. Et pourquoi donc? me dis-je soudain. Et pourquoi donc? répétais-je avec en moi, comme de la fureur, ou son écho. Pour avoir les soucis° qui eux ne changent pas en temps de paix comme en temps de guerre, pour me réveiller au milieu de la nuit et m'interroger sur ce qui dort au fond du cœur de l'homme qui partagerait ma couche°... Pour enfanter° et pour pleurer, car la vie ne vient jamais seule pour une femme, la mort est toujours derrière elle, furtive, rapide, et elle sourit aux mères... Oui, pourquoi donc? me dis-je.

Le café était servi maintenant. Mère faisait les invitations.

—Nous n'en boirons pas une gorgée,° commençait la vieille, avant d'avoir obtenu votre parole pour votre fille.

—Oui, disait l'autre, mon frère nous a recommandé de ne pas revenir

burst of pride
dry, harsh
eyelids
Moslem holy month
let's not feel too sorry for ourselves
think
iron
flight, escape
is homesick
praised / fulfilled
scarcely, hardly
residence, dwelling
gray (dull) soul
beating
cares
would share my bed / give birth
drop (literally: throatful)

sans votre promesse de la lui donner comme épouse.

J'écoutais Mère éviter de répondre, se faire prier° hypocritement et de nouveau les inviter à boire. Aïcha se joignait à elle. Les femmes répétaient leur prière... C'était dans l'ordre.

make them beg her

Le manège° dura encore quelques minutes. Mère invoquait l'autorité du père.

game, ploy

—Moi, je vous la donnerais... Je vous sais des gens de bien... Mais il y a son père.

—Son père a déjà dit oui à mon frère, reprenait l'une des deux femmes qui se ressemblaient. La question n'a plus à être débattue qu'entre nous.°

discussed only between us

—Oui, disait la seconde, la parole est à nous maintenant. Réglons la question.

Je levai la tête; c'est alors, je crois, que je rencontrai le regard de Hafça. Or, il y avait, au fond de ses yeux, une étrange lueur,° celle de l'intérêt sans doute ou de l'ironie, je ne sais, mais on sentait Hafça étrangère,° attentive et curieuse à la fois, mais étrangère. Je rencontrai ce regard.

glimmer
distant, foreign

—Je ne veux pas me marier, dis-je. Je ne veux pas me marier, répétais-je en criant à peine.

Il y eut beaucoup d'émoi° dans la chambre: Mère qui se souleva en poussant un soupir. Aïcha que je vis rougir. Et les deux femmes, qui se retournèrent d'un même mouvement lent et choqué, vers moi:

commotion, agitation

—Et pourquoi donc? disait l'une d'elles.

—Mon fils, s'exclama la vieille avec quelque hauteur, mon fils est un homme de science. Il va partir dans quelques jours en Orient.

—Certainement! disait Mère avec une touchante précipitation. Nous savons qu'il est un savant.° Nous le connaissons pour son cœur droit... certainement...

scientist

—Ce n'est pas pour ton fils, dis-je. Mais je ne veux pas me marier. Je vois l'avenir tout noir devant mes yeux. Je ne sais comment l'expliquer, cela vient sans doute de Dieu... Mais je vois l'avenir tout noir devant mes yeux! répétais-je en sanglotant tandis qu'Aïcha me sortait en silence.

Après, mais pourquoi raconter la suite, sinon que je me consumais de honte, et que je ne comprenais pas. Hafça seule était restée près de moi, après le départ des femmes.

—Tu es fiancée, dit-elle d'une voix triste. Ta mère a dit qu'elle te donnait. Accepteras-tu?—et elle me fixait avec des yeux suppliants.

—Qu'importe!° dis-je, et je pensais réellement en moi-même: qu'importe! Je ne sais ce que j'ai eu° tout à l'heure. Mais elles parlaient toutes du présent, et de ses changements, et de ses malheurs. Moi, je me disais: à quoi donc cela peut-il servir de souffrir ainsi loin de notre pays si je dois continuer, comme avant, comme à Alger, à rester assise et à jouer... Peut-être que lorsque la vie change, tout avec elle devrait changer, absolument tout. Je pensais à tout cela, dis-je, mais je ne sais même pas si c'est mal ou bien... Toi qui es intelligente et qui sais, peut-être comprendras-tu...

What difference does it make? / what was the matter with me

—Je comprends! disait-elle avec une hésitation comme si elle allait commencer à parler et qu'elle préférait ensuite se taire.

—Ouvre la fenêtre, dis-je. Le soir va finir.

Elle alla l'ouvrir puis elle revint près de mon lit où j'étais restée étendue° à pleurer, sans cause, de honte et de fatigue tout à la fois. Dans le silence qui suivit, je contemplais, lointaine, la nuit qui engloutissait peu à peu la pièce. Les bruits de la cuisine où se tenaient° mes sœurs semblaient venir d'ailleurs.

Puis Hafça se mit à parler:

—Ton père, dit-elle, parlait une fois de l'exil, de notre exil actuel,° et il disait, oh! je m'en souviens bien, car personne ne parle comme ton père, il disait: «il n'y a pas d'exil pour tout homme aimé de Dieu. Il n'y a pas d'exil pour qui est dans la voie° de Dieu. Il n'y a que des épreuves°».

Elle continua encore, mais j'ai oublié la suite,° sauf qu'elle répétait très souvent «nous» d'un accent passionné. Elle disait ce mot avec une particulière énergie, si bien que je me mis à me demander, vers la fin, si ce mot nous désignait nous deux seules, et non pas plutôt° les autres femmes, toutes les femmes de notre pays.

A vrai dire, même si je l'avais su, qu'aurais-je pu répondre? Hafça était trop savante pour moi. Et c'est ce que j'aurais voulu lui dire quand elle se tut° dans l'attente° peut-être de mes paroles.

Mais ce fut une autre voix qui répondit, une voix de femme qui, par la fenêtre ouverte, montait claire comme une flèche° vers le ciel, qui se développait, déployait son vol,° un vol ample comme celui de l'oiseau après l'orage, puis qui retombait en cascades soudaines.

—Les autres femmes se sont tues, dis-je. Il ne reste plus que la mère pour pleurer... Ainsi est la vie, ajoutais-je après un moment. Il y a ceux qui oublient ou simplement qui dorment. Et ceux qui se heurtent° toujours contre les murs° du passé. Que Dieu les ait en sa pitié!

—Ce sont les véritables exilés, dit Hafça.

Tunis, mars 1959

stretched out
were located
current
path, way / tests, trials
what followed
rather
fell silent / expectation
arrow
spread out his flight
bang up against
walls

Questions sur le texte

D. Le conte fait allusion à plusieurs événements qui ont précédé l'action principale. Reconstituez, dans la mesure du possible, le passé des personnages suivants:

1. la mère et le père

2. Aïcha

3. Hafça

4. la narratrice (je)

E. La plupart des personnages de ce conte sont des femmes. Qu'est-ce qui caractérise chacune des femmes suivantes? Qu'est-ce qui la distingue des autres personnages féminins?

1. la mère

2. Anissa

3. Aïcha

4. Hafça

F. La narratrice (je) semble être différente des autres personnages féminins. Découvrez tout au long du conte les réactions de la narratrice qui la distinguent des autres, qui la mettent à part.

G. L'action principale du conte (ce qui se passe chez la narratrice) est accompagnée en contrepoint d'une seconde action (ce qui se passe chez les voisins). Quelles ressemblances et quelles oppositions y a-t-il entre les deux actions?

H. Comme le suggère le titre, un des thèmes principaux du conte est *l'exil.*

1. Que veut dire le père en affirmant qu'«il n'y a pas d'exil»?

2. Hafça et la narratrice (je) ne sont pas d'accord avec lui. Pour elles, qui sont «les véritables exilés»?

3. D'après vous, dans quel sens les personnages du conte sont-ils tous des exilés? Y a-t-il des personnages qui sont plus en exil que d'autres? Lesquels? Pourquoi?

Post-lecture

I. Une lettre. Un personnage féminin autre que la narratrice—par exemple, Aïcha ou Anissa ou Hafça—écrit une lettre dans laquelle elle raconte les événements du conte. Rédigez cette lettre en interprétant les actions et les réactions de la troisième sœur (la narratrice/je) d'après le point de vue du personnage que vous avez choisi.

J. L'exil. Rédigez un essai dans lequel vous parlez de vos propres idées sur l'exil. Vous pouvez fonder votre discussion sur vos réactions à ce conte ou, si vous préférez, sur vos propres expériences d'exil. *Suggestions:* Que pensez-vous des personnages du conte? Y en a-t-il un ou plusieurs à qui vous vous identifiez? Y en a-t-il d'autres de qui vous vous sentez éloigné(e)? Dans quelle mesure avez-vous connu dans le passé ou connaissez-vous actuellement l'exil? S'agit-il d'un exil physique ou psychologique?

K. Après la guerre. L'action de ce conte a lieu en pleine guerre d'Algérie. Essayez d'imaginer ce qui est arrivé aux personnages du conte après la guerre. Quelle sorte de vie est-ce qu'ils ont (re)trouvée en retournant en Algérie? Pourquoi?

La Main

Colette

Colette (1873–1954), la femme de lettres la plus importante de la première moitié du vingtième siècle en France, a publié plus de quarante volumes de contes, de romans, de reportages, de dialogues et de souvenirs. Après une enfance heureuse auprès de sa mère en Bourgogne, elle a vécu des années difficiles avant de connaître le succès et la gloire vers la fin de sa vie. Refusant à la fois les conventions et le cynisme, ses œuvres explorent les problèmes de l'amour avec lucidité et tendresse.

Pré-lecture

A. Décrivez une main.

Vocabulaire utile

un doigt • un pouce • une phalange • l'index • le petit doigt • l'ongle • la peau • la paume • un poil

long • court • mince • maigre • gros • gras • charnu • blanc • bronzé • rose • bleu • poilu • lisse • rugueux • lourd • léger

bouger • surgir • se raidir • tomber immobile • briller • toucher • caresser • saisir • serrer • déchirer

B. Maintenant comparez cette main à un autre objet ou à un être vivant, comme par exemple un cygne *(swan)*, une fleur, ou même un crabe ou une araignée *(spider)*. Développez votre comparaison en trois ou quatre phrases.

La main que je vois est comme…

Vocabulaire utile

un singe • des ailes • des pinces • des pétales • des pattes • le combat • l'amour • la beauté

doux • dur • mou • attirant • dégoûtant • beau • laid • agité • docile • endormi • éveillé

sourire • avoir peur • tourner • ouvrir • fermer • replier • se détendre • enfoncer

C. En France on dit parfois que les mains d'une personne révèlent sa personnalité. Décrivez la personnalité d'une personne d'après sa main.

Vocabulaire utile

gentil • cruel • modeste • orgueilleux • scandaleux • convenable • crapuleux • angélique • protecteur • destructeur • affreux • délicieux • délicat • monstrueux

Lecture

Colette

La Main

Il s'était endormi sur l'épaule de sa jeune femme, et elle supportait orgueilleusement le poids de cette tête d'homme, blonde, sanguine,° aux yeux clos.° Il avait glissé son grand bras sous le torse léger, sous les reins° adolescents, et sa forte main reposait à plat° sur le drap, à côté du coude droit de la jeune femme. Elle sourit de voir cette main d'homme qui surgissait là, toute seule et éloignée de son maître. Puis elle laissa errer ses regards dans la chambre à demi-éclairée. Une conque voilée° versait sur le lit une lumière couleur de pervenche.°

ruddy
closed / kidneys, small of the back / flat

seashell-like lamp
periwinkle (small blue flower)

«Trop heureuse pour dormir», pensa-t-elle.

Trop émue aussi, et souvent étonnée de sa condition nouvelle. Depuis quinze jours seulement, elle menait la scandaleuse vie des jeunes mariées, qui goûtent la joie d'habiter avec un inconnu dont elles sont amoureuses. Rencontrer un beau garçon blond, jeune veuf, entraîné au tennis et à l'aviron,° l'épouser un mois après: son aventure conjugale n'enviait presque rien à un enlèvement.° Elle en était encore, lorsqu'elle veillait auprès de son mari, comme cette nuit, à fermer les yeux longuement, puis les rouvrir pour savourer, étonnée, la couleur bleue des tentures° toutes neuves, au lieu du rose abricot qui filtrait le jour naissant dans sa chambre de jeune fille.

Un tressaillement° parcourut° le corps endormi qui reposait près d'elle, et elle resserra son bras gauche autour du cou de son mari, avec l'autorité charmante des êtres faibles. Il ne s'éveilla pas.

«Comme il a les cils° longs», se dit-elle.

Elle loua° aussi en elle-même la bouche, lourde et gracieuse, le teint° de brique° rose, et jusqu'au front, ni noble ni vaste, mais encore pur de rides.°

La main droite de son mari, à côté d'elle, tressaillit à son tour, et elle sentit vivre, sous la cambrure° de ses reins, le bras droit sur lequel elle pesait tout entière.

«Je suis lourde...je voudrais me soulever et éteindre cette lumière. Mais il dort si bien...»

Le bras se tordit° encore, faiblement, et elle creusa les reins° pour se faire plus légère.

«C'est comme si j'étais couchée sur une bête», songea-t-elle.

Elle tourna un peu la tête sur l'oreiller, regarda la main posée à côté d'elle.

«Comme elle est grande! C'est vrai qu'il me dépasse de toute la tête».

La lumière, glissant sous les bords d'une ombelle de cristal bleuâtre, butait° contre cette main et rendait sensibles les moindres reliefs de la peau, exagérait les nœuds° puissants des phalanges, et les veines que la compression du bras engorgeait.° Quelques poils roux, à la base des doigts, se courbaient tous dans le même sens, comme des épis° sous le vent, et les ongles plats, dont le polissoir° n'effaçait pas les cannelures,° brillaient, enduits de vernis° rosé.

«Je lui dirai qu'il ne mette pas de vernis à ses ongles, pensa la jeune femme. Le vernis, le carmin, cela ne va pas à une main si...une main tellement...»

Une secousse° électrique traversa cette main et dispensa° la jeune femme de chercher un qualificatif. Le pouce se raidit,° affreusement long, spatulé,° et s'appliqua étroitement contre l'index. Ainsi la main prit soudain une expression simiesque et crapuleuse.

—Oh! fit tout bas la jeune femme, comme devant une inconvenance.°

Le sifflet d'une automobile qui passait perça le silence d'une clameur si aiguë° qu'elle semblait lumineuse. Le dormeur ne s'éveilla pas, mais la main, offensée, se souleva, se crispa° en forme de crabe et attendit, prête au combat. Le son déchirant décrut° et la main, détendue° peu à peu, laissa retomber ses pinces, devint une bête molle, pliée de travers,° agitée de sursauts° faibles qui ressemblaient à une agonie. L'ongle plat et cruel du pouce trop long brillait. Une déviation° du petit doigt, que la jeune femme

rowing
was practically like an elopement
curtains
shuddering, shivering / to run through
eyelashes
to praise / complexion
brick
without any wrinkles
curve (of back)
to twist, bend / to draw up the back
to bump into, rest against
knots
to block
blade (of wheat)
nail buffer / grooves (imperfections) / coated with polish
jolt, jerk / to exempt, spare
to stiffen, harden
spatula-shaped
unseemliness
sharp, shrill
to clench, tense up
to decrease, fade / relaxed
crooked
jumps; starts
curvature

n'avait jamais remarquée, apparut, et la main vautrée° montra, comme un ventre rougeâtre, sa paume charnue.

—Et j'ai baisé cette main!... Quelle horreur! Je ne l'avais donc jamais regardée?

La main, qu'un mauvais rêve émut,° eut l'air de répondre à ce sursaut, à ce dégoût. Elle réunit ses forces, s'ouvrit toute grande, étala° ses tendons, ses nœuds et son pelage° roux, comme une parure de guerre.° Puis repliée lentement, elle saisit une poignée de drap, y enfonça ses doigts recourbés,° serra, serra avec un plaisir méthodique d'étrangleuse°...

—Ah! cria la jeune femme.

La main disparut, le grand bras, arraché à son fardeau,° se fit en un moment ceinture protectrice,° chaud rempart contre toutes les terreurs nocturnes. Mais le lendemain matin, à l'heure du plateau sur le lit,° du chocolat mousseux° et des rôties,° elle revit la main, rousse et rouge, et le pouce abominable arc-bouté° sur le manche° d'un couteau.

—Tu veux cette tartine,° chérie? Je la prépare pour toi.

Elle tressaillit et sentit sa chair se hérisser,° en haut des bras et le long du dos.

—Oh! non... non...

Puis elle cacha sa peur, se dompta° courageusement, et commençant sa vie de duplicité,° de résignation, de diplomatie vile et délicate, elle se pencha, et baisa humblement la main monstrueuse.

sprawled

to move emotionally

to spread out, display

fur / battle array

curved / strangler

pulled (or torn) from its burden / protective belt / breakfast in bed / frothy / toasts

buttressed / handle

slice (of toast)

to bristle, stand on end

to tame or master oneself

duplicity, deceit, double, duality

Questions sur le texte

D. Cette histoire—qui décrit deux personnes au lit, dont une qui dort—comprend une série de petites actions reliées dans une chaîne logique. Pourtant, le narrateur n'explique pas toujours les rapports de cause à effet entre les actions. C'est donc au lecteur d'interpréter ces rapports. Tracez la chaîne d'actions à travers le conte en proposant, là où il convient, des interprétations.

MODELE: elle voit sa main ⟶ elle sourit (elle est heureuse, elle l'aime, elle est surprise)

E. Pendant l'histoire, la main de l'homme subit une série de transformations.

1. Suivez à travers le texte les descriptions de cette main.

MODELE: «son grand bras» / «cette main d'homme» / ...

2. Qu'est-ce que ces descriptions révèlent sur les pensées de la femme? sur les rêves de l'homme?

F. Trois couleurs—bleu, rose, rouge—dominent l'histoire.

1. Quels objets sont associés à chacune de ces couleurs?

2. Quelles significations chacune de ces couleurs a-t-elle pour la femme et pour le sens de l'histoire?

G. La transformation de la main et les hallucinations de la femme peuvent surprendre le lecteur, mais au commencement de l'histoire il y a de petites suggestions qui expliquent ce cauchemar *(nightmare)*. D'après les deux premiers paragraphes, cherchez à reconstruire le passé des deux personnages et les raisons possibles pour cette métamorphose de la main.

Post-lecture

H. A la fin du texte, la femme commence «sa vie de duplicité». Les différents sens du mot duplicité tournent autour des idées de double et de dualité. Montrez que le texte entier, les transformations métaphoriques de la main y comprises, repose sur cette idée de duplicité.

Suggestions: Quel est le rôle du chiffre deux dans le texte? Sur quelles oppositions l'histoire est-elle fondée? Dans quelle mesure est-il possible de parler de la double personnalité et de l'homme et de la femme?

I. Ecrivez une histoire où une main, un bras ou une autre partie d'un corps prennent vie pendant la nuit.

Roman

Arthur Rimbaud

Arthur Rimbaud (1854–1891) a été un des poètes les plus exceptionnels de l'époque moderne. Il a écrit toute son œuvre poétique entre l'âge de 16 et 21 ans. Ses poèmes continuent à avoir une grande influence aux Etats-Unis aussi bien qu'en France. Ses receuils les plus connus et les plus difficiles, *Une Saison en Enfer* et *Les Illuminations,* démontrent un pouvoir hallucinatoire qui «dérègle tous les sens». Le poème qui suit, du début de sa carrière, décrit de manière plus claire les sentiments et les contradictions d'un jeune homme en pleine adolescence.

Pré-lecture

A. Une nuit de juin. Quelles activités, quelles sensations, quelles pensées, quels sentiments associez-vous à une nuit de juin?

Vocabulaire utile

les bruits • les parfums • le vent • la tiédeur • la chaleur • la pluie • les lumières • le bonheur • le désir • la fantaisie • le rêve • l'amour • la paresse • la fatigue

faire une promenade • se baigner • regarder les étoiles • danser • retrouver ses amis • sentir

B. «On n'est pas sérieux quand on a dix-sept ans.»

1. Comment comprenez-vous cette phrase?

2. Etes-vous d'accord? Pourquoi (pas)?

Lecture

Arthur Rimbaud

Roman

I

On n'est pas sérieux, quand on a dix-sept ans.
—Un beau soir, foin des° bocks° et de la limonade,
Des cafés tapageurs° aux lustres° éclatants!
—On va sous les tilleuls° verts de la promenade.

Les tilleuls sentent bon dans les bons soirs de juin!
L'air est parfois si doux, qu'on ferme la paupière°;
Le vent chargé de bruits,—la ville n'est pas loin,—
A des parfums de vigne et des parfums de bière...

II

—Voilà qu'on aperçoit un tout petit chiffon
D'azur sombre, encadré d'une petite branche,
Piqué d'une mauvaise étoile, qui se fond
Avec de doux frissons,° petite et toute blanche...

never mind / glass of beer
rowdy / chandelier
linden trees
eyelid
shivers

Nuit de juin! Dix-sept ans!—On se laisse griser.
La sève° est du champagne et vous monte à la tête...
On divague,° on se sent aux lèvres un baiser
Qui palpite° là, comme une petite bête...

sap
to wander
to beat

III

Le cœur fou Robinsonne° à travers les romans,
—Lorsque, dans la clarté d'un pâle réverbère°
Passe une demoiselle aux petits airs charmants,
Sous l'ombre du faux-col° effrayant de son père...

to (act like) Robinson Crusoe / street lamp
detachable collar

Et, comme elle vous trouve immensément naïf,
Tout en faisant trotter ses petites bottines,°
Elle se tourne, alerte d'un mouvement vif...
—Sur vos lèvres alors meurent les cavatines°...

ankle-boots
short songs (often sentimental)

IV

Vous êtes amoureux. Loué° jusqu'au mois d'août.
Vous êtes amoureux.—Vos sonnets la font rire.
Tous vos amis s'en vont, vous êtes mauvais goût.
—Puis l'adorée, un soir, a daigné vous écrire!...

taken (rented)

—Ce soir-là,... —vous rentrez aux cafés éclatants,
Vous demandez des bocks ou de la limonade...
—On n'est pas sérieux, quand on a dix-sept ans
Et qu'on a des tilleuls verts sur la promenade.

Questions sur le texte

C. Voilà un petit «roman» présenté sous forme de poème. En tant que roman, il raconte une histoire; en tant que poème, il laisse au lecteur le travail de compléter cette histoire, de remplir les trous.

1. Que fait le jeune homme au début? Pourquoi ne va-t-il pas dans les cafés?

2. Que voit-il en regardant à travers l'arbre? Quel effet la scène a-t-elle sur lui?

3. Qu'est-ce qui se passe dans la rue? Pourquoi les cavatines meurent-elles sur ses lèvres?

4. Comment passe-t-il l'été? Pourquoi ses amis s'en vont-ils? Qu'est-ce qui se passe «ce soir-là»? Pourquoi retourne-t-il dans les cafés?

D. La forme du poème. Comparez la première et la dernière strophe: en quoi se ressemblent-elles? quelles différences y a-t-il entre elles?

Post-lecture

E. A l'origine, le mot *roman* s'appliquait à une œuvre d'imagination racontant des aventures fabuleuses et galantes; à l'époque moderne on y a ajouté le sens d'un récit s'intéressant à l'étude des mœurs *(manners)* ou à l'analyse des sentiments. Comment les sens du titre vous aident-ils à interpréter le poème?

F. Des cafés ornés de lustres, une promenade bordée de tilleuls, des bocks de bière ou de limonade donnent au poème une couleur française et rappellent le dix-neuvième siècle. Inventez, sous forme de petit récit, une version de *Roman* en la situant dans un cadre moderne.

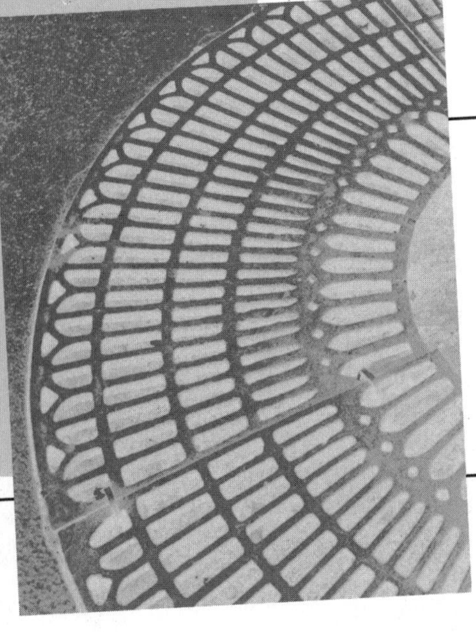

Chocolat

Claire Denis

Claire Denis, née à Paris en 1948, a passé une partie de son enfance au Cameroun, en Afrique centrale. Elle a tourné son premier film, *Chocolat,* en 1988. Depuis, elle a réalisé des films très variés: des comédies, des films d'aventure, et des films qui traitent de la marginalité.

Note culturelle

Chocolat se passe au Cameroun, un pays habité par des peuples différents depuis plus de 5 000 ans. L'histoire nous raconte que les Musulmans ont occupé le Nord du pays au 15ème siècle, et que les Portugais s'y sont installés au 19ème. Les Allemands ont suivi, et finalement les Français et les Anglais, qui ont partagé le pays en 1922, après la Première Guerre mondiale. Enfin, le Cameroun a gagné son indépendance en 1960. Le pays est marqué par une géographie et un climat très variés. Vers le Golfe de Guinée, qui se trouve sur l'océan Atlantique, le pays est plutôt tropical et chaud, mais plus on va vers le nord, plus il devient aride, avant de terminer sur des plateaux entourés de montagnes. Le film, en partie autobiographique, raconte l'histoire d'une femme française qui retourne au Cameroun après l'Indépendance, dans l'espoir de retrouver son enfance pendant l'époque coloniale.

Avant de voir le film

A. Cherchez dans une encyclopédie ou sur le « Web » des renseignements sur le Cameroun.

B. Imaginez l'état d'esprit d'une Française qui retourne dans un pays où elle a passé son enfance, une enfance généralement heureuse. Quels sentiments éprouve-t-elle? Pourquoi?

Vocabulaire utile

la nostalgie • la crainte • l'hésitation • l'enthousiasme • la joie • la déception • la compréhension • l'amertume • la reconnaissance

se souvenir • regarder • écouter • observer • éprouver des sentiments nouveaux • retrouver un passé perdu

C. Maintenant, imaginez un Afro-américain qui décide de retrouver ses racines en quittant les Etats-Unis pour s'installer au Cameroun, un pays qu'il ne connaît pas du tout. Quels sentiments éprouve-t-il et quels sentiments les autres éprouvent-ils envers lui?

Vocabulaire utile

se sentir: différent • jugé • indifférent • ouvert • dépaysé • rejeté • intégré • jaloux • charitable • perdu • aliéné

D. Dans le Sud américain avant 1865 (époque de l'esclavage) et dans les colonies européennes, les gens de couleurs différentes occupaient plus ou moins les mêmes espaces: salon, salle à manger, terrasse, et même les chambres. Pourtant, à l'intérieur de cette contiguïté spatiale, ils gardaient des distances. Décrivez une courte scène du point du vue d'un Noir américain qui sert le dîner à des Blancs, en insistant sur les paroles, les gestes, mais aussi sur les sentiments qui ne sont pas exprimés.

Vocabulaire utile

ouvert• restreint • égalitaire • supérieur • hautain • intime • affable • méchant

rire • raconter • commander • exiger • attaquer • donner des ordres

Les premières scènes: Au présent

A. Les premières scènes de ce film sont assez énigmatiques. Notez ce que les détails suivants semblent vous suggérer:

1. la mer

2. la jeune femme sur la plage et dans la voiture (Que dit-elle? Que révèle-t-elle?)

3. les deux Noirs

4. la main tendue

5. le paysage vu de la voiture

6. l'enfant qui apprend la langue natale au père

B. Dans l'ensemble, quelle impression donne cette femme? (nerveuse, dépaysée, bien dans sa peau)

Les premières scènes: Retour en arrière *(flashback)*

A. Soudain on se trouve dans le passé. Qu'est-ce qui relie ce passé avec la scène précédente?

B. Qu'est-ce qui indique le contexte « colonial » de la scène?

C. Dans le camion, comment la famille est-elle disposée? (Qui est dans la cabine? Qui est à l'arrière?)

D. Quel est le rôle des fourmis pour suggérer le lien entre les races?

En regardant le film

A. Notez les moyens par lesquels les Européens essaient de vivre comme s'ils étaient chez eux (en Europe) et comment ils réagissent aux aspects différents de la nature autour d'eux (les bêtes, la nuit, le soleil, les bruits, etc.).

B. Notez le rapport entre les indigènes et les différents aspects de la nature (les bêtes, la nuit, le soleil, par exemple).

C. L'espace. Cherchez à déterminer dans quelle mesure il existe des espaces réservés à chaque groupe, comment on doit se conduire lorsqu'on est dans l'espace de l'autre, et comment se produisent les transgressions de ces espaces.

D. Les personnages principaux.

1. France, la jeune fille:

a. Elle semble regarder tout le temps ce qui l'entoure. Qu'est-ce qu'elle voit? Qu'est-ce qu'elle ne voit pas?

b. Quand est-elle dans le monde français? Quand est-elle dans le monde africain?

2. Protée, le serviteur:

a. Quelles sont les coutumes et les habitudes françaises qu'il a adoptées?

b. Par quels moyens garde-t-il son identité?

3. Aimée, la mère: En quoi sa conduite semble-t-elle changer à chaque départ de son mari?

4. Marc, le père: Lorsqu'on pense à une situation coloniale, on imagine un homme autoritaire et phallocrate. Dans quelle mesure Marc correspond-il à ce stéréotype?

E. Les personnages secondaires. Notez en quoi chaque personnage représente un type différent dans son attitude envers l'Afrique en général et Protée en particulier.

F. Dans quelle mesure Luc Ségalen correspond-il à un de ces stéréotypes? Dans quelle mesure transgresse-t-il les limites de cette société?

Après avoir vu le film

A. France semble revenir au Cameroun pour retrouver la maison de son enfance. Pourtant, à la fin du film, avez-vous l'impression qu'elle a vu cette maison?

1. Si votre réponse est oui, pourquoi est-ce que nous ne voyons pas son retour là-bas?

2. Sinon, quelle est l'importance de son retour au Cameroun?

3. Dans ce pélérinage, quelle est l'importance du souvenir qu'elle garde de Protée et du moment où il brûle exprès sa main et celle de France?

B. Reprenez les aspects énigmatiques du début du film et indiquez leur signification par rapport à la fin du film:

1. la mer (Où est-on à la fin du film?)

2. la jeune femme sur la plage et dans la voiture (Que dit-elle? Que révèle-t-elle plus tard dans le film, quand elle est une jeune fille?)

3. les deux Noirs (Qui sont-ils vraiment?)

4. la main tendue

5. le paysage vu de la voiture

6. l'enfant qui apprend la langue natale au père (Pourquoi?)

C. L'espace.

1. L'intérieur de la maison: A qui appartient cet espace et quelles en sont les règles?

2. Et l'extérieur?

3. Dans ce jeu de l'espace, quelle est l'importance de la véranda?

4. Comment Aimée et Luc transgressent-ils les règles de l'espace?

5. Comment France crée-t-elle son propre monde entre l'espace colonial et l'espace africain?

D. Comment les Français et les autres étrangers réagissent-ils face à la nature?

E. Commentez les rapports entre France et ses parents et entre France et Protée.

F. Vers la fin du film, il y a deux scènes avec des avions. Quelle est la signification de ces deux scènes pour la compréhension du film?

G. Ce film traite aussi des rapports entre la civilisation et la nature. A votre avis, qui est le plus civilisé (et le plus noble) dans le film: Protée ou les Français? Et le plus grossier?

H. Claire Denis joue beaucoup avec les noms, comme France, Aimée,

Protée, Marc, et surtout le titre *Chocolat.* Quel sens voyez-vous à ces jeux sur les mots? Dans quelle mesure peuvent-ils sembler ironiques?

Post-lecture

A. Marc est un personnage qu'on voit peu dans le film, mais nous savons qu'il tient un journal. Rédigez un extrait—une journée, par exemple—de ce journal.

B. France parle très peu pendant son voyage, mais elle observe beaucoup et elle a certainement des réactions intérieures. Rédigez une partie de son journal.

C. De par sa position sociale, Protée est obligé de cacher ses pensées et ses sentiments. Après l'Indépendance, il rencontre Marc et France. Que leur dit-il? Que lui répondent-ils?